Werner D'Inka
Rainer M. Gefeller

Alles außer Sex!

Essen, Trinken und andere Hobbys

SOCIETÄTS VERLAG

Illustrationen: Greser & Lenz
Satz: Bruno Dorn, Societäts-Verlag
Umschlaggestaltung: Julia Desch, Societäts-Verlag
Umschlagabbildungen: © Greser & Lenz; Fotolia.com
Druck und Verarbeitung: CPI books GmbH, Leck
Printed in Germany 2018

ISBN 978-3-95542-301-8

MIX
Papier aus verantwortungsvollen Quellen
FSC® C083411
FSC
www.fsc.org

Alles außer Sex! Der Inhalt

Wenn Amor Amok läuft:
Die Geburtenrate in Deutschland steigt

Und wo bleibt die Romantik?

> Ein Abstinenzler ist ein schwächlicher Charakter, der der Versuchung erliegt, sich ein Vergnügen zu versagen.
>
> *Ambrose Gwinnett Bierce*

D und G sitzen vor einer verratzten Kaschemme am Mainufer. Büble-Bier aus der Flasche, der Main patscht träge gegen die Ufersteine. Manchmal weht der Duft verkohlter Schweinesteaks an ihnen vorbei. D schiebt einen Finger in den Flaschenhals und lässt es ploppen. Missmutig schaut er den Flusswellen beim Plätschern zu. „Was ist", fragt G, „hast du Ärger?"

D: „Alles außer Sex! Meinst du wirklich, wir sollten unser Buch unter diesem Titel veröffentlichen? Ich sehe schon die gehässigen Blicke der Kollegen, von den Kommentaren ganz zu schweigen. ‚Ist es also so weit', werden sie sagen, ‚hat der Mann die Stufe der Enthaltsamkeit erreicht und schreibt auch noch drüber!'"

G: „Du fürchtest um deinen Ruf! Es gibt Völker, die flechten den Enthaltsamen Kränze und stellen sie auf die höchste Stufe der Menschwerdung. Aber du bist ja Journalist!"

D: „Alles außer Sex! Ich fürchte, dieser Titel taugt nichts. Er hat sowas Trauriges, Lustloses, sogar Lustfeindliches. Manchmal habe ich den Eindruck, dass überall die Asketen das Wort führen, Regeln aufstellen, Verbote formulieren, die Moralkeule schwingen. Dem wollen wir uns doch wohl nicht anschließen, oder?"

G: „Sei unbesorgt! Wir sind doch vollständig frei, ich muss dir mal ein paar Sätze aus einem Interview mit Helge Schneider vorlesen: ‚Bevor man sich mit einer Frau trifft, geht man eine Weile im Nieselregen durch ein Kornfeld. Danach betritt man das Gemach der Frau – und lässt sich eventuell reinbitten. Romantik pur! Aber wissen Sie was: Eigentlich interessiert mich das alles gar nicht. Ich gehe nach Hause, frage: ‚Was gibt's zu essen?", und dann koch ich mir was Leckeres, Sie verstehen? Essen ist der Sex des Alters.'"

D: „Da haben wir's ja schon, ‚Sex des Alters', das ist doch der verzweifelte Versuch eines Mannes, die eigenen Unzulänglichkeiten zu heroisieren. Noch schlimmer ist der Umkehrschluss: Darf man als junger Mensch keine Leidenschaft fürs Essen entwickeln?"

G: „Ich merke schon, du willst dir dieses gewisse Thema einfach nicht verbieten lassen. Also los, erzähl. Aber bleib anständig!"

D: „Das hättest du wohl gerne, dass ich mich hier entblöde und entblöße. Mir reicht es, den guten Karl Kraus zu zitieren: ‚Enthaltsamkeit rächt sich immer. Bei dem einen erzeugt sie Pusteln, beim andern Sexualgesetze.'"

G: „Na siehst du. Dein Ansatz entspricht im Übrigen voll und ganz der pädagogischen Dimension unseres Auftrags. ‚Alles außer Sex' – das ist doch nichts anderes als der deutliche Hinweis, dass wir ein jugendfreies, familientaugliches Werk verfassen. Damit erschließen wir uns auch die junge Leserschaft!"

D: „Selten so gelacht. In welchem Jahrhundert lebst du denn? Für die ‚junge Leserschaft' sind deine Texte sowieso viel zu langatmig. Und in Sachen Sex sind unsere Kinder besser informiert als mancher Gynäkologe."

G: „Aber immerhin gibt's in unserem Buch auch Zeichnungen."

D: „Das ist ein Argument."

Dann sagen die beiden erstmal nichts mehr, bis D die wirklich entscheidende Frage stellt: „Noch ein Büble?"

G: „Klar. Kannst auch eine Bratwurst mitbringen, wenn sie nicht so verkohlt ist."

D: „Weichei!"

Partisan und Parmesan: Alles wird zerrieben

Ein Grüner fordert Austern für alle. Eine Obsthändlerin gibt ihren Kunden Saures. Und Weintrinker stehen immer im Weg. Die Kleinmarkthalle ist ein Panoptikum der Frankfurter Feinschmecker.

Gemieß, Kardoffel und was noch all,
Des kriecht mer hier in dere Hall.
Und owwe uff der Galerie,
Da möpselts nach Fromaasch de Brie.

Friedrich Stoltze über die Frankfurter Kleinmarkthalle

Es regnet. Wir reden hier nicht von einem anständigen Patschregen, wie er zu unseren Breiten gehört, sondern über diese unangenehme, beinahe subtropische brühwarme Pieselei, die der Klimawandel uns beschert hat. Nässe, die von allen Seiten auf und in einen dringt, in alle Knopflöcher und in die Ohrmuscheln und Nasenöffnungen; so fies, als würde man sich im Anzug in der Dampfsauna niederlassen. Aber da vorne, nur wenige Schritte entfernt, wartet die Erlösung. Brillenträger wischen verstohlen den Nebel von ihren Gläsern, die übrigen schütteln sich und haben ruckartig gute Laune: willkommen im Reich der 10.000 Köstlichkeiten, willkommen in der Frankfurter Kleinmarkthalle. „Schon blöd, wenn man sich keine Regenjacke leisten kann", knarzt von links eine Händlerin. Hier kann sich der geneigte Feinschmecker nicht nur die Grundversorgung an Nahrungsmitteln sichern, sondern holt sich gratis auch noch ein paar Nackenschläge ab. Ob er will oder nicht.

Es ist Mittag. D'Inka und Gefeller, die in diesem Buch der Einfachheit halber wieder D und G heißen, stapfen treppauf, sie sind am Stand „Fisch auf der Galerie" verabredet. Am Bistrotisch hocken bereits Michaela Frieser, Obst- und Gemüsehändlerin, und der Fischhändler Frank Liedemann. Die Autoren riskieren einen kurzen Blick auf die Fischtheke, D schnalzt beim Anblick von Meeresfrüchten, Rotbarben, Seewolf und Seezungen anerkennend mit der Zunge, aber G hat bereits anderes im Sinn: „Was trinken wir denn hier?"

Herr Liedemann: „Muscadet. Ich bin ein Arbeiterkind, ich trink aus dem Becher." Zur Bestätigung hebt er kurz sein Plastikgefäß.

Frau Frieser: „Wenn du ausgetrunken hast, kannst du den ja noch zum Betteln nehmen."

D und G trinken den Wein in kleinen Schlucken. Ihre Gläser klacken, der Becher knirscht. „Der Wein ist ja eher von der männ-

Sensationen, die im Fußball-Hype untergehen

lichen Sorte", sagt Herr Liedemann, „das brauche ich nicht unbedingt".

G: „Ach, beim Wein haben wir's gern lieblich?"

D: „Das ist ja herb."

Frau Frieser: „Ich trinke am liebsten einen Cremant aus dem Elsass. Den vertrag ich am besten. Davon schaffe ich so anderthalb Flaschen, wunderbar. Aber nicht mehr!"

D: „Zum Frühstück?"

Frau Frieser: „Ja, von wegen. Ich muss zwischen 3 und 4 Uhr das Bett verlassen, da schlummert ihr noch alle."

G: „Was machen Sie so früh?"

Frau Frieser: „Auf in die Großmarkthalle. Da brauchst du schon einen klaren Kopf."

G: „Jeden Tag außer sonntags?"

Frau Frieser: „Na, am Sonntag sind wir auch am Start. Ich habe ja auch noch häusliche Pflichten!"

Herr Liedemann: „Komm, Michaela, du bist zwar noch jung, aber ein paar Jahre bist du ja auch schon am Start. Da kannst du ja inzwischen blind einkaufen!"

Frau Frieser: „Was du erzählst! Du bestellst deinen Fisch und dann wird er geliefert. Ich muss zwischen 25 Anbietern auswählen, die Ware prüfen. Da muss ich jede Erdbeere probieren, welche süß und welche sauer ist."

Herr Liedemann: „Bei deiner Erfahrung siehst du das doch schon von Weitem, welche Früchte süß und welche sauer sind!"

Frau Frieser: „Das einzige, was ich von Weitem rieche, ist Fisch. Da rieche ich auch von Weitem, ob der frisch ist oder vergammelt."

Michaela Frieser hat sich längst den Ruf erworben, die Fußstapfen ihrer Mutter würdig auszufüllen. Das ist nicht leicht. Roswitha Frieser galt lange Zeit als berühmteste Marktfrau von Frankfurt, selbst Deutschlands sagenumwobener Vielesser Helmut Kohl kannte beim Besuch der Kleinmarkthalle ihren Namen. Die einstige Oberbürgermeisterin Petra Roth wurde von der Alt-Chefin Frieser „Sonnenkönigin" getauft, sie mochte deren handfeste

Art: „Die hat in die Rieb gebisse, wie die noch gar net gewäsche war." Seit 1938 betreiben die Friesers aus Sachsenhausen einen Stand. Die frankfurterische Kunst der dreisten Sprüche haben sie dabei bis aufs Äußerste verfeinert – der Kunde kriegt eher mit dem Florett als mit dem Säbel eins übergezogen. „Wir wollen je niemanden beleidigen", sagt Michaela Frieser und lacht. Vor einigen Jahren kam sie sogar bei Facebook zu einiger Berühmtheit, weil sie an ihrem Stand ein Plakat aufgehängt hatte. „Nette Aushilfe gesucht!!", stand da drauf, und: „4 Männer oder 1 Frau".

G: „Gibt's denn bei Ihnen daheim Fisch?"

Frau Frieser: „Ja, immer. Mindestens zweimal die Woche. Einmal die Woche Fleisch."

Herr Liedemann: „Wo kaufst du denn eigentlich deinen Fisch?"

Frau Frieser: „Den kaufe ich nur bei meinem Lieblings-Fischhändler."

G: „An der Iglu-Theke?"

D: „Nehmen Sie lieber Salz- oder Süßwasser-Fisch?"

Frau Frieser: „Wie's kommt. Ich frage einfach: ‚Was muss weg?'"

Herr Liedemann: „Bei uns gab's noch nie Fisch mit trüben Augen. Wenn der Fisch in La Rochelle an der französischen Westküste angelandet wird, ist er einen Tag später bei uns. Früher gab es das vor allem in kleinen Fischgeschäften öfter, dass auch Tiere mit trüben Augen verkauft wurden. Deshalb haben früher Frauenärzte schwangeren Frauen geraten: Bloß keinen Fisch essen!"

Frau Frieser: „Mein Gott, die Leute sollen auch nicht so tun, als müsste der Fisch hier noch lebend an der Angel hängen. Einem guten Händler kann man schon vertrauen!"

Die „Bundesanstalt für Risikobewertung" hat unter der sinnreichen Überschrift „Schau mir in die Augen, Kleines" schon vor Jahresfrist ein Merkblatt zum Fischkauf herausgegeben. Erste Regel: Wenn die Fischaugen vorgewölbt, glänzend und tiefschwarz sind, ist das Tier sehr frisch. Flache, trübe Augen signalisieren: gerade noch essbar. Sind die Augen eingesunken, undurchsichtig und grau, raten die Risikobewerter: „Finger weg!“. Sehr frisch ist der Fisch auch, wenn seine Kiemen noch rot leuchten – garantiert nicht frisch ist das Wassertier, wenn es müffelt. Grundsätzlich gilt: Seefische bleiben länger frisch als Süßwasserfische, sie sollten so kalt wie möglich transportiert und gelagert werden.

G: „Wird eigentlich immer noch viel Fisch gekauft?“

Herr Liedemann: „Wir sind nicht unzufrieden.“

G: „Was für Kunden haben Sie?“

Herr Liedemann: „Ein bisschen Geld sollte man schon im Beutel haben.“

G: „Das habe ich auch schon bemerkt, als ich bei Ihnen gekauft habe.“

Herr Liedemann: „Man kann natürlich auch bei uns günstig einkaufen; man muss halt wissen, was man will. Die Kunden wissen, dass es hier gute Qualität gibt, und die muss man auch bezahlen.“

D: „Was läuft denn am besten? Immer noch der gute alte Kabeljau?“

Herr Liedemann: „Ja, schon, aber der gehört ja nicht zu den hochpreisigen Fischen. Da laufen am besten Steinbutt, Seezunge, Seewolf, St. Pierre ...“

D: „Ist es denn spürbar, dass mehr Leute sagen: Wir essen lieber Fisch statt Fleisch?“

G: „Wenn ich mich hier umgucke, gibt es ja immer noch mehr Fleisch- als Fischstände.“

Herr Liedemann: „Es gibt ja auch Leute, die wollen weder Fleisch noch Fisch.“

G: „Die meisten Kunden sind ja wahrscheinlich selbstkochende Männer, oder?“

Herr Liedemann: „Davon gibt es jedenfalls sehr viele. Sehr viele Männer kommen zu uns, die haben hohe Ansprüche ...“

Frau Frieser: „Die kochen ja auch aus Liebe. Die Frauen kochen nur noch aus Wut.“

Herr Liedemann: „Männer kochen gerne größere Menüs, da muss alles stimmen. Männer kaufen auch mehr als Frauen." Spricht plötzlich mit einer Frauenstimme: ‚Neinneinnein, 150 Gramm müssen doch langen für vier Personen'."

D: „Kommen auch Kunden, die sich von Ihnen beraten lassen, wie sie ihren Fisch zubereiten sollen?"

Herr Liedemann: „Ja, ja, das passiert öfter. Und da können wir auch helfen."

Frau Frieser: „Was gibt's denn bei der Seezunge schon groß zu erklären? Die brät man doch einfach in Butter, oder?"

Herr Liedemann: „Das ist eine Möglichkeit von hundert. Ich bin gelernter Koch, da kennt man ja einige Tricks, die den Hausfrauen weiterhelfen."

G: „Nennen Sie mal ein paar."

Herr Liedemann: „Neenee, das kommt nicht in Frage. Erst was kaufen, dann gibt es auch ein paar Tipps dazu."

D: „Jetzt bricht der Geschäftsmann aus ihm heraus."

Zwei Etagen tiefer residiert ein anderer Händler für Wassergetier. Fisch Burkhard hat einen Kellerraum für sich. Nur zweimal die Woche gibt es hier Süßwasser-Fisch – Forellen vor allem, aber auch Aale, Barben, Karpfen, Hechte und Saiblinge. Freitags und samstags drängen sich die Touristen samt Kindern auf der Treppe nach unten und betrachten schaudernd, wie aus lebenden Tieren Esswaren werden. In dem archaisch anmutenden Raum, deckenhoch gekachelt, Gummischürzen und Plastiktüten an den Wänden, ist ein wuchtiges Wasserbassin die Hauptattraktion. Darin schwimmen große und kleinere Fische umeinander, an der Wasseroberfläche dümpeln zwei schartige Holzprügel, die vielleicht schon im vergangenen Jahrhundert dem Fischtöter zu Diensten waren. Ein kurzer Schlag ins Genick (auf der Treppengalerie stöhnen und seufzen welche), dann liegt die Forelle auch schon auf einem Brett. Ein gekonnter Schnitt in den Bauch (wieder wird gestöhnt), ein Griff, schon fliegen die Eingeweide in ei-

»Neinneinnein, 150 Gramm müssen doch reichen für vier Personen.«

nen Eimer. Dann wird das frische Bratgut, wie noch vor hundert Jahren, in eine Zeitung gewickelt. „Was macht der Fischhändler, wenn's nur noch Smartphones und Tablets gibt?", denkt der traditionsbewusste Käufer kurz – aber dann nimmt er doch lieber die Gratistipps zur Zubereitung mit: „Einfach würzen, mehlen, Butter in die Pfanne – das schmeckt immer."

G äußert unversehens den Wunsch, eine Auster zu probieren, „wir zahlen auch". Herr Liedemann wiegelt ab, „ich gebe auch gerne eine aus", allerdings sei er just heute gehandicapt: „Dummerweise haben wir heute nur die teuerste da, die Gillardeau". D und G blicken sich verstohlen an und denken beide dasselbe: macht nichts. Wenig später schiebt Herr Liedemann ein Tellerchen mit zwei Austern (Verkaufspreis: vier Euro das Stück) auf den Tisch. Die feinen Muscheln ruhen auf einem Bett aus dunkelgrünen Schlinggewächsen. „Den Seetang muss man nicht zwingend mitessen", rät der Fischhändler. Er weiß, weshalb er das sagt. „Neulich haben hier Amerikaner Austern verzehrt und ich dachte, ich seh' nicht richtig: Die haben den Tang wie Gemüse mit verputzt." Frau Frieser höhnt: „Ich dachte, die bestellen immer Ketchup und Mayo dazu."

D und G schlürfen mit Andacht. Die Gillardeau-Auster wird auf der Ile d'Oléron geerntet, gleich gegenüber von La Rochelle, dem immer noch viertgrößten Fischereihafen Frankreichs. Die feine Auster der Qualitätsstufe „Special de Claires" ist vollfleischig und fettarm, ihr feiner Geschmack rührt von der besonderen Behandlung durch den Austernzüchter: Bis zu fünfzigmal wird die Edelmuschel mit der rauen Schale und der perlmuttenen Innenhaut aus dem Wasser des Klärbeckens geholt, gewendet und darauf trainiert, dass sie „die Klappe hält".

D: „Phantastisch. Dafür lässt man jedes Leberwurst-Brötchen liegen."

Frau Frieser: „Mir ist das jetzt zu schleimig."

D: „Austernessen will ja gelernt sein, vor allem das Öffnen. Mancher hat sich beim Versuch schon die Schlagadern aufgeschlitzt."

Herr Liedemann: „Die kommen dann nicht wieder zum Einkaufen. Die schämen sich. Früher haben wir sowieso mehr Austern zum Mitnehmen verkauft. Das wird immer weniger. Die Leute wollen lieber hier essen. Das liegt im allgemeinen Trend. Es gibt immer mehr Single-Haushalte. Man trifft sich gern, isst mal was unterwegs."

G: „Die betäuben ihre Einsamkeitsgefühle mit gutem Essen."

Herr Liedemann: „Ach, tut das gut, zwischendurch mal was nahezu Philosophisches."

G: „Man muss ja mal was leisten, wenn man so fürstlich eingeladen wird."

Frau Frieser: „Wichtig ist ja auch für die Leut', dass man hier gesehen wird. Guck mal da, dem geht's gut, der isst schon wieder Austern."

Herr Liedemann: „Man ist ja hier buchstäblich auf dem Markt."

Frau Frieser: „Wer sitzt immer hier und schlürft gern Austern: die Petra Roth!"

Herr Liedemann: „Nicht immer, aber öfter mal. Ich erinnere mich genau: Als sie noch Oberbürgermeisterin war, hat sie mal Kabeljau für fünf Euro zwanzig gekauft und geklagt: ‚Das ist aber teuer!'"

D: „Die Frau stammt aus Bremen. Die kennt sich aus mit Fischpreisen. Was bestellen die meisten Leute denn, wenn sie hier auf der Empore futtern?"

Herr Liedemann: „Schon häufig Austern. Das wird auch gern zelebriert, da bringt man den eigenen Champagner mit und bestellt eine Platte mit 24 Austerchen ..."

G: „Hier oben wird man ja auch zuvorkommend und höflich bedient. An Frau Friesers Obst- und Gemüsestand kriegt die Stammkundschaft gerne auch nochmal ein paar Sprüche übergebraten."

Frau Frieser: „Das brauchen die Leute, und die hören's ja gern. Sonst würden sie ja nicht immer wieder kommen."

Die Eingeweihten, darunter allerlei Stadtprominente, betreten die Kleinmarkthalle, wenn sie offiziell noch gar nicht geöffnet ist. Sie huschen morgens vor acht durch einen Seiteneingang. Die letzten Waren werden dann noch vom Parkplatz oder aus den Kühlkammern im Keller herbeigeschleppt, in den Gängen stapeln sich Karren und Kisten. Michaela Frieser begrüßt die Frühaufsteher mit der ihr eigenen Frankfurter Herzlichkeit. „Na, wollen die Herren Besserverdiener wieder die Parkgebühren sparen?" Die Parkplatzsuche, sonst eine Tortur in der Innenstadt, ist tatsächlich frühmorgens entspannt. Und manchen drängt es im Frühtau zur Halle, weil die Illusion ihn weckt, die Erdbeeren und der Spargel und die Kalbskoteletts seien jetzt noch frischer als zur Mittagszeit. Frau Frieser kennt ihre Kundschaft.

Frau Frieser: „Der ehemalige Stadtkämmerer Ernst Gerhardt ist immer schon sehr früh auf den Beinen und kauft ein. Er kocht, seine Frau mag ja nicht kochen." Es ist lange her, dass Ernst Gerhardt, Jahrgang 1921, für die Frankfurter Finanzen zuständig war; 1978 bis 1989 war er Stadtkämmerer. „Schwarze Eminenz" hat ihn die Frankfurter Rundschau noch vor wenigen Jahren betitelt. Der greise Christdemokrat hat immer noch Einfluss in der Stadt – und nutzt ihn. Wenn er morgens aus der Kleinmarkthalle tritt, links und rechts die Einkaufstüten, dann legt er sofort los, dann zeigt er immer noch, was ihm wichtiger ist als Gemüse, Obst und Fleisch: Auch morgens um acht politisiert er drauf los, auch zu dieser frühen Stunde schon tadellos gekleidet, das farblich abgestimmte Einstecktuch inklusive.

Auch Rüdiger Helmold Freiherr von Rosen, früher Vorstandschef des Deutschen Aktieninstituts und heute Präsident der honorigen Frankfurter Gesellschaft für Handel, Industrie und Wissenschaft, legt frühmorgens bereits einen tadellosen Auftritt hin, wie mancher ihn nicht mal zum Nachmittagsempfang zuwege brächte. Knitterfreies Sakko, Krawatte, Manschettenknöpfe und vorbildlich geföntes Grauhaar. „Wie aus dem Ei gepellt", schwärmt Frau Frieser, „der Mann macht sich für seine Gemüsefrau schön!“.

1879 wurde die erste Frankfurter Markthalle eingeweiht, ein 1,4 Millionen Goldmark teures Gewölbe aus Stahl und Glas. Zwischen Hasengasse und Reineckstraße zog sich die Halle 117 Meter lang und vier Meter breit durch das Herz der Stadt und wurde in Windeseile zur Attraktion. Die Bürger, die sich damals noch zu fein waren, höchstselbst die Fleisch- und Gemüsetaschen heimzuschleppen, schickten ihr Personal zu den „Marktweibern“. Der Andrang aus dem feinen Westend war derart groß, dass bald schon eine „Dienstmädchenlinie“ eingerichtet werden musste, die den Transport der Esswaren erleichterte. In den März-Wochen des Jahres 1944 wird der filigrane Fresstempel durch alliierte Fliegerbomben in Trümmer gelegt. Zehn Jahre später haben die Frankfurter wieder eine Halle – kleiner, in Richtung Liebfrauenberg verschoben, ein Zweckbau mit schräg aufragender Glaswand statt der einstigen Kathedrale – „ein Mischwesen aus Turnhalle, Parkhaus und städtischem Hallenbad“, wie der Autor Johannes Hucke 2014 in seinem lesenswerten Geschichtsbüchlein „60 Jahre Kleinmarkthalle“ notierte.

Nach dem Krieg werden vorwiegend bäuerliche Waren aus dem Umland angeboten, mit keineswegs überragendem Erfolg. Der kam erst, als die Migranten ihre ersten Läden eröffneten. „Anfang der Sechziger“, berichtet der Metzger Schölch, „war es hier doch so gut wie tot. Erst die Gastarbeiter haben die Halle wiederaufleben lassen.“ Sein Kollege Manfred Frieser, Obst- und Gemüsehändler, kann das bestätigen: „Nach dem Krieg hatten hier doch nur die Metzger zu tun. Erst die Ausländer habbe die Hall widder hochgebracht. Mit Aubergine un‘ so'n Kram.“ Die Halle wurde bunter. Plötzlich lagen da Auberginen, Paprika, Zucchini wie selbstverständlich neben der Kresse aus Oberrad. Es roch nach Thymian, Rosmarin, Oregano – und nach Knoblauch. Obst und Gemüse türmten sich zu abenteuerlichen Bergen. In der Halle versammelt sich alles, was dem Gourmet gefällt, Käse aus

Frankreich, Feinkost vom Mittelmeer, Würste aus Nordhessen, Pralinen aus Brüssel... 1970 feierte die F.A.Z. leicht verwundert ein neues „echt türkisches Lebensmittelgeschäft" und urteilte polyglott, diesen Händlern vom Bosporus könne man sich „ruhig anvertrauen". Aber verändern die Gewerbetreibenden aus Indien, Persien und vom Mittelmeer – Spanier, Türken, Italiener, Griechen, später auch Ägypter – mit ihrer übergroßen Freundlichkeit und den verlockenden Kostproben nicht den Ton in der Halle? Rau und knapp vorbei an der Beleidigung war der Umgang schon in der alten Halle, daran änderte sich nichts, solange die Frankfurter Händler unter sich waren. „Drücken Sie die Fingernägel nicht in die Zitronen, die werden sonst schwarz", gab man am Obststand der Kundschaft schon mal mit auf den Weg.

Dieter Rudolph vom „Geflügel Dietrich" blickt wohlgefällig auf seine Vogelschar. Beim Schwarzfederhuhn, zum Beispiel, gerät er geradezu ins Schwärmen, weil es einen einzigartigen Coq au Vin abgibt. Rudolph hat einen abgeklärten Blick auf die Entwicklung des Hallenlebens. Vielen Moden haben sich die Händler schon geduldig ergeben, alles kam und schwappte wieder davon: Die Edel-Fress-Welle. Die Geiz-ist-geil-Welle (die vielen Händlern schmerzlich in Erinnerung ist). Die Gesundheitswelle. Die Slow-Food-Welle. Und dann kamen auch noch die kochenden Männer – die sind freilich immer noch da.

Der Scharfrichter unter den deutschen Feinschmeckern verlieh der Kleinmarkthalle einst die allerhöchsten Würden. Wolfram Siebeck, den seine Bewunderer Gourmet-Papst nannten, fand ein geradezu sakrales Etikett für die Halle: „Uffizien der essbaren Genüsse". Die Huldigung zählt doppelt, weil der verstorbene Gastro-Kritiker Siebeck (Spitzname: Wotan Zwieback) zeitlebens erfolgreich an seinem Ruf arbeitete, besonders arrogant und bösartig zu sein, zum Beispiel so: „Schlecht kochen kann jeder, aber nur die deutsche Hausfrau schafft es, darauf noch stolz zu sein."

Der Jux-Sänger Edu Keller hat der Kleinmarkthalle ein inbrünstiges schmissiges Liebeslied gewidmet (Titel: „Wo ist Sabine?"). Darin wird fast jeder der über 150 Marktstände angesäuselt und jeder der über 60 Händler angeflötet. Die Edelläden auf der Empore genauso wie die exotischen Obstauslagen im Zentrum der Halle. Hinter Barrikaden aus Gewürzen, Tee, Nüssen, Trockenfrüchten und Ölen hat sich Horst Franck verschanzt. Den freundlichen alten Herrn halten viele für den Chef, obwohl er es schon lange nicht mehr ist. Vor Jahren bereits hat er seinen Gewürzstand verkauft, „aus Altersgründen", aber viele Tage in der Woche ist er trotzdem noch da. Wer sich einmal in dieser einzigartigen Wolke aus Aromen, süßen und scharfen Düften und frischen und getrockneten Spezereien eingerichtet hat, der kann wahrscheinlich nie wieder davon lassen.

»Soll ich die Haut abziehen?«

An der Hallenseite gegenüber, der „Metzgermeile", reiht sich Fleischstand an Fleischstand, frankfurterische neben oberhessischen und türkischen, Würste, Koteletts, Innereien, Schweinsfüße, Lammhaxen, Rehbeine, Schafsköpfe, Markknochen, Kalbslenden, Schmalz jedweder Art... Mittendrin steht Ilse Schreiber an ihrem Fleischwurststand. „Wurst-Ilse" ist die meistzitierte und meistfotografierte Händlerin der Halle. Ein Foto zeigt sie vor ihrem zwölf Quadratmeter großen Stand. Würste baumeln an Fleischerhaken, im Hintergrund zieht eine Mitarbeiterin einen Wurstkringel aus dem dampfenden Kessel. Frau Schreiber, in einer Art nachtblauem Wollkostüm, Perlenkette um den Hals, strahlt den Fotografen an wie die Queen Mum der Kleinmarkthalle. „Soll ich die Haut abziehen?", fragt sie jeden ihrer Kunden; die allermeisten nehmen die Dienstleistung gern entgegen. Chinesen, Amerikaner und Japaner reihen sich geduldig ein in die mitunter bis zu zehn Meter lange Schlange vor dem Wurstkabuff und warten, bis ihnen die Kultwurst gereicht wird. „Wenn hier 40 Leute stehen, meckert keiner", sagt die gebürtige Oberschlesierin. Die heiße Fleischwurst schlägt inzwischen al-

les, sie hat die einstmals führende Krakauer verdrängt. Warum? Das weiß die Frau Schreiber auch nicht. „Ich sag oft", hat sie dem Autoren Johannes Hucke am Telefon erzählt, „mir habbe auch noch annern Sache! Rindsworscht mit un ohne Knoblauch... Un dann heißt's Flaaschworscht, Flaaschworscht, Flaaschworscht. Sie ist aber auch gut!"
Zurück am Fischstand. Herr Liedemann erinnert sich an einen prominenten Kunden: „Joschka Fischer hat bei mir früher häufig Austern gekauft."
Frau Frieser: „Ja damals, da war er ja noch schlank!"
Herr Liedemann: „Da konnte man ja manchmal fast zugucken – dick, dünn, wieder dick... Fischer hatte eine Spezialität: Er wollte ausschließlich grüne Austern. Ich weiß auch nicht, warum."
G erliegt der gemeinen Versuchung zu kalauern: „Liegt doch auf der Hand, für einen Grünen..." Keiner lacht.

Fischer bewies schon Feinschmeckerqualitäten, als seine ganz große Karriere noch in weiter Ferne lag. Immerhin, Bundestagsabgeordneter war der einstige militante Steineschmeißer schon gewesen und hatte es bereits zum Umweltminister in Hessen gebracht, als er an Herrn Liedemanns Fischstand trat – unten Turnschuhe, oben Gourmet. Fischer konnte seine enge Beziehung zur Kulinarik auch in der Politik nicht verleugnen. So nannte er den Dauer-Kanzler Helmut Kohl schon mal „drei Zentner Fleisch gewordene Vergangenheit". Sein alter Politgefährte Daniel Cohn-Bendit teilte Fischers Leidenschaft für Austern, aber er überhöhte die fürs linke Publikum dekadent wirkende Muschel-Schlürferei gleich zu einer Art sozialistischer Demonstration: „Ich aß gerne Austern. Ich wollte Austern für alle." Auch für den Ober-Grünen Joschka war das Essen spätestens, seit er die Segnungen der gehobenen Gastronomie kennenlernen durfte, mehr als schlichte Nahrungsaufnahme. Das Feinschmecker-Medium „Gourmino Express" jubilierte über einen Gleichgesinnten: „Für Fischer ist Essen das zentrale kulturstiftende Element in der Menschheitsgeschichte überhaupt. ‚Jede gute Party beginnt und endet schließlich in der Küche'."

Klaus Trebes, ein legendärer Küchenmeister, war ein alter Kampfgefährte der grünen Oberhäuptlinge. Trebes entschwebte in der Kleinmarkthalle in quasi-religiöse Sphären. Ein Gang vorbei an den Ständen sei „wie eine Meditation im Kreuzgang eines Klosters", schwärmte der Wirt des legendären „Gargantua" im Frankfurter Westend. Verleger, Politiker und Banker hat der Alt-68er Trebes bekocht. Alten Gesinnungskumpeln wie Matthias Beltz, Joschka Fischer und Daniel Cohn-Bendit, mit denen er Jahrzehnte zuvor in den Straßenkampf gezogen war, raspelte er jetzt weiße Trüffeln auf den Teller. Joschka Fischer, dem er die dritte seiner bislang fünf Hochzeiten ausrichtete, urteilte: „Beim Autodidakten Klaus Trebes schlossen die einstigen Häuserkämpfer Bekanntschaft mit gehobener Esskultur, feinen Weinen und mediterraner Lebensart." Dazu passend spottete der Kabarettist Matthias Beltz:

> Parmesan und Partisan: Wo sind sie geblieben?
> Partisan und Parmesan: Alles wird zerrieben.

Fischers „grüne Austern" entstammen übrigens der Flussmündung der Seudre, die in der französischen Region Marennes-Oléron in den Atlantik mündet. In den Austernbecken, den so genannten „Claires", erhält das Fleisch der Edelmuscheln seine grüne Farbe durch ein Pigment der Kieselalge „Marennine". „Für Gourmets", schwärmt ein Werbetexter der französischen Tourismusindustrie, „ist das smaragdgrün schimmernde Fleisch der Austern eine Augenweide." Und schmecken soll es auch!

Herr Liedemann: „Dann kam auch mal der Finanzminister, der vorher Lehrer gewesen war – wie hieß er noch ..."

D: „Eichel!"

Herr Liedemann: „Ja, genau, der kam mit Bodyguards und Frau. Die Frau, die trug die Nase ziemlich weit oben ... Ich habe sie bedient, der Eichel guckte nur zu. Da habe ich sie gefragt: ‚Ihren Mann, den kenne ich irgendwoher. Ist er Schauspieler?'"

Gelächter am Tisch.

D: „Es ist ja ein Markenzeichen der Kleinmarkthalle, dass die Händler gespielt ruppig sind zu ihren Kunden. Kommt damit jeder zurecht?"

Herr Liedemann: „Wieso gespielt?"

Frau Frieser: „Da müssense durch. Die müssen schon schmerzfrei sein. Es darf halt nicht unter die Gürtellinie gehen. Ich war ja auch schon mal in der Hessenschau zu sehen, da wird man natürlich ständig drauf angesprochen. Da kam einer und rief: ‚Isch hab disch im Fernsehn gesehn.' Da rufe ich zurück: ‚Du guckst zu viele Pornos!'"

G: „Wie viele von Eurer Sorte gibt's denn noch in der Kleinmarkthalle, die auf so freche Sprüche abonniert sind?"

Frau Frieser: „Da sind auch welche dabei, die gehen zum Lachen in den Keller."

Zwischen den Marktleuten, das lernt man schnell, geht es nicht immer heiter zu. „Bei der letzten Sitzung haben sie sich fast geprügelt", erzählt Herr Liedemann. Ein zentraler Konflikt entzündet sich „an diesen Samstagen", wie Frau Frieser verdächtig zurückhaltend berichtet. Ja, diese Samstage haben die ehrwürdige Kulinar-Halle ziemlich ins Beben gebracht. Die Berichte in den Frankfurter Medien über die Veränderung sind vorwiegend wohlwollend. „Wie die Kleinmarkthalle hip wurde", titelt zum Beispiel die Frankfurter Neue Presse. Seit 2006 hat sich auf dem Vorplatz des Frankfurter Fresstempels, gleich neben dem Liebfrauenberg, ein „Schlemmermarkt" entwickelt, anfangs eher zögerlich, dann aber mit Macht. Zuvor schon drängte sich die durstige Kundschaft an der langen Ausgabetheke auf der windschief wirkenden „Weinterrasse" des Rollanderhofes, aber seither spielt die Musik im Parterre. Da stehen die Weintrinker dicht gedrängt, Grillwolken ziehen über den Platz – und es werden immer mehr, „ein angesagter Treffpunkt für Jung und Alt", wie die FNP jubiliert.

Während etliche Händler draußen vor der Tür ein solides Zusatzgeschäft verbuchen, murren Kollegen, für die ernsthafte Kundschaft werde das Einkaufen zu einer Art Spießrutenlauf: Da sei kein Durchkommen mehr. Wenn sich obendrein samstagsmittags die Touristen in den engen Gängen drängen und „gucken statt kaufen", dann werde das beinahe geschäftsschädigend. Müssen einige Händler die Zeche dafür zahlen, dass die Kleinmarkthalle derart populär geworden ist?

Frau Frieser: „Ich muss ja auch samstags mein Obst und Gemüse verkaufen. Und wenn diese Weintrinker sich vor dem Eingang drängen und lassen meine Kunden nicht mehr rein, dann ist das doch eine schlechte Entwicklung."

G: „Merken Sie das denn am Geschäft?"

Frau Frieser: „Aber hundertprozentig. Ab zwei Uhr ist Totentanz. Danach kommen fast nur noch die Schnäppchenjäger. ‚Und was kosten die Erdbeeren jetzt?' fragen die. Da frag ich nur zurück: ‚Sind wir hier auf dem Flohmarkt?' Da nehm ich die Erdbeeren lieber mit heim und mach Marmelade."

Herr Liedemann: „Wenn hier nur noch die Trinkgemeinde das Bild prägt, dann geht ganz schnell die Attraktivität dieser einzigartigen Halle verloren. Das ist unsere Befürchtung. Und es gibt schon Kunden, die uns sagen: Am Samstag kommen wir nicht mehr her, das ist uns zu viel Gedränge."

Zur Beruhigung erzählt Frau Frieser von ihrer Familie: „Meine Großmutter hat mir das Kochen beigebracht. Meine Urgroßmutter war Köchin bei Henninger, und meine Oma, das 13. Kind einer Sachsenhäuser Gärtnerfamilie, hat immer für uns gekocht – Suppe, Hauptgericht, Salat, und hinterher Pudding. Der musste lauwarm sein, sonst haben mein Papa und ich ihn nicht gegessen. Meine Oma hat mich immer mitkochen lassen, und sie hat mir diese Lebensregel mitgegeben: ‚Um einen Mann zu bekommen, musst du gut im Bett sein. Um ihn zu behalten, musst du gut kochen können.' Mit meinem bin ich jetzt 25 Jahre zusammen. Ich steh jetzt mehr in der Küch' als ich im Bett liege ..."

„Jeden Abend gibt es bei uns eine riesige Schüssel Salat, das muss sein. ‚Obst und Gemüs ist gesund fürs Hirn und für die Füß', wie man sagt. Einmal die Woche Lamm, weil das das gesündeste Fleisch ist…", beschreibt Frau Frieser die heimische Ernährung.

D: „Und wie ist es mit Pferd?"

Frau Frieser: „Ja, Pferd, das mag ich nur als Sauerbraten."

D: „Wildschwein?"

Frau Frieser: „Das esse ich schon gerne, aber da muss man genau hinschauen. Hier kommt ja viel sogenanntes Wildschweinfleisch aus Spanien auf den Markt, das erkennt man am helleren Fleisch – die Tiere werden dort gezüchtet wie unser Hausschwein. Bei Wildschweinen, die in der Natur leben und sich viel bewegen, ist das Fleisch dunkler."

G: „Warum macht man solch einen Händler-Job? Weil man's geerbt hat? Weil man sich gern aufregt?"

Frau Frieser: „Was hat meine Mutter immer gesagt: ‚Wer Vater und Mutter nicht folgt, muss in die Markthalle.' In der Schule war ich nicht gerade der Kracher, ehrlich gesagt."

Herr Liedemann: „Tatsächlich bin ich hier hängengeblieben. Wer sich einmal dieser Atmosphäre hier verschrieben hat, der kommt nicht wieder los. Ich habe ja Sozialpädagogik studiert. Die Klientel, mit der du dort zu tun hast, triffst du hier an der Theke auch. Man kann mit jedem reden, wie einem der Schnabel gewachsen ist."

G: „Haben Sie nie daran gedacht, als Koch zu arbeiten?"

Herr Liedemann: „Nee, das ist mir einfach zu langweilig."

D: „Wenn man sich gelegentlich durch die Fernsehsender zappt, gerät man ja von einer Kochsendung zur nächsten und kann den Eindruck gewinnen, die Deutschen seien ein Volk von Hobbyköchen. Merkt man hier irgendwas davon?"

Frau Frieser: „Bei mir nicht."

Herr Liedemann: „Doch, es gibt einige Kunden, die reden schon mal von Kochsendungen und fragen nach Rezepten. Aber an sich denke ich, diese Sendungen sind nur dafür da, dass Hausfrauen, die nicht mehr selbst kochen wollen, wenigstens noch zuschauen können."

Frau Frieser: „Das Einzige, was mir an diesen Sendungen gefällt, ist, wenn die sich gegenseitig beschimpfen. Ansonsten sehe ich nicht viel fern. Meistens schaue ich mich von innen an."

Herr Liedemann: „Wie geht denn das?"

Frau Frieser: „Ich hab die Fernbedienung auf dem Schoß und dann fallen mir die Augen zu. Aber guck mal den alten Herrn da, der ist wirklich Dauerkunde in der Halle. Der ist schon über 90, bei mir kauft er meistens zwei bis drei Aprikosen."

Herr Liedemann: „Zu mir kommt der auch manchmal und fragt: ‚Habt ihr mal ein Stück Aal für mich?'"

G: „Igitt. Aal kann ich nicht mehr essen seit der ‚Blechtrommel' von Günter Grass. Wie mit einem Pferdekopf die Fische gefangen wurden – das war schon im Buch scheußlich geschildert; bei der Verfilmung wurde das noch ekliger."

Herr Liedemann: „Seltsam, das sagen viele. Ich habe danach erst angefangen, Aal zu essen ..."

Frau Frieser: „Aber wir haben früher die Fische auch so in der Lahn gefangen, mit Hammelköpfen."

G: „Wie ist das an Ihrem Stand – haben die Kunden da viel Gesprächsbedarf?"

Frau Frieser: „Ja, schon, gern gefragt wird zum Beispiel: ‚Ist der Salat eigentlich frisch?' Da antworte ich gern: ‚Geht so.' Abends müssen wir ja den ganzen Stand fortwerfen, weil dann alles verwelkt ist. Ich frage mich manchmal, von welchem Planeten manche Leute kommen. Haben die keinen Kühlschrank daheim?"

D: „Was sind denn die dümmsten Fragen?"

Herr Liedemann: „Gern gefragt wird, ob man den Fisch am nächsten Tag noch essen kann. Da würde man am liebsten antworten: ‚Nein, wenn sie da unten zur Tür rausgehen, würde ich ihn gleich in den nächsten Abfallkorb entsorgen.'"

Frau Frieser: „Gründonnerstag kommen gern mal welche vorbei und fragen: ‚Ist die Grüne Soße auch frisch?' Am Gründonnerstag! Da sag ich dann gern, dass die Kräuter schon seit 14 Tagen hier rumliegen. Dann fragt eine: ‚Wollen Sie mich verarschen?' Frage ich zurück: ‚Wer hat denn damit angefangen?' Die allerdämlichste Frage aber hat mir einer von diesen Weintrinkern gestellt. Stand da mit seinem Glas in der einen Hand und streckte mir mit der anderen ein Büschel Maikraut entgegen. ‚Das sieht ja so herrlich aus', hat der junge Kerl gesagt, ‚das kann ich doch bestimmt gut an meine Spaghetti machen.' – ‚Unbedingt', habe ich ihm gesagt, ‚nichts passt besser!'"

Falls der verwirrte Nudelkoch sich in dieses Buch verirren sollte: Wir raten ihm zur Vorsicht. Das Maikraut, das man auch als „Wohlriechendes Labkraut" und noch besser als Waldmeister kennt, ist ein herrlicher, knallgrüner Frühlingsbote. Für Wackelpudding, Eiscreme und Bowle ist er eine echte Bereicherung. Mancher Kundige setzt ihn auch, als Tee aufgebrüht, als Heilpflanze ein – gegen Kopfschmerzen, bei Schlaflosigkeit, Krämpfen und Verdauungsbeschwerden. Sein einzigartiger würzig-süßer Geschmack kommt am besten zur Geltung, wenn der Waldmeister leicht angewelkt ist. Dann kann man ihn auch in Keksen verbacken oder zu Sirup verkochen. Nur als Bestandteil einer Bolognese, verehrter Nudelkoch, eignet er sich nicht. Es gibt aber Trost für die Durstigen: Mischt man den Waldmeister-Sirup ins Bier, gelingt vielleicht eine Berliner Weiße. Oder man rührt ihn in den Allerwelts-Cocktail Hugo, da ist man ganz hip!

Frau Frieser: „Ich habe da jetzt so ein wunderbares Olivenöl aus Sizilien..."

G: „Obacht, jetzt beginnt die Verkaufsshow. Das hat sie mir auch schon angedreht."

Frau Frieser: „Da kommt so eine Frau und klagt: 25 Euro für Olivenöl, das ist ja wirklich ein Apothekenpreis. Da kläre ich die Frau dann mal auf: ‚In Ihr Auto', sage ich ihr, ‚schütten Sie doch sogar Öl für 60 Euro, und da wird nicht gezuckt. Und wenn's um den eigenen Körper geht, da werden Sie plötzlich knickrig.' Wie kann denn das sein? Da sollten wir uns ein Beispiel an den Italienern oder den Franzosen nehmen. Die fahren lieber kleine Autos, dafür essen und trinken sie dann bombastisch. Ich fahre einen 15 Jahre alten Smart ..."

G: „Gab's den Smart vor 15 Jahren überhaupt schon?"

Frau Frieser: „Na, dann acht Jahre. Oder drei!"

G: „Ich bin ja auch einer ihrer Stammkunden, und das wird man nur mit einer gewissen masochistischen Veranlagung. Da kriecht man dann frühmorgens an den Stand und erwartet, dass da gleich wieder ein messerscharfer Spruch geflogen kommt. Eine Frage treibt mich um. Wenn ich Spargel haben möchte, dann sagen Sie häufig zu einem der zu bedienenden Herren: Dem gibbste von unne. Ist das eigentlich eine Verbesserung oder eine Verschlechterung?"

Frau Frieser: „Kommt drauf an. In Wahrheit ist das doch nur Show. Damit der Kunde denkt: Hach, ich werde hier besonders bedient. Extra wegen mir gibt's eine neue Kiste."

Dann lacht sie und der Kunde denkt: Hab ich's mir doch gedacht. D und G verlassen zögernd den Tempel des Wohlgeschmacks. Draußen pieselt es immer noch. Macht nichts. Selbst dieser fiese Regen, der hier gar nicht hingehört, kann das gute Gefühl nicht davonschwemmen, dass man drinnen eingesaugt hat: Die Kleinmarkthalle, das ist Heimat und Italien und Thailand und Ägypten und Türkei und Griechenland und Frankreich – und alles an einem Fleck. Urlaub für die Sinne und Nachschub für die Küche. Braucht man sonst noch etwas?

GESPRÄCHSPARTNER

Michaela Frieser ist die Chefin am Obst- und Gemüsestand – wenn man die Kleinmarkthalle vom Liebfrauenberg betritt: gleich vorne links. „Die Frieser" ist berühmt für ihre frechen Sprüche, aber auch für die Qualität ihrer Produkte. 1938 hatte ihre Großmutter Emilie Frieser, 13. Kind eines Sachsenhäuser Gärtners, noch in der alten Kleinmarkthalle den Obst- und Gemüsehandel gegründet. 1962 übernahm Roswitha Frieser, Michaelas Mutter, das Kommando – bald schon erlangte sie in halb Frankfurt Berühmtheit, weil sie ihre Kunden mit einer Dauerkanonade von Schlagfertigkeit und Dreistigkeit überzog. „Ich hab halt e bees Maul", sagte sie. Die Bild-Zeitung wusste zu berichten, dass ihr ein Marktleiter mal „Schreiverbot" erteilen wollte – die Antwort ließ nicht auf sich warten: „Des is wie wenn mer em Gockel das Krähen verbietet. Mir sind doch in de Markthall und net uffm Friedhof!" Wer heute die Tochter hört, kann sich die Mutter noch gut vorstellen, unkommentiert bleibt bei ihr nichts und niemand. Was gibt's bei Friesers außer Sprüchen? Vor allem Saisonware aus der gesamten Region – Salate und Kräuter aus Oberrad, Kirschen aus Ockstadt, Spargel und Erdbeeren aus den Feldern bei Darmstadt, Äpfel aus dem Taunus – aber auch Mittelmeerfrüchte jedweder Art.

Frank Liedemann ist gelernter Koch, studierter Sozialpädagoge und Freizeit-Musiker – und führt den letzten Stand vor dem Kleinmarkthallen-Restaurant, „Fisch auf der Galerie". Dem Musiker kann man auf Youtube begegnen, dem Fischhändler dort, wo er hingehört. Liedemann ist eine Institution für alle, die sich für frisches Meeresgetier interessieren – Fische, Krustentiere, Muscheln. „Wenn jemand nur auf den Preis schaut, ist er bei uns vielleicht nicht richtig", hat er einem Frankfurter Reporter gestanden; den Verkauf von Billigfisch überlassen die Feinkostler auf der Empore lieber anderen. Wer da oben Fisch erwirbt, kann, wenn Liedemann gut gelaunt ist, auch noch einen Rezeptvorschlag gratis erhalten. Der Chef am Fischstand hat ja Koch gelernt – selbst kochen mag er allerdings nicht mehr.

Warum sind alle Männer ballaballa?

Dass „22 Männer 90 Minuten lang einem Ball nachjagen", wie der Fußballspieler Gary Lineker sagte, ist merkwürdig genug. Aber was geht in den Köpfen der fast 25 Millionen deutschen Fußballbegeisterten vor? Der Frage „Wann ist ein Fan ein Fan?" (frei nach Herbert Grönemeyer) sind wir im Gespräch mit dem Bundesliga-Rekordspieler Karl-Heinz „Charly" Körbel nachgegangen.

> Alles, was ich über Moral und Verpflichtung weiß, verdanke ich dem Fußball.
>
> *Albert Camus*

> Fürwahr, dieser Sport, unterstützt durch Ströme von alkoholischen Getränken, löst die Gefühle, schafft wundervolle Crescendos der Empfindung und erfüllt das Herz mit einer Regung und einem dramatischen Leben.
>
> *Rudolf Kirchner*

Wer oder was ist ein Fußballfan? Einer, den seine Kollegen in der Sparkassenfiliale von Montag bis Freitag wegen seines ruhigen, ausgeglichenen Gemüts schätzen, ein liebevoller, fürsorgender Familienmensch, der aber samstags um 15.30 Uhr ein anderer wird. Einer, der in einem Fußballstadion völlig sachgrundlos mit überschnappender Stimme brüllt: „Das ist doch Elfmeter, du Blinder!", während die Augen schier aus den Höhlen treten. Einer, der einem anderen auf der Stelle Prügel androht, wenn der schüchtern einwendet, es könne sich doch möglicherweise – nur so rein theoretisch – um eine „Schwalbe“ gehandelt haben. Einer, dem Kollektivgesänge sonst eher unheimlich sind, der aber voll Inbrunst und in mehr oder weniger Distanz zum richtigen Ton „Schwarz-weiß wie Schnee, das ist die SGE!“ mitjohlt. Wer das nicht kann oder nicht will, hat in einem Stadion nichts zu suchen. Wer um 17.15 Uhr nicht wieder der friedlichste Mensch ist, ebenfalls nicht.

Einer, der Millionen Bundesliga-Fans fast 20 Jahre Jahre lang in diesen emotionalen Ausnahmezustand getrieben hat, ist Karl-Heinz Körbel, den alle nur Charly nennen. So viele Bundesligaspiele wie Körbel hat niemand vor ihm bestritten, „und ich sehe auch keinen, der das in absehbarer Zeit erreichen könnte“, sagt der Rekordinhaber auf die Frage nach möglichen Prätendenten. Auf 602 Bundesliga-Einsätze kam Körbel zwischen 1972 und 1991, alle für Eintracht Frankfurt. Unter den in der Saison 2018/2019 aktiven Bundesligaprofis kommt ihm Claudio Pizarro mit bescheidenen 446 Spielen am nächsten. Um Körbel zu überholen, müsste Pizarro, Jahrgang 1978, noch fünf Spielzeiten jede Begegnung bestreiten, also bis Mitte 2023.

Körbel war in seiner aktiven Zeit Vorstopper. Diese Position nennt man heute nicht mehr so, sondern „Innenverteidiger“, und jeder Nachstopper hinter ihm muss ein ruhiges Fußballerleben gehabt haben, denn Körbel ließ nicht viel durch. Vier deutsche Pokalsiege, ein Europapokalgewinn und sechs Länderspiele waren der Lohn. Die größte Genugtuung waren freilich „18 Jahre ohne Heimniederlage gegen Bayern München“, das sagt er noch heute mit einem Grinsen, als hätte er soeben Franz Beckenbauer (424 Bundesliga-Spiele) lässig den Ball zwischen den Beinen hindurchgeschoben.

Schon Körbels Anfang bei der Eintracht stand unter einem guten Stern. Wie bei allen Spielern, die damals jung zur Eintracht kamen, kümmerte sich Siggi Bergmann um die Führerscheinprüfung des knapp Achtzehnjährigen. Der praktische Unterricht umfasste drei, höchstens vier Stunden rund um das Trainingsgelände am Riederwald, „und das Theoretische schafften wir uns in einer Nacht drauf", erinnert sich Körbel. Am Tag der Prüfung, also im Finale, hatte Bergmann eine klare taktische Ausrichtung: „Ihr fahrt als Letzte", gab er den Jungfußballern vor, „dann ist der Prüfer schon müde. Ich sitze hinten, und wenn ich huste, heißt das: ‚Achtung, rechts vor links'". Ein Fußballschiedsrichter würde vermutlich „Falschen Einwurf" pfeifen – nur gut, dass es bei Fahrprüfungen keinen Videobeweis gibt.

D und G treffen Herrn Körbel im Café eines Hotels, natürlich direkt am Frankfurter Waldstadion. Mögen andere Fußballer nach dem Karriereende figürlich aus dem Leim gehen, Herr Körbel hat auch mit 64 Jahren noch die Statur eines Sportlers. Einer, der ihm mal jovial auf den Oberschenkel schlug, sagt, der habe sich angefühlt wie Stahl. Mit am Tisch sitzt Klaus Veit, bis vor

kurzem Sportchef der Frankfurter Neuen Presse, er und Körbel kennen einander schon ewig.

G möchte reihum von allen wissen, wie sie zum Fußball kamen.

Herr Körbel: „Ich über meinen Onkel. Der spielte in meinem Heimatort Dossenheim in der ersten Mannschaft, und schon als ich drei oder vier war, kickten wir barfuß im Hof. Mein Vater hatte mit Fußball nichts am Hut, wurde aber später mein Fahrer, als meine Karriere begann. Heute werden Jugendspieler zu Turnieren oder Talentsichtungen abgeholt, mein Vater musste zum Teil Urlaub nehmen."

Vielen gilt Herr Körbel als Ur-Frankfurter. Das ist er aber so wenig wie Margit Sponheimer Mainzerin ist („Am Rosenmontag bin ich gebo-ho-ren, am Rosenmontag in Mainz am Rhein"), denn die Fastnachtskönigin der Herzen kam an einem Sonntag in Frankfurt zur Welt. Körbel stammt aus Dossenheim („Dossene") bei Heidelberg, also aus der Kurpfalz, aus dem nördlichen Baden-Württemberg. Schon mit 16 Jahren, als Jugend-Nationalspieler, bekam er Angebote von Bundesligavereinen, aber er blieb noch ein Jahr zu Hause und spielte in der Baden-Liga auf Hartplätzen, auch weil sein Vater Wert darauf legte, dass er seine Lehre als Bürokaufmann zu Ende brachte.

Bei Veit war es der Vater. Er nahm ihn zu Spielen in den Frankfurter Ostpark mit. Dort wetzte der kleine Klaus an der Außenlinie auf und ab, „immer auf Ballhöhe". Nachdem er beim Fußball einen Arm gebrochen hatte, musste er seiner Mutter, die sich um ihr schmächtiges „Büble" sorgte, den Eintritt in einen Verein richtiggehend abtrotzen. Später spielte er bei FG Seckbach 02 nacheinander Linksaußen, „Zehner" und Libero. So weit kam G gar nicht erst: „Bevor mein Vater mich zum Kicken verführen konnte, ließen meine Eltern sich scheiden." Er erinnert sich aber lebhaft daran, dass es in einem Verein in seiner westfälischen Heimat einen älteren englischen Spieler gab, der so aufreizend teilnahmslos auf einem Grashalm kaute, dass die Zuschauer riefen: „Lauf, du faule Sau"! Irgendwann bekam er den Ball – und er schoss in jedem Spiel ein Tor. Einen professionellen Zugang zum Fußball bekam G als Zeitungsmacher, weil er wahrnahm, welche Bedeutung diese Sportart für viele Leser hat.

D spielte als Jugendlicher gern und oft Fußball, aber nie in einem Verein. „Ich war Torwart und hatte damals lange Haare, so bis auf die Schultern. Als ich mal in der B-Jugend mittrainierte, bekam ich in Bedrängnis einen Eckball nicht richtig zu fassen, was auch anderen Welttorhütern gelegentlich passiert. Die blöden Sprüche ‚Geh erst mal zum Friseur, dann siehste was' wollte ich mir nicht Woche für Woche anhören. So endete eine große Begabung schon früh, immerhin in der Schulauswahl unseres Gymnasiums, man nannte mich wegen meiner Geschmeidigkeit ‚Katze von Lörrach'."

Herr Körbel, wie D Jahrgang 1954 und damit Vertreter einer Generation, die noch erlebt hat, dass Spitzenfußballer nicht mit einem Maserati zur Welt kommen, erinnert sich, dass auch er einmal im Tor spielte. „Da besorgte ich mir Wollhandschuhe, schnitt den Belag eines Tischtennisschlägers in Streifen und klebte mir die Gumminoppen auf die Handschuhe, so wie ich es bei Sepp Maier gesehen hatte." Für Nichtfußballer: Josef Dieter „Sepp" Maier, Jahrgang 1944, genannt „Die Katze von Anzing", 473 Bundesliga-Spiele, war zu seiner Zeit (also zehn Jahre vor D) einer der besten Torhüter der Welt, wurde 1972 Europa- und 1974 Weltmeister und mit Bayern München je viermal Europapokalsieger, deutscher Meister und Pokalgewinner.

Für den jungen Körbel war die Begegnung mit den ganz Großen wie ein Erweckungserlebnis. „Guten Tag, Herr Walter", brachte er schüchtern hervor, als er unversehens einem der Weltmeister von 1954 gegenüberstand. „Ich bin der Fritz", antwortete der Ehrenspielführer der Nationalmannschaft und hielt dem jungen Kollegen einen Vortrag über Tradition und Fußballtugend. Und Uwe Seeler (239 Bundesliga-Spiele) sagte nach einem Probetraining des 16 Jahre alten Körbel beim Hamburger SV: „Du bist ein Guter, komm zu uns." Dabei hatte Körbel in den Zweikämpfen – eine halbe Stunde „Eins gegen eins" – nur einen Gedanken: „Bald ist Weltmeisterschaft und was passiert, wenn ich den Seeler umtrete?" Körbel war zwar ein robuster Spieler, ein unermüdlicher Kämpfer, aber er zählte nie zu den Tretern, in seinen 602 Bundesliga-Spielen wurde er nicht ein einziges Mal vom Platz gestellt.

G: „Muss man, um Fan zu werden, früher selber gekickt haben, sei es im Verein oder auf dem Hof?" D verkneift sich die Anschlussfrage, ob der fanatischste Fan einer sei, der es mangels Talent nie zum Spieler gebracht hat – so wie ein Journalist als Schreiberling betrachtet werden kann, bei dem es zum Schriftsteller nicht reichte.

»Was passiert, wenn ich den Uwe Seeler umtrete?«

Herr Körbel: „Die frühen Erfahrungen können ganz unterschiedlich sein. Meine Tante brachte mir mal ein Paar Stutzen des 1. FC Nürnberg mit, das war für mich damals das Größte. Und ein Bruder von Rainer Ohlhauser, der bei den Bayern spielte, war mein Sportlehrer in Dossenheim, von dem bekam ich die Autogramme der Bayern-Spieler. Das ging so weit, dass ich als Schüler eine Arbeit über Bayern München schrieb und das Vereinswappen mit der Hand ausmalte. Ohne solche frühen Erfahrungen wird niemand zum Fan."

In dem 2017 erschienenen wissenschaftlichen Sammelband „Fans aus soziologischer Perspektive" werden Fans definiert als „Menschen, die längerfristig eine leidenschaftliche Beziehung zu einem für sie externen, öffentlichen, entweder personalen, kollektiven, gegenständlichen oder abstrakten Fanobjekt haben und in die emotionale Beziehung zu diesem Objekt Zeit und/ oder Geld investieren". Etwa drei Abstraktionsligen tiefer fragt D: „Muss man als Fußballfan im Innersten immer ein Kind bleiben?" Herr Körbel sagt unter heftigem Nicken der anderen, ein echter Fan vergesse bestimmte Szenen nie, vor allem die nicht, die er als Kind erlebte: „Ich erinnere mich noch genau an den Tag, als mein Vater und ich mein Zimmer tapezierten und dabei im Radio die Übertragung des Europapokalfinales Dortmund gegen Liverpool in Glasgow hörten." Das war am 5. Mai 1966 und endete 2:1 für Dortmund, das Siegtor schoss Reinhard „Stan" Libuda (264 Bundesliga-Spiele) in der Verlängerung.

In seinem Buch „Lob des Fußballs" schreibt Jürgen Kaube: „Fußball bindet, aber am stärksten nicht Kollektive, sondern biographische Zeit." Darin sei er der Popmusik ähnlich, denn „Fußball verbreitet ein Generationengefühl. Man weiß, wo man war, als Hölzenbein zum zweiten Mal im Strafraum stürzte oder Solskjaer seinen rechten Fuß in den verlängerten Eckball hielt." Und auch das zeichnet den wahren Fan aus: die unerschütterliche Gewissheit, dass Bernd Hölzenbein (420 Bundesliga-Spiele) im Münchner Weltmeisterschaftsfinale 1974 von Wim Jansen im Strafraum mit einem Foul niedergestreckt wurde. Zwar frotzelt der frühere DDR-Nationalspieler Jürgen Sparwasser, der im einzigen Länderspiel BRD-DDR das einzige Tor erzielte, Hölzenbein bei jeder Begegnung: „Zeig mir doch mal die Stelle, wo der Holländer dich traf", aber allein diese Zumutung beweist ja, dass Sparwasser kein echter Fan sein kann.

G fragt Herrn Veit: „Kann man als Sportjournalist Fan sein?" – „Fan der Sportart auf alle Fälle, aber Fan eines Vereins, das wird schwierig. Das erste große Spiel der Eintracht, das ich nicht von der Pressetribüne aus gesehen habe, war das Pokalfinale 2018 gegen die Bayern. Als Gacinovic zum 3:1 loslief, riefen Zwanzigtausend in der Kurve: ‚Lauf, lauf, lauf…', und ich war einer von ihnen. Das war schön."

G: „Bleibt man als Fan sein Leben lang einem Verein treu?"

Herr Veit: „Normalerweise schon."

Herr Körbel: „Für mich wäre es ganz schwierig zu sagen: ‚Ich bin jetzt Fan von Bayern München'…"

Herr Veit: „… oder der Offenbacher Kickers."

Herr Körbel: „Moment! Wenigstens das habe ich geschafft, dass ich als einer der wenigen Eintracht-Spieler heute in Offenbach nicht ausgepfiffen werde. Es gibt sogar ein Foto von mir, auf dem ich eine Kickers-Mütze trage."

Nach Angaben des Weltverbandes FIFA spielen mehr als 265 Millionen Menschen Fußball, das sind etwa vier Prozent der Weltbevölkerung oder mehr als Deutschland und Russland zusammen Einwohner haben. In den weltweit über 325.000 Vereinen sind gut 38 Millionen Fußballer organisiert. Fußball wird in mehr als 200 Ländern gespielt; nicht überall ist er die Sportart Nummer eins, aber überall, wo er gespielt wird, gelten dieselben Regeln. In Ländern wie Frankreich, Italien oder Spanien gibt es Tageszeitungen mit hohen Auflagen, die ausschließlich über Sport berichten, und in ihnen nimmt wiederum der Fußball breiten Raum ein. In Deutschland sind gut sieben Millionen Spieler in rund 27.000 Fußballvereinen gemeldet. Hinzu kommen noch etwa vier Millionen, die in ihrer Freizeit in Hobby-, Betriebs- oder Thekenmannschaften regelmäßig kicken. Die Bundesliga-Spiele der Saison 2017/2018 besuchten mehr als 13 Millionen Zuschauer, im Schnitt waren es 44.646 Fans pro Spiel. Die Begegnungen der Zweiten Bundesliga hatten im Schnitt 17.584 Besucher. Das ist eine Menge, aber: Verglichen mit den 2,4 Millionen katholischen Gottesdienstbesuchern (Stand 2016) an einem normalen Sonntag (nicht Weihnachten oder Ostern) nehmen sich die 560.000 Stadiongänger in den beiden Profiligen zusammen immer noch wie eine kleine Herde aus. Weil es jedoch mehr Gotteshäuser als Bundesliga-Stadien gibt, muss man die Zahl der Fernsehzuschauer hinzurechnen, um das Bild zu vervollständigen, denn hier ist es genau umgekehrt: Es gibt deutlich mehr Fußballübertragungen als Fernsehgottesdienste. Allein den ersten Spieltag der Zweiten Bundesliga in der Saison 2018/2019 verfolgten beim Bezahlsender Sky 2,03 Millionen Zuschauer.

Zwei Organisationen teilen sich hierzulande die Zuständigkeit für den Fußball. Domäne des Deutschen Fußball-Bundes (DFB) sind die Amateure, die Nationalmannschaften und der Pokalwettbewerb. Zuständig für den Spielbetrieb und die Vermarktung der Ersten und der Zweiten Bundesliga ist die Deutsche Fußball Liga (DFL). Der Gesamtumsatz des Lizenzfußballs liegt bei vier Milliarden Euro pro Saison, die DFL schüttet gut 700 Millionen überwiegend aus Fernsehgeldern an ihre Bundesligavereine aus.

D: „Es gibt Fans und organisierte Fangruppen, die sagen, das viele Geld mache den guten alten Fußball kaputt. Ist das so? Ich glaube ja, da ist bei vielen Naivität im Spiel, bei manchen auch eine Spur Heuchelei. Denn auch die gehen lieber in ein modernes Stadion mit allen Annehmlichkeiten als in eine Uralt-Kampfbahn mit einem einzigen Männerklo."

Herr Körbel: „Das muss jeder für sich entscheiden. Hätte es zu meiner Zeit so viel Geld gegeben, hätten wir es vermutlich auch nicht abgelehnt und ich hätte heute 30 Millionen auf dem Konto."

G: „So sind's nur fünfzehn."

Herr Körbel: „Jetzt nimm doch mal die Weltmeister von 1954. Ich habe oft mit Horst Eckel darüber gesprochen, einem der Spieler von damals, welche Werte für die eine Rolle spielten. Wenn du das hörst, bekommst du eine Gänsehaut, da wirst du einfach zum Fan. Bei Uwe Seeler ist es ähnlich. Dann kam die nächste Generation mit uns, und mir ist wichtig, dass dieser Zusammenhang nicht verlorengeht. Wenn ich nur daran denke, welche Freude am Fußball wir damals hatten, mit Cha, mit Okocha, mit Bruno Pezzey."

D meint, noch eine Beobachtung gemacht zu haben: Wer vor 20 oder 30 Jahren in der sogenannten besseren Gesellschaft das Thema Fußball anschlug, galt als Prolet. Heute kann man mit dem Vorstandsvorsitzenden eines Dax-Unternehmens ebenso leicht über den Fußball ins Gespräch kommen wie mit dem polnischen Hausmeister, der Zufallsbekanntschaft oder der Gemeindepastorin. Herr Körbel stimmt vor allem dem Befund zu, dass mehr Frauen in die Stadien kommen, seitdem die Spielstätten sauberer und sicherer sind.

„Auch der Frauenfußball...“, hebt Herr Körbel an. „Ist kein Fußball“, knurrt D. „Ooch“, raunen die anderen Frauenfußballversteher. Da kommt D so richtig in Fahrt: „Ich war neulich beim Spiel 1. FFC Frankfurt gegen den SC Freiburg. Die spielen fair, da gibt es keine Schauspielereien wie von Neymar, das hat mir gefallen. Aber vieles wirkt arg unbeholfen. Von einem sogenannten Spitzenspiel der Frauen-Bundesliga erwarte ich schon, das die Spielerinnen jederzeit den Ball sicher annehmen oder einen geraden Pass spielen können.“ Herr Körbel wendet ein, dass der Frauenfußball noch dabei sei, sich zu professionalisieren. Vereine wie Bayern München, der VfL Wolfsburg und der SC Freiburg hätten das erkannt, „und irgendwann wird auch die Eintracht diesen Schritt tun müssen, denn der 1. FFC wird sich auf Dauer nicht finanzieren können, das geht nur noch über Bundesligavereine“.

Nicht nur der Frauenfußball, auch weibliche Fußballfans werfen grundsätzliche Fragen auf. Schon bei der Grammatik fängt es an. Wie nennt man sie? Es heißt ja nicht von ungefähr „Der Fan“. In einer Diktion, die etwas anders aufgebaut ist – weiblicher, intuitiver – als das „Ich sach ma', sach ich ma'“ männlicher Fans, formuliert die Soziologin Bettina Fritzsche wie folgt: „Fankulturen werden oftmals geschlechtlich kodiert und stellen potenziell ein Forum für Auseinandersetzungen mit Fragen der Geschlechtsidentität dar.“ In dem erwähnten Sammelband „Fans aus soziologischer Perspektive“ widmet sie sich unter der Überschrift „Fans und Gender“ den Fragen: „Auf welche Weise kann Geschlecht in Fan-Kulturen Bedeutung erlangen, und welche Umgangsweisen mit geschlechtlichen Bedeutungen lassen sich in diesen Kulturen beobachten? Inwiefern sind sie ein Ort der Reproduktion oder auch der Subversion konventioneller Geschlechter-Bilder im Sinne eines gender bendings?“

„Bending“ ist in der Soziologie das, was im Fußball eine Freistoßfinte ist, das absichtliche Unterlaufen von Erwartungen. Ja, es stimmt, Frauen in Fußballstadien waren und sind immer noch das Ziel von Chauvi-Sprüchen. Als der 1. FC Saarbrücken im Jahr 2006 ein Spiel gegen die Sportfreunde Siegen zum „Frauentag" erklärte mit freiem Eintritt für weibliche Fans, sagte der Stadionsprecher zur Begrüßung: „Liebe Frauen! Das Grüne da unten ist der Rasen. Das Weiße sind die Tore. Das Rote, das ist der Gegner Sportfreunde Siegen. Jubeln dürft ihr erst, wenn unsere Jungs ein Tor gemacht haben." Anhänger von Lazio Rom tapezierten ihre Fankurve im Olympiastadion mit der Botschaft, das sei „ein heiliger Ort, ein Ambiente mit ungeschriebenen Gesetzen". Zu denen zähle, dass in den ersten zehn Reihen „Frauen, Ehefrauen und Freundinnen" nichts zu suchen hätten. Das war zu Mussolinis Zeiten? Nein, das war im August 2018 beim Spiel gegen Neapel. Die Website www.herthafreundin.de von Hertha BSC, die 2007 online ging, brachte Interviews mit und Fotos von Spielern, Schminktipps, Kochrezepte und Erläuterungen von Fußballregeln, aber keine aktuelle Tabelle. Die Website ist inzwischen offline.

An den Zahlen gibt es ja nichts zu deuteln. Etwas belehrend schreibt die DFL: „Es ist in der öffentlichen Wahrnehmung vielleicht noch nicht ganz angekommen, aber mehr als ein Viertel der Stadionbesucher in Deutschland sind weiblich. Die Zahlen sind in den letzten Jahren kontinuierlich gestiegen." Nein, verehrte DFL, das ist in unserer Wahrnehmung durchaus angekommen, aber auch Sie, verehrte DFL, drücken sich um die Antwort auf die Frage: Wie nennt man das bessere Viertel der Stadionbesucher denn nun? Faninnen? Faneusen? Fan*innen? Oder Weiblein und Männlein gleichermaßen Fanx? An der Humboldt-Universität wurde 2014 die – pardon – Kokolores-Idee geboren, alles, was eine männliche oder weibliche Zugehörigkeit ausdrückt, durch ein x zu ersetzen. Lann Hornscheidt, im Bereich Gender-Studies tätig, wünschte fortan mit «Sehr geehrtx Profx» angesprochen zu werden. Ein bewunderndes „Olé-olé-olé!" gilt an dieser Stelle den einfallsreichen Frauen, die sich in schöner Selbstironie „TivoliTussen" (Alemannia Aachen) und „Uschifront" (1. FC Köln) nennen.

Dabei sind Frauen im Stadion beileibe kein Phänomen unserer Tage. Schon in den zwanziger Jahren des vorigen Jahrhunderts, als der Fußball auf dem Weg war, dem Turnen den Rang als Volkssport abzulaufen, sah man Damen auf den Rängen – unter den „Zuschauenden" wie die Bundeszentrale für politische Bildung in vorbildlicher Gender-Haltung schreibt. (Der Ruf „Steht auf, wenn ihr Schalkende seid!" scheint genderpolitisch nur noch eine Frage der Zeit.)

Wie auch immer: 1922 musste das Pokalendspiel zwischen dem Hamburger SV und dem 1. FC Nürnberg wiederholt werden. Das erste Finale war nach 90 Minuten und Verlängerung wegen allgemeiner Erschöpfung abgebrochen worden, Elfmeterschießen oder Losentscheid waren seinerzeit nicht vorgesehen. Zur Wiederholung überfüllten in Leipzig 60.000 Zuschauenwollende das Stadion, es kam zu Ausschreitungen, Flaschen flogen über die Ränge. Und mittendrin Frauen, wie ein zeitgenössischer Beobachter berichtete: „Der frisch fröhliche Kampf, den die hinteren Reihen im Zuschauerraum mit Sodawasserflaschen gegen die vorderen Linien geführt haben. Wie das flog, klirrte und in der Sonne glitzerte, als so einige tausend Sodawasserflaschen auf einem Frontabschnitt von 200 Meter hoch im Bogen auf die vorderen Reihen niederprasselten. Es war lieblich anzusehen, wie sie da im schwarzen Dreck zur Deckung gegen die feindlichen Geschosse niedergestreckt lagen, die Damen mit den weißen Sommerkleidern. Sowas muß man gesehen haben! Da muß man dabei gewesen sein!"

Man kann es nicht anders sagen: Diese unerschrockenen Damen in den weißen Sommerkleidern ließen (schon damals) den DFB als einen Haufen von Weicheiern dastehen, denn der hatte zwei Jahre zuvor in seinem Jahrbuch proklamiert: „Fußball kennt keine weibische Weichlichkeit, kein ängstliches Zagen, keine Empfindelei". Allerdings darf nicht verschwiegen werden, dass auch Frauen während der Weltmeisterschaft 1934 in Italien Hakenkreuzfahnen schwenkten, als die deutsche Mannschaft dort antrat. Fußballautor Hardy Grüne schrieb: „Während des Endturniers reisten zahlreiche deutsche Fans über den Brenner, wobei sich, wie die Bilder belegen, auch eine Menge Frauen unter den ‚Schlachtenbummlern' befanden. Die WM wurde offenbar zu einem gemütlichen Familienausflug unter italienischer Sonne genutzt." Ein Sommermärchen der anderen Art, sozusagen.

D, der nicht weiß, wie es ist, auf der Straße von Fans angesprochen zu werden, es sei denn, es fragt ihn jemand nach dem Weg, will von Körbel wissen, ob es ihm gelegentlich auf die Nerven gehe, beim Brötchenholen von Fans erkannt zu werden. Herr Körbel sagt, manchmal habe er das Gefühl, er werde mit den Jahren immer populärer. Die Fans nähmen ihm bis heute ab, dass er sich nie verstellt habe „und dass ich nichts mache, was ich nicht kann". Neulich sei er zum ersten Mal im amerikanischen Fernsehen gewesen. „Als der Moderator hörte, dass ich Bundesliga-Rekordspieler bin, kam der aus dem ‚Great!' gar nicht mehr heraus."

Tatsächlich nimmt man Herrn Körbel das kindliche Staunen darüber ab, was der Fußball aus ihm gemacht hat. Unzählige Male fällt im Gespräch der Ausruf „Das gibt's doch net!" Zum Beispiel, dass sein Gehirn als überdimensionales 3D-Modell im Frankfurter Senckenberg-Museum ausgestellt wird. Fußball verlange dem Gehirn mehr ab als Schach, erklärte die Senckenberg-Gesellschaft dazu streng wissenschaftlich. Dass die Wahl 2016 auf Körbel fiel, entschieden die Nutzer der Senckenberg-Homepage, und dabei hatte Körbel mit 56 Prozent der Stimmen Albert Einstein (26 Prozent, null Bundesliga-Spiele) so locker im Griff wie einst seinen Lieblingsgegenspieler Gerd Müller (427 Bundesliga-Spiele), wobei die Eintracht-Fans kräftig die Werbetrommel gerührt hatten. „Mein Gehirn wird eine Weltsensation – so wie das Heidelberger Schloss", freut sich Herr Körbel.

Eine besondere Fan-Spezies sind die sogenannten Ultras. G nennt sie „Täter, im guten wie im schlechten Sinne". Er gibt eine gewisse Bewunderung für diejenigen zu erkennen, die „diese Choreographie machen. Was sind das für Leute? Als Eintracht-Anhänger ist man ja auch ein bisschen stolz, denn das ist das Beste, was man in Deutschland zu sehen bekommt. Wie organisieren die das? Wie viele sind es?“ Während Herr Körbel einen Telefonanruf seiner Frau entgegennimmt, beschreibt Herr Veit aus langjähriger Kenntnis diese Szene: Die Eintracht-Ultras machen zwischen 1.000 und 2.000 Fans aus. Der harte Kern besteht aus etwa 500 Leuten, „aber ohne feste Strukturen, die wählen keinen Präsidenten oder so“. Es gibt fünf oder sechs „mehr oder weniger anerkannte Capos, die sich aber auch nicht immer durchsetzen können, die auch nicht alles wissen“. Ultras träfen sich auch außerhalb des Stadions, „da ist es dann egal, ob man im Winter für Obdachlose sammelt oder sich vor einem Spiel an einem Parkplatz verabredet, um den gegnerischen Fans aufs Maul zu hauen.“ Für die teils aufwendigen Stadion-Choreographien wird bei Heimspielen Geld gesammelt, die sogenannte Choreo-Spende; auf der Website www.ultras-frankfurt.de wird dafür eine Bankverbindung genannt, inzwischen werden die Ultras auch von Firmen unterstützt. „Auch von der Eintracht bekommen sie Geld“, ergänzt der inzwischen zurückgekehrte Herr Körbel. Für den Fall, dass die Ultras über die Stränge schlagen, habe der Verein einen festen Posten „Strafen an den DFB“ in seinen Etat eingestellt, sagt Herr Veit.

„Ey, das gibt's doch net!“, dachte Herr Körbel auch, als Fans während des Pokalendspiels 2018 gegen Bayern München ein gefühlt zwei Quadratkilometer großes Transparent über ihren Köpfen entrollten, das ihn, Körbel, als Spieler mit dem DFB-Pokal zeigt. G, der gern praktisch denkt, kann sich immer noch nicht erklären, wie so eine Inszenierung zustande kommt: „So was muss sich doch jemand ausdenken, das muss doch geprobt werden und so ein Riesentransparent muss doch jemand ins Stadion bringen!“ Herr Veit klärt auf: „Die Zahl der Künstler, die die Motive entwickeln, schätze ich auf etwa ein Dutzend. Gefertigt wird in Hallen, mit viel Stoff und viel Farbe, da kommen dann schon mal

100 Leute zusammen. Die Choreographie wird zunehmend am Computer simuliert, die haben inzwischen die Grundrisse von jedem Stadion". Herr Körbel hat auch schon Proben beobachtet: „Die sind dann morgens schon um acht oder um neun im Stadion, weil sie sicher sein wollen, dass so ein gigantisches Transparent auch gut aussieht."

Die Vorbereitung ist in der Tat so ausgeklügelt wie ein Freistoß von Toni Kroos (173 Bundesliga-Spiele) – mit einem Unterschied: Die Choreographie sitzt. Beim Pokalendspiel etwa „hing an jedem der etwa 15.000 Plätze der Eintracht-Fans ein Shirt mit der Rückennummer 12, da lagen Fahnen in unterschiedlichen Größen, Papierschnipsel von der Rolle – und es klebte an jedem Sitz eine Anweisung, wann du was zu machen hast", erläutert Herr Veit. Dass es auch unter Edelfans Schieber und Kriegsgewinnler gibt, kann man auf der Ultra-Website nachlesen: „Kein Dank geht an die Arschlöcher, die sich in Berlin mehrere Shirts eingesteckt haben und dafür gesorgt haben, dass andere Adler leer ausgegangen sind. Wenn die Shirts dann auch noch zu astronomischen Preisen verhökert werden, setzt das dem Ganzen die Krone auf. Ihr habt nicht verstanden, was Eintracht Frankfurt ist – aber seid euch sicher, wir werden Euer Gewinntreiben genauestens verfolgen. Rechnet mit Konsequenzen!"

D: „Shirts, Fahnen, Anweisungen – das ganze Zeug muss ja vorher jemand ins Stadion gebracht haben."

Herr Veit: „Ja, die bekommen eine Bescheinigung und dürfen vorher rein."

G: „Werden die Motive von der Eintracht vorher abgenommen?"

Herr Veit: „Die Eintracht hat eine Fanbetreuung, die die großen Choreos vermutlich vorab kennt. Was nicht ausschließt, dass auch mal ein Transparent hochgehalten wird, das dem Verein nicht gefällt."

G: „Ein Verein kann doch nur dankbar sein, dass es Menschen gibt, die so viel Leidenschaft in so etwas stecken, was für die Inszenierung des Spiels so wichtig ist."

D: „Gibt es diese Form der Choreographie bei allen Bundesligaklubs?"

Herr Veit: „Bei Traditionsvereinen wie Borussia Dortmund und Schalke 04 ja, die Bayern haben mehr so eine Schickeria. Alles in allem gibt es bei jedem Verein in der Ersten und Zweiten Liga wenigstens einmal in der Saison eine große Choreo, bei der Eintracht häufiger und kreativer."

G: „Für mich ist das die Creme einer Fangemeinde."

Herr Veit: „Geht mal zum Bahnhof Louisa. Da ist die Unterführung komplett vollgesprayt mit Eintracht-Motiven."

D wendet ein, gelegentlich gerate die Inszenierung in den Stadien „in Grenzbereiche, in denen sich normale Fans, auch Familien mit Kindern, unbehaglich fühlen, Stichwort ‚Bengalos'." Diese Fackeln, die ursprünglich der effektvollen Beleuchtung von Fürstenhöfen in der historischen Region Bengalen dienten, sind nicht ohne. Beim deren Einsatz wird unter anderem Magnesium verbrannt, dabei entstehen Temperaturen zwischen 1.600 und 2.500 Grad. Auch wer mit dem Feuer nicht in Berührung kommt, kann Verbrennungen davontragen. Das grelle Licht kann zudem zu massiven Blendwirkungen führen. In Deutschland sind Bengalos in allen Sportstadien verboten. Wer sie einschmuggelt oder entzündet, dem droht ein bundesweites Stadionverbot. Bengalo-Zündler können auch wegen gefährlicher Körperverletzung belangt werden. Die Polizei bildet seit 2012 Spürhunde zum Aufspüren pyrotechnischer Gegenstände aus. Die Vereine, auch Eintracht Frankfurt, haben den Verdacht nie ganz entkräften können, sie kennten ihre Pappenheimer, ließen sie aber gewähren, weil sie auf die stimmungsvolle Inszenierung durch die Ultras nicht verzichten wollen. Herr Veit sagt klipp und klar: „Bei manchen Choreos sind Bengalos eingeplant."

Immerhin ist es hierzulande noch nicht so weit wie in Italien. Dort haben Vereine vor gewaltbereiten und -tätigen Fangruppen kapituliert. Angesichts der Drohung „Wenn Ihr nicht spurt, legen wir die Stadien in Schutt und Asche" (freie Übersetzung aus dem

Italienischen), wurden den Ultras die Einnahmen aus dem Fanartikelverkauf überlassen. Das hat der frühere Eintracht-Geschäftsführer Heribert Bruchhagen vor einiger Zeit im Gespräch mit D bestätigt.

Wie stellte die Bundeszentrale für politische Bildung 2014 in der Dokumentation „Ohne Fans nichts los" ebenso zutreffend wie leicht sauertöpfisch fest? „Befördert durch die unumstößliche, territorial sichtbare Figuration von ‚Wir' und ‚Die Anderen' können sich individuelle Ventile des Alltags von Menschen jedweder Couleur im vermeintlichen Schutz der anonymen Masse dabei auch über geltendes Recht und moralethische Grenzen hinaus öffnen. Die aggressive, kaum reflektierte soziale Auffüllung dieser Figuration kann immer neue Schmähungen für gegnerische Spieler, Trainer und das Schiedsrichterteam, für gegnerische Vereine und Fans finden – bis hin zu unterschiedlichen Formen von Diskriminierungen und Ausprägungen von Gewalt."

Ja, alles, was es an Dummheit und beschämendem Verhalten außerhalb des Fußballs gibt, gibt es auch im Fußball, schreibt Jürgen Kaube: „Der Fußball ist gerade dafür zu loben, dass er nicht besser als die Gesellschaft ist, sondern genauso bewundernswert und erschreckend wie sie." Ohne die Analogie zu weit treiben zu wollen, ist es mit dem Fußball und seinen Fans so ähnlich wie mit der Kunst: Das Schöne und Edle – das, was Camus „Moral und Verpflichtung" nennt und für Körbel Werte und Tradition sind –, all das zieht uns ebenso an wie das Hässliche, das Dissonante, das Fratzenhafte. So ist der Mensch nun einmal.

Zu den Bengalos hat Herr Veit übrigens eine differenzierte Ansicht: „Gäbe es auf beiden Seiten – bei Ultras und DFB – guten Willen, dann wäre manches möglich." Er erinnert sich an ein lang zurückliegendes Spiel der Eintracht in Neapel: „Da, wo die Napoli-Fans standen, steckte in jeder Verankerung eine rote Fackel und die Feuerwehr hatte den Platz vorher abgespritzt. Als die Mannschaft reinkam: eine rote Wand! Das war sowas von geil, und so etwas wäre auch bei uns möglich, aber der DFB hat jedes Gespräch von vornherein abgebogen."

D: „Und wenn der DFB mal volkstümlich sein will, lässt er Helene Fischer singen." Was in der amerikanischen Football-Liga NFL seit langem üblich ist, wollte der DFB im Pokalfinale 2017 zwischen Eintracht Frankfurt und Borussia Dortmund (1:2) auch: die Halbzeitshow eines Popstars. Die Sache ging aber aus wie ein Pressschlag. Viele Anhänger pfiffen schon, während Helene Fischer sang, nach dem Ende der Darbietung schwoll das Pfeifkonzert an, woraufhin Fischer ungerührt „Danke schön, Berlin!" rief. Auf Twitter gab es unterschiedliche Reaktionen. Ein Fan schrieb: „Zur Halbzeit gehören Bier und Bratwurst, nicht Helene Fischer oder Anastacia." Wie sehr unter Fans der herrschaftsfreie Diskurs am Werk ist, belegt die Gegenreaktion: „Fußballfans: Meinetwegen sauft, grölt, haut euch gegenseitig die Fressen ein, aber buht ihr nochmal Helene Fischer aus, gibt's Stress." Vielleicht war Fischers Auftritt auch einfach deshalb keine gute Idee, weil die Sängerin als Dortmund-Fan auffällig geworden war. „Spiegel Online" hielt fest: „Den Fans von Eintracht Frank-

furt kann man vieles nachsagen. Aber nicht, dass sie über so etwas hinwegsehen würden."

Zum Schluss hat Herr Körbel noch ein „Das-gibt's-doch-net-" Erlebnis parat: Am Nachmittag vor dem Pokalendspiel 2018 übte er im Berliner Olympiastadion gemeinsam mit Paul Breitner (285 Bundesliga-Spiele) die Siegeszeremonie. Wo und wie der Pokal zu stehen hat (der Edelstein nach vorne für das Fernsehen), wie man die Treppe hoch- und heruntergeht – „und dann wollten die, dass wir den Pokal nur mit weißen Handschuhen anfassen, da habe ich gesagt: ‚Das mach ich nicht'." Aber der Clou kam erst noch: Er und Breitner baten den Chef des Bundeswehr-Musikcorps, das ebenfalls im Stadion probte, die Nationalhymne zu spielen. „Nur für uns beide, und dann standen der Paul und ich in dem leeren Stadion, so" – Herr Körbel springt auf und legt die Hände an die Hosennaht – „und hörten die Nationalhymne. Einzigartig!" Wenn Fritz Walter das noch erlebt hätte.

»Zur Halbzeit gehören Bier und Bratwurst, nicht Helene Fischer.«

GESPRÄCHSPARTNER

Karl-Heinz Körbel gehört wie Uwe Seeler zu den wenigen Fußballprofis, die Zeit ihrer Karriere einem Verein treu blieben. Körbel, Jahrgang 1954, begann das Fußballspielen beim FC Dossenheim. Als Siebzehnjähriger wechselte der Vorstopper zum Bundesligaverein Eintracht Frankfurt, dem er bis zum Ende seiner aktiven Karriere im Alter von 36 Jahren die Treue hielt. Neben seinen 602 Bundesliga-Spielen absolvierte er 70 DFB-Pokal- und 48 Europapokalspiele sowie sechs Länderspiele. Seinen größten Erfolg erlebte Körbel 1980, als er mit der Eintracht UEFA-Pokalsieger wurde. Außerdem gewann er viermal den DFB-Pokal (1974, 1975, 1981 und 1988), in der Bundesliga waren

Rang drei (1975 und 1990) und Platz vier (1974, 1977 und 1991) die besten Ergebnisse. Nach seiner Karriere als Spieler wurde Körbel zunächst Assistenztrainer der Frankfurter Profimannschaft und zwischen 1994 und 1996 zweimal für kurze Zeit Cheftrainer. Anschließend arbeitete er in der Zweiten Bundesliga beim VfB Lübeck und dem FSV Zwickau als Coach. Er ist Vorstand des Jugendfußballclubs Frankfurt am Main und Vizepräsident beim Hessenligisten SC Hessen Dreieich.

Klaus Veit ist freier Sportjournalist und Frankfurter durch und durch. Nach Abitur und Studium (Germanistik und Sport) führte ihn sein Weg zur Frankfurter Neuen Presse; zunächst als freier Mitarbeiter, 1979 als Volontär, danach für ein Jahr als Lokalredakteur, anschließend in die Sportredaktion, die er dann leitete. Fußball ist sein Spezialgebiet, ob Eintracht Frankfurt oder Nationalmannschaft. Von vier Welt- und drei Europameisterschaften hat er berichtet. Noch als Schüler zum Basketball-Trainer ausgebildet, betreute er später die Eintracht-Damen von der Hessenliga bis zur 1. Bundesliga, wurde mit Jugendmannschaften zweimal Deutscher Vizemeister. Inzwischen sind seine sportlichen Hobbys Tennis und Skifahren.

Wohin laufen sie denn?

Die Deutschen sind ein Volk der Wanderer. Manche betrachten den langen Gang als Leibesübung. Manche freuen sich auf das Bier am Ziel. Viele aber sind beim Wandern unterwegs zu sich selbst und glauben, wie die Wallfahrer, dem Sinn des Lebens auf die Spur zu kommen. Ein Selbstversuch am Kreuzberg in der Rhön.

> Wandersehnsucht reißt mir am Herzen, wenn ich Bäume höre, die abends im Wind rauschen. Hört man still und lange zu, so zeigt auch die Wandersehnsucht ihren Kern und Sinn. Sie ist nicht Fortlaufenwollen vor dem Leid, wie es schien. Sie ist Sehnsucht nach Heimat, nach Gedächtnis der Mutter, nach neuen Gleichnissen des Lebens. Sie führt nach Hause.
>
> *Hermann Hesse*

Nein, den üblichen Bekleidungsvorschriften genügen die beiden Männer, die da aus ihrem Auto steigen, in keiner Weise. Weder tragen sie atmungsaktive Fleecejacken noch Hemden im groben Karomuster. Es fehlen die an sich anzuratenden zünftigen Dreiviertel-Hosen, die Schuhe sind unter alpiner Betrachtungsweise ein Witz. „Du siehst aus wie ein italienischer Landschaftsmaler", sagt G zu D. Letzterer hat sich eine ärmellose braune Joppe über das helle langärmelige Hemd gezogen und schiebt sich einen Strohhut über die Frisur. Unter der bürotauglichen Hose sieht man Leichtlauf-Schuhe, denen man häufig auch in den Fußgängerzonen der Städte begegnet. Auch G taugt bestenfalls als Wanderer-Karikatur; daran ändert auch nichts die grobe knielange Hose, unter der kalkweiße Städterbeine dem nächsten Sonnenbrand entgegenfiebern. Die Männer stehen am Fuße des Arnsbergs in der bayerischen Rhön auf Parkplatz 1, ein paar Meter aufwärts glüht „Utes Stube" im morgendlichen Sonnenlicht. Aber jetzt und hier lockt nicht das Bier, sondern der Aufstieg. D und G versuchen sich als Wanderer.

Der Weg führt in Windungen bergauf, entlang einer grasbewachsenen Schneise, die für die Skifahrer in die Waldung gehauen wurde. Ganz schnell sind die beiden Männer hoch und weg. Auf einmal ist es, als würde ein unsichtbarer Regisseur sein Bestes geben. Gelbe, braune und bunte Schmetterlinge flattern nach links und nach rechts und wieder retour, Vögel zwitschern sich die Seele aus dem Schnabel – ansonsten herrscht Stille. Selbst D und G halten Ruhe, unter ihren Schritten knirschen die Stei-

Nach den Dramen auf der Zugspitze und am Nanga Parbat: Die Extremsportler machen weiter ne. Ein paar Meter noch, dann wird den Wanderern der erste Blick bergab gegönnt. „Sibirische Toskana" hat eine Kennerin die Rhön genannt – aber die Zeiten ändern sich. Auch zwischen Lucca und Siena mag es jetzt kaum heißer sein als hier oben, wo eigentlich alleweil ein frischer Wind den Wanderer vorantreiben sollte. Jetzt weht hier nichts, dem Klimawandel sei Dank. Auf einem Feld liegt ein trockener Strohballen, wie für Hobby-Fotografen arrangiert. Dahinter geht der Blick in nordöstliche Richtung bis ins Hessische. Die Sonne bescheint Wälder mit Rotbuche und Bergahorn; viele Pflanzen an den Wald- und Wegrändern haben derartigen Seltenheitswert, dass die botanisch minderbegabten Herren sich ihre Namen (Milchlattich, Bergwohlverleih, Platterbse, Blutwurz & Co.) wirklich nicht merken müssen.

„Wunderschön" sagt D, als die erste Anhöhe in den nächsten Anstieg mündet. Weiter und immer weiter geht es, vorbei an Wegweisern, verkrüppelten und vereinsamten Baumgerippen, morschen Zaunpfählen, sonnengegerbten Grasflächen. Irgendwann steht da auch ein verwaistes Wanderer-Wartehäuschen in der Landschaft. „Das ist doch ziemlich sinnlos", mutmaßt D. „Warte mal, wenn der Klimawandel hier mal wieder einen Winter erlaubt und dir beim Laufen die Eiszapfen aus der Nase wachsen – dann freut man sich über einen Moment Windstille." Die Schritte knirschen zügig voran. Der Gelegenheitswanderer G fragt den Gelegenheitsradfahrer D: „Was unterscheidet eigentlich Radfahren vom Wandern?" D: „Man sieht mehr. Man kommt ja auch viel schneller voran, 15 Kilometer pro Stunde bei gemütlicher Fahrt. Da erlebt man doch ungleich mehr Vielfalt." G entgegnet: „Ein Wanderer wird dir entgegenhalten: Gerade deshalb sieht man beim Wandern mehr – wegen der Abwesenheit von Geschwindigkeit. Weil man genauer hinschauen kann. Am Radfahrer fliegt alles vorbei, am Wanderer bleibt es kleben." – „Mmmh", knurrt D. Es klingt nicht besonders einsichtig.

Die Hälfte der Deutschen wandert laut Statistik „häufig oder ab und zu". In Zahlen: 39,13 Millionen Menschen ab 14 Jahren. Es scheint, als sei das gesamte Land von Wanderpfaden durchzogen, von Fernwanderwegen bis hin zu kurzen „Short-Tracks". Wobei – eine allzu kurze Strecke ergibt noch keine Wanderung. „Wandern", schreibt der Deutsche Wanderverband vor, „ist Gehen in der Landschaft" und setzt „eine Dauer von mehr als einer Stunde" voraus. Da haben D und G ja Glück gehabt; ihr Wegstück vom Parkplatz bis zur Spitze des 928 Meter hohen Kreuzbergs ist gut fünf Kilometer lang und führt meistens bergan. Da kommen die ungeübten Stadtschlenderer mit einer Stunde nicht ganz aus.

600.000 Wanderer sind Mitglieder in dem 1883 in Fulda gegründeten Wanderverband. Der kümmert sich um die Pflege und vor allem auch die Ausschilderung von Wanderwegen auf insgesamt 200.000 Kilometern Länge. Das ist eine Kulturleistung, die man zum Beispiel beim Wanderversuch in Italien mitunter schmerzlich vermisst: Da enden ausgewiesene Wege gerne mal in unüberwindbaren Geröllhalden, oder plötzlich findet der Wanderer keine Markierungen mehr. Vielleicht hat jemand die Bäume gefällt. Oder die Markierer hat die Lust verlassen ...

Über Rennsteig und Rheinsteig, im Harz und im Spessart, im Schwarzwald und in Oberbayern, in der Eifel, im Elbsandsteingebirge und im Sauerland – überall wird losgewandert, bis das Leder quietscht. Wer seine Wanderlust intellektuell unterfüttern will, verweist gern auf Francesco Petrarca, den italienischen Dichter, der am 19. Juli 1374, einen Tag vor seinem 70. Geburtstag, das Zeitliche segnete – in seinem Grab, das sei nebenbei bemerkt, fand sich bei einer Exhumierung zu Beginn dieses Jahrhunderts anstelle seines Denkerkopfes ein Frauenschädel. Damals, so notierte die F.A.Z. lakonisch, sei es nicht unüblich gewesen, dass berühmte Häupter von Grabräubern weggeschafft und als Sammlerobjekte feilgeboten wurden. Der Wandergemeinde jedenfalls gilt Petrarca als Held, seit er am 26. April 1336 in Latein den wohl berühmtesten Wanderbericht der Literaturgeschichte verfasste. Damals war Petrarca auf den 1.912 Meter hohen Mont Ventoux in der Provence gestiegen. Der Blick vom

Kalksteinplateau des Gipfels ist einzigartig: Wenn das Wetter optimale Fernsicht erlaubt, kann man gleichzeitig das Mittelmeer, die höchsten Alpenkämme und die Pyrenäen erblicken. Petrarca jedenfalls scheint von dem Anblick ergriffen gewesen zu sein: „Und es gehen die Menschen hin", schrieb er, „zu bestaunen die Höhen der Berge, die ungeheuren Fluten des Meeres, die breit dahinfließenden Ströme, die Weite des Ozeans und die Bahnen der Gestirne und vergessen darüber sich selbst." Naturerlebnis als Selbstfindung – die Beschreibung des Wanderpioniers könnte heute noch esoterisch orientierten Workshops als Arbeitsgrundlage dienen.

»Wer wandert, ist nahezu unsterblich: Schutz vor Alzheimer, verringertes Diabetes-Risiko, Stärkung des Immunsystems.«

Seither haben viele Geistesgrößen den Wanderern eine intellektuelle Lichtkuppel bereitet. „Meine Gedanken schlafen ein, wenn ich sitze", schreibt etwa der Philosoph Michel de Montaigne, „mein Geist rührt sich nicht, wenn meine Beine ihn nicht bewegen." So ähnlich sah das auch Jean-Jacques Rousseau: „Ich kann nur beim Gehen denken. Bleibe ich stehen, tun dies auch meine Gedanken." Und der unvergleichliche österreichische Quergeist Thomas Bernhard wusste: „Wir gehen mit unseren Beinen, sagen wir, und denken mit unserem Kopf. Wir könnten aber auch sagen, wir gehen mit unserem Kopf."

Warum wandern so viele Menschen? Manuel Andrack, prominenter Wanderprophet, hat für die „Zeit" eine einleuchtende Antwort formuliert: „Ich könnte jetzt lügen und behaupten, ich wandere, weil das so gesund ist. Kein Scherz – wer wandert, ist nahezu unsterblich: Schutz vor Alzheimer, verringertes Diabetes-Risiko, Stärkung des Immunsystems. Aber die Wahrheit ist: Wandern macht glücklich. Angeblich soll Wandern außerdem schlau machen. Regelmäßige Bewegung jedenfalls führt zu besseren Schulnoten und regt die Gehirnaktivität an. Schon die antiken Philosophen philosophierten ausschließlich im Gehen."

G: „Würdest du eigentlich auch im Hochgebirge wandern?"
D: „Nein danke. Zu gefährlich."
G: „Auf schmalem Pfad, rechts wartet der Abgrund auf dich – da bringt mich auch keiner hoch. Höhenangst. Da lobe ich mir das gute deutsche Mittelgebirge."

Für echte Bergwanderer ist der Aufstieg auf brave Eintausender so anspruchsvoll wie Wattwandern. Noch erbärmlicher erscheinen den Höhenrausch-Athleten allenfalls Sonntagsspaziergänger und Nordic Walker. Zwar rafft es Jahr für Jahr Bergwanderer dahin – aber meistens sind sie wohl selber schuld. Sie stolpern, rutschen, haben sich zu viel zugemutet, die Orientierung verloren. Wenige werden auch schon mal vom Blitz getroffen. Insgesamt, hat eine Schweizer Studie vorgerechnet, ereignet sich alle 7.143 Stunden ein Wanderunfall. Nach dieser Rechnung ist der Freizeitsport Bergwandern fast so sicher wie die Nummer 1 unter den ungefährlichen Freizeitsportarten, das Schwimmen.

Am Wegesrand erhebt sich ein Warnschild. Die Calina acaulis (Silberdistel) stehe unter Naturschutz und dürfe auf keinen Fall gepflückt oder abgerissen werden. Die Staude mit den silberfarbenen Stängelblättern hat just hier, auf dem Kalkmagerrasen des Arnsbergs, ihre Heimat. Gottlob ist auf dem Schild eine Abbildung der Pflanze, die von den Einheimischen „Rhöndistel" genannt wird – denn in natura zeigt sie sich nicht.

Auf der nächsten Anhöhe ragt ein Sendemast des Bayerischen Rundfunks 227 Meter in die Höhe. Das ist er, der Kreuzberg. Die letzte Etappe führt über eine von der Toskana-Sonne beschienene Hochebene. Die Hemden kleben, doch wenig später retten sich D und G in einen Wald und folgen einem von Felssteinen übersäten Pfad. Es wird steiler, aber das Ziel ist nah. Wenn Wandergruppen am Ende dieses Weges das Straßenstück zum Kloster Kreuzberg erreichen, formieren sie sich gern, um den ultimativen Gipfelschlager anzustimmen, das Kreuzberg-Lied.

Schatz, merke dir:
Hier gibt's prima Kreuzbergbier,
wer sich da nicht schadlos hält,
dem verschönt's die ganze Welt,
bis er jodelt und ruft,
Hoch lebe die Kreuzberger Luft
Grüß mir die Heimat,
grüß mir mein Rhönerland,
mit seinen Bergen,
mit seinem Saalestrand.
Dort, wo der Kreuzberg winkt,
dort, wo die Saale rauscht,
ist meine Heimat,
ja da bin ich zu Haus.

D und G singen nichts, schon aus Unkenntnis. 150 Meter weiter, auf dem Gelände des Klosters, herrscht sowieso Singverbot – jedenfalls für säkulares Liedgut. Das Kloster steht da wie eine Trutzburg. Wer sie betreten will, muss erst den vorgelagerten Biergarten durchqueren. Zu dieser frühen Stunde hocken nur wenige Männer über ihren Steinkrügen. Bier kann man hier zu jeder Tageszeit zu sich nehmen. D und G werden für einen Moment von einer gewissen Sehnsucht heimgesucht, stapfen dann aber weiter, quer über den Innenhof und vorbei am Bierausschank zur Klosterpforte. Sie sind verabredet mit dem Franziskaner-Bruder Martin Domogalla. Die drei Männer setzen sich im Refektorium, dem holzgetäfelten Speisesaal des Klosters, an einen Tisch; der Franziskaner, Jahrgang 1940, erweist sich als liebenswerter, kenntnisreicher Gesprächspartner. Er trägt zivil. „Lassen Sie uns zunächst mal über den Orden sprechen", sagt G; das Tonband surrt, es geht los.

Bruder Martin: „Als ich 1960 in den Orden eintrat, hatten wir in Deutschland ungefähr noch 1.500 Brüder – Ordensmitglieder – jetzt haben wir noch 275. Wir wollen ja lebensfähige Gemeinschaften erhalten, und nicht Häuser, in denen nur noch ein Bruder lebt. Wir haben im Moment noch 35 Niederlassungen, aber angesichts unserer Altersstruktur kann es geschehen, dass sich diese Zahl in den nächsten zehn bis 15 Jahren noch einmal halbiert. Unser größtes Problem ist der mangelnde Nachwuchs. Das ist auch ein Problem in allen anderen Ordensgemeinschaften und auch in den Diözesen."

G: „Wie viele Brüder sind Sie noch hier oben auf dem Berg?"

Bruder Martin: „Wir sind hier vier Priester und zwei Laienbrüder."

G: „Was sind Ihre Aufgaben?"

Bruder Martin: „Einmal die Betreuung der Wallfahrer. Dann die Gottesdienste – jeden Tag, immer zu denselben Zeiten. Das schätzen viele Gläubige sehr, da in vielen Gemeinden heutzutage nur noch sporadisch Gottesdienste stattfinden. Dazu kommt die Bewirtung der Pilger, die allerdings von einer eigenen GmbH übernommen wird. Die gehört zwar den Franziskanern, aber Kloster und Wirtschaft sind getrennt."

D: „Wie sieht ein typischer Alltag von Ihnen aus?"

Bruder Martin: „Um 6 Uhr stehe ich auf. Um 7 Uhr haben wir Laudes, das Morgengebet, danach gibt es Frühstück. Dann beginnen die Arbeiten – der eine bereitet sich auf die Predigt vor, der andere beschäftigt sich mit Planungen, ein dritter schafft auf dem Friedhof – was immer zu tun ist. Um 12 Uhr ist Mittagsgebet, danach Mittagessen. Es folgt die Mittagsruhe. Um 20 nach 6 beten wir gemeinsam die Vesper, danach Abendessen. Den Abend hat jeder für sich."

G: „Wie viele Wallfahrer kommen denn auf den Kreuzberg?"

Bruder Martin: „Das ist schwer zu sagen, die Wallfahrten sind ja sehr unterschiedlich. Mit Abstand am größten ist die Würzburger Wallfahrt, mit 550 Menschen. 400 von ihnen übernachten hier, das kann man sich kaum vorstellen ..."

G (ungläubig): „Die können Sie hier alle unterkriegen?"

Bruder Martin: Ja, das schaffen wir. Die schlafen natürlich nicht alle in komfortablen Zweibettzimmern. Die nächstgrößeren Wallfahrten sind mit 300 oder 250 Teilnehmern die Karlstädter Wallfahrt, die Arnstädter, alle zwei Jahre kommen sogar Wallfahrer aus Ochsenfurt. Die Würzburger marschieren für Hin- und Rückweg immerhin 180 Kilometer, da braucht man schon eine gewisse Kondition. Die Motivation der Wallfahrer ist dabei sehr unterschiedlich. Mag sein, dass der eine oder andere nur teilnimmt, um sich selber auszuprobieren – ob er das schafft, ob er an die Grenzen seines Könnens herangeführt wird. Aber es setzt da auch ein innerlicher Prozess ein. Denn Wallfahrt ist ja ein Symbol für den Lebensweg.

Genauer könnte ich sagen: die Wallfahrer, die hier übernachten, das sind ungefähr 25 Gruppen. Diejenigen, die am selben Tag wieder zurückgehen – sogenannte Fuß-Wallfahrten – sind noch einmal 40 Gruppen. Die Gruppen, die mit dem Bus hier hochkommen, zählen wir ja nicht im eigentlichen Sinn zu den Wallfahrten – obwohl das für den einen oder anderen beschwerlicher sein mag, als wenn er zu Fuß hier hochgekommen wäre. Die Wirtschaft ist darauf eingestellt, in möglichst kurzer Zeit möglichst viele Menschen zu verköstigen. Die Selbstbedienung hilft dabei."

Über eine halbe Million Besucher werden Jahr für Jahr auf dem Kreuzberg gezählt; da sind die Wallfahrer nur eine Minderheit. 1901 fand der Münchner Erzbischof Michael Faulhaber fürs Gästebuch einen Knittelvers, der die Doppelgesichtigkeit des „Heiligen Bergs der Franken" sauber definierte: „Den Kreuzberg herauf kam ein endloser Zug, die einen zur Kirche, die anderen zum Krug." Der Berg, der sich neben dem fränkischen Bischofsheim über die umstehenden Bergkuppen erhebt, war schon früh Tatort für Gottesanbetungen jedweder Art. Kelten und Germanen nutzten den Gipfel für kultische Handlungen. „Asenberg" nannten sie ihn, „Berg der Götter". Aber dann eroberten die Katholiken die stahlharte Basalthöhe. Der als „Frankenapostel" verehrte Wanderbischof Kilian, ein gebürtiger Ire, soll anno 686 auf seinem Weg von Fulda nach Würzburg das erste Kreuz auf dem Gipfel errichtet haben. Es sollten noch fast tausend weitere Jahre vergehen, bis die Franziskaner auf der Höhe das Regiment übernahmen. 1582 wurde – vor allem, um dem anschwellenden Zug der Wallfahrer gerecht zu werden – eine Kapelle gebaut. Drumherum hausten im Sommer die Bettelmönche; im Winter zogen sie talwärts, nach Bischofsheim. Hundert Jahre später wurde der Bau der zweigeschossigen Klosteranlage in Angriff genommen. 1685 zogen die Franziskaner aus ihren Hütten ins Kloster, 1692 wurde eingeweiht. 1731 wurde den Franziskanern offiziell die Erlaubnis erteilt, ihr eigenes Bier zu brauen.

D: „Wie war eigentlich Ihr Weg in den Orden?"
Bruder Martin: „Ich bin in Schlesien geboren. Dann kam die Vertreibung 1946, und wir landeten in der Nähe von Braunschweig. Da kam ich zu den Franziskanern ins Internat – weil das wahrscheinlich am preiswertesten war. Wir lebten weit weg, auf dem Dorf, da gab es nicht viel, und Schulbildung war nicht wirklich möglich. Ich weiß noch, die Pension im Orden betrug damals – das war 1951 – 40 Mark im Monat. Mein Vater verdiente allerdings auch nur eine Mark fünf Stundenlohn, er hatte sechs Kinder. Die Geschwister haben später schon mal nachgerechnet: dass ein Kind den Wochenverdienst des Vaters aufbrauchte. Das Wallfahren habe ich erst hier am Kreuzberg kennengelernt – auch in seiner fränkischen Art, mit seiner Jahrhunderte alten Tradition. Die einen sagen: einmal Wallfahrt – nie wieder. Die anderen sagen: einmal Wallfahrt – immer wieder. Ich kenne einen Wallfahrtsführer, der in seinen Arbeitsvertrag aufnehmen ließ, dass ihm für die Würzburger Wallfahrt immer frei zu geben ist – ganz egal, in welcher Situation seine Firma sich gerade befinden mag."

D: „Haben Sie den Eindruck, dass sich die Motivation der Menschen, die daran teilnehmen, geändert hat? Gibt es also mehr Leute, für die das keine religiöse Bedeutung hat, sondern die das als eine Art Wandertag betrachten?"

Bruder Martin: „Das ist natürlich möglich. Es gibt von Santiago de Compostela das Wort: Viele machen sich aus verschiedensten Motiven auf den Weg, aber alle kommen als Wallfahrer an. Auch bei jemandem, der nur losgeht um zu schauen, ob er sowas noch schafft, kann ein innerer Prozess in Gang kommen."

G: „Das sagt man ja auch über eine normale Wanderung – dass das auch ein Weg zu sich selbst sei."

Bruder Martin: „Ja, da gibt es tatsächlich eine Verwandtschaft. Ich sprach mal mit einem Würzburger Wallfahrtsführer, der mir erzählte: Es gibt da einen, der nur aus Fitness-Gründen an der Wallfahrt teilnimmt, zur körperlichen Ertüchtigung –, aber den kriegen wir auch noch'. Wallfahrten sind auch Gemeinschaftserlebnisse: Man ist gemeinsam zu einem Ziel unterwegs."

G: „Was ist genau das Ziel?"

Bruder Martin: „Die Begegnung mit Gott. Die Gotteserfahrung. Wo kommt Gott in meinem Leben vor, welche Rolle nimmt er ein, welche Bedeutung hat er für mich? So ist Wallfahrt ein Weg zu sich selbst, zum Nächsten und zu Gott."

„173 Kilometer zu Gott" hat der Bayerische Rundfunk eine Fernsehreportage über die „älteste Fußwallfahrt Frankens" überschrieben. Wir folgen ihr. Es ist noch Nacht, die ersten Stunden des 20. August. Die Kamera zeigt eine große Menschengruppe, die sich gut gelaunt und irgendwie gespannt in einer Gasse sammelt. Viele tragen Kreuze um den Hals, manche tragen Kreuze wie eine Monstranz vor sich her, manche tragen Fahnen, manche schleppen monströse Rucksäcke auf dem Rücken, alle tragen festes Schuhwerk. Über Lautsprecher werden Gebete und Gesänge angestimmt. In der Dämmerung verlässt der lange Zug die Franken-Metropole Würzburg, gemurmelte und gebrummelte Gebete begleiten den Weg, 500 Paar Schuhe quietschen und knirschen. Die Wallfahrer strahlen eine Entschlossenheit aus, ein „Wir schaffen das" und ein „Wir wollen das".

Ein Mann im roten Umhang gibt der katholischen Wandergruppe Richtung und Tempo vor: Pilgerführer Klaus Rind, schon weit über 30-mal dabei, „der mit dem Wallfahrer-Gen“, wie ein Teilnehmer sagt. Seit 1647 führt die „Bruderschaft zum Heiligen Kreuz“, eine im Dreißigjährigen Krieg entstandene christliche Gemeinschaft, diese Wallfahrt durch, Jahr für Jahr, bei jedem Wetter. Die erste Etappe ist die längste, 49 Kilometer. Hin und wieder bleibt die Gruppe stehen, es wird gebetet. Der Himmel wird hellgrau und dann von einem überirdischen Hellblau; eine junge Gotteswanderin hat ihre Befürchtungen: „Das wird schweißig, man ahnt schon die Hitze.“ Nach vier Stunden, 9 Uhr in der Frühe, erreicht der Zug Gramschatz. Erste Pause, Brotzeit. Ein Quartiermeister nimmt die letzten Zimmerbestellungen entgegen. „Wir schlafen heute Abend mit 25 Frauen in einem Raum“, berichtet eine junge Gläubige, „da muss man resistent sein gegen Schnarchgeräusche. Am besten, man hat Ohropax dabei.“

Seit 370 Jahren pilgern die Würzburger zum Kreuzberg. In den Gemeinden am Weg werden sie wie schon vor Jahrhunderten von Kirchenmitgliedern mit Getränken und Snacks versorgt. Früh am Abend ziehen die Wallfahrer, 15 Stunden nach dem Aufbruch, unter Kirchengeläut und bei Nieselregen in der 1.600-Einwohner-Gemeinde Euerdorf ein. Die härteste Etappe ist geschafft. Die gesamte Ortschaft scheint sich auf die Wallfahrer vorbereitet zu haben. Im Sportlerheim stehen Feldbetten bereit, fürsorgliche Helfer verköstigen die erschöpften Wanderer. Das „Wallen“ ist wie Hochleistungssport mit christlicher Prägung, ein fortwährender „Gottesdienst mit den Füßen“, wie das Bistum Würzburg auf seiner Webseite schreibt. Über dem Ort verziehen sich die Nebelschwaden, da sind die 500 schon wieder auf den Beinen. Bei der Mittagsrast verpflastern Sanitäter Blasen und wundgelaufene Füße. Das härteste Streckenstück steht noch bevor, die „Kniebreche“. „Das ist ein Abenteuer“, sagen zwei Jungs – anderen wird's beim Gedanken daran eher mulmig. Der Führer der Wallfahrer lehnt sich auf sein Kreuz und erzählt: „Gut, dass ich diese Stütze dabeihabe. Das hilft beim Aufstieg. Es wird glatt werden und rutschig.“

Der archaische Weg, über Felsen, Geröll, Baumwurzeln und durchweichten Waldboden, führt von der kleinen Ortschaft Sandberg aufwärts und überwindet 400 Höhenmeter. Der Krimi-Autor Roman Rausch notierte in seinem Werk „Der Gesang der Hölle": „Einmal war er die Strecke als Halbwüchsiger mit seiner Mutter gelaufen. Der letzte Aufstieg am Kreuzberg, die so genannte Kniebreche, kurz vor Erreichen des Ziels nach einhundert Kilometern, hatte jeden Gläubigen auf die Probe gestellt." 1699, heißt es, sei ein Reiter hier zu Tode gekommen, der mit seinem Pferd in der zugeschneiten Schlucht versank. Erst im Frühjahr des Folgejahres sei der Tote gefunden worden. Solche Schauergeschichten und auch der verheißungsvoll-gruselige Name des Aufstiegs lockt heute vor allem Mountainbiker, die sich hier mit Wonne in die Tiefe stürzen.

„Eine Pilgerschaft", schreibt die amerikanische Kulturhistorikerin Rebecca Solnit in ihrem Buch „Wanderlust. A History of Walking", „macht es möglich, dass man sich physisch, durch die Anstrengungen des eigenen Körpers, Schritt für Schritt auf jene immateriellen Ziele zubewegt, die sonst nur so schwer zu fassen sind."

Auf halber Strecke die Kniebreche hoch stehen die Blechbläser und helfen den Wallfahrern mit Marschmusik weiter. Oben hält Klaus Rind an. Er reicht jedem die Hand und sagt: „Glückwunsch". Eine junge Pilgerin fühlt sich überwältigt. „Tatsächlich geschafft", sagt sie, „das ist solch ein schwer zu beschreibendes Gefühl. Als wenn etwas passiert sei mit mir. Als wenn etwas anders wäre. Als wenn tatsächlich etwas Göttliches um einen herum sei." Die Gipfelkreuze stehen im Sonnenlicht. Ein Pater besprengt die Wallfahrer mit Weihwasser.

Zurück im Refektorium. G: „In den vergangenen Jahren ist das Wallfahren ja ein großes Thema geworden, vor allem durch die Berichterstattung über den Jakobsweg..."

Bruder Martin: „Ja, durch den Hape Kerkeling. Ich habe große Teile seines Buches gelesen. Ich weiß nicht, woher der große Erfolg dieses Buches rührt – vielleicht, weil es so ehrlich geschrieben ist. Eine Ehrlichkeit, die man von solch einem Schauspieler oder Moderator wahrscheinlich nicht erwartet hätte. Bei der Lektüre habe ich immer darauf gewartet: Wann kommt eigentlich die Frage nach Gott? Die wurde nur ganz kurz gestreift – dass Gott immer und überall dabei war – aber er hat das in einer Art geschrieben, die sehr ehrlich und glaubwürdig wirkte. Der hat jetzt keine Frömmigkeit vorgetäuscht."

G: „Der Erfolg eines solchen Buches erklärt sich ja vielleicht auch daher, dass die Menschen in einer Welt, in der alles flacher und schneller wird, eine Sehnsucht haben nach etwas Tieferem, nach gültigen Antworten, auch nach Einfachheit. Vielleicht ermöglichte dieses Buch ja vielen eine Art Gedankenwallfahrt."

D: „Haben Sie Kerkelings Buch mit Gewinn und Interesse gelesen?"

Bruder Martin: „Der Gewinn hat sich in Grenzen gehalten, aber ich fand seine Offenheit sehr überzeugend. Dass er auch schon mal den Bus genommen hat. Dass er den einfachen Pilgerwein nicht vertragen hat. Er will nichts vortäuschen."

„Hat Hape Kerkeling den Jakobsweg ruiniert?", fragte sich im Dezember 2009 die Süddeutsche Zeitung. Ein Autor war den Stationen aus Kerkelings Wanderbericht „Ich bin dann mal weg" nachgespürt und hatte dabei mancherlei Schummeleien aufgedeckt. Vor allem bewegt den Journalisten, durch Kerkeling sei die Pilgertour nach Santiago de Compostela in Spanien zu einer Art Wanderzirkus verkommen: „Ein religiöser Brauch wird zum Event. Ist es noch der Jakobsweg oder schon der Hapeweg?"

Der Jakobsweg, einer der berühmtesten Pilgerwege der Welt, kennt viele unterschiedliche Routen – sie alle enden an einem Ziel, der angeblichen Grabstätte des Apostels Jakobus. Aber liegt der Leichnam des Mannes, den Jesus wegen seines aufbrausenden Temperaments „Donnersohn“ genannt haben soll, wirklich hier? In Spanien werden viele Legenden über den Nationalheiligen am Leben erhalten. Mal zog er als – freilich ziemlich erfolgloser – Prediger über die Iberische Halbinsel. Mal strandete sein Leichnam, enthauptet, in einem führerlosen Schiff an der galizischen Küste im Nordwesten Spaniens. Mal stand er spanischen Königen bei ihren Kriegen gegen die Mauren bei – als „Soldat Christi“, als „Maurentöter“, als Ritter auf einem Schimmel. Moderne Forscher halten das alles für Tinneff. Schon im frühen 17. Jahrhundert kam eine Kardinalskommission in Rom zu der Erkenntnis, dass die Jakobus-Erzählungen durch keinerlei seriöse Quellen gedeckt seien. Die Spanier protestierten machtvoll, die Erkenntnisse im Vatikan blieben unter Verschluss. Die Legende ist also weiterhin gültig, offiziell.

Den Pilgern ist das sowieso egal – sie kommen einfach weiterhin, und sie werden immer mehr. 1973 wurden in Santiago de Compostela 37 Pilger gezählt. 1978 waren es 13, im Jahr 2000 kamen 55.004, 2017 waren es über 300.000. Der Pilger-Boom war schon da, als Kerkeling mit seinem Buch kam. Seither hat sich der Ex-Komiker, der sich vom Fernsehschaffen zurückgezogen hat, häufig nicht nur zu seinem Schwulsein, sondern auch zu seinem Glauben bekannt. Aber er ist ein Gläubiger mit kritischem Blick. In seinem Buch schreibt Kerkeling:

„Geh mir weg mit Gott, sagen leider die meisten. Ich sehe das anders. Gott ist für mich eine Art hervorragender Film wie ‚Gandhi‘, mehrfach preisgekrönt und großartig! Und die Amtskirche ist lediglich das Dorfkino, in dem das Meisterwerk gezeigt wird. Die Projektionsfläche für Gott. Die Leinwand hängt leider schief, ist verknittert, vergilbt und hat Löcher. Die Lautsprecher knistern, manchmal fallen sie ganz aus oder man muss sich irgendwelche nervigen Durchsagen während der Vorführung anhören. Man sitzt auf unbequemen, quietschenden Holzsitzen und es wurde nicht mal sauber gemacht. Viele werden rausgehen und sagen: ‚Ein schlechter Film‘. Wer aber genau hinsieht, erahnt, dass es sich doch um ein einzigartiges Meisterwerk handelt. Die Vorführung ist mies, doch ändert sie nichts an der Größe des Films. Leinwand und Lautsprecher geben nur das wieder, wozu sie in der Lage sind. Das ist menschlich."

Was soll bloß werden aus dem Dorfkino Kirche? Der Franziskaner-Bruder, lernen wir, hat hier oben auf dem Berg einen recht gelassenen Blick auf seine Kirche. Unverhofft erkunden die beiden Wanderer den Weg der Katholiken durch die Moderne. D fragt: „Welche Erwartung haben Sie eigentlich für die Zukunft des Katholizismus? Angesichts der Tatsache, dass immer mehr Menschen der Kirche den Rücken kehren, dass überall Priester fehlen, dass Gotteshäuser schließen, gibt es ja, vergröbert gesprochen, zwei Geisteshaltungen. Die eine besagt, dass die Kirche sich öffnen, moderner werden und Gottesdienste zum Beispiel eher als Event gestalten müsse, um die Menschen zu erreichen. Die andere Haltung besagt, dass die Kirche sich eher auf ihren Kern konzentrieren und eine geschrumpfte, aber kämpferische, selbstbewusste Religionsgemeinschaft sein soll. Wie sehen Sie das?"

Bruder Martin: „Kann schon sein, dass die Kirche die zweite Richtung nehmen wird. In der Wirtschaft heißt das ja ‚Rückzug aufs Kerngeschäft'. Eines ist, meine ich, sicher: Die Gemeindemitglieder müssen mehr zur Selbständigkeit erzogen werden. Sie waren durch die Jahrhunderte sehr von den Priestern abhängig. Das muss sich ändern, die Laien müssen ihren Glauben selbständiger leben. Es gibt ja in der Historie Beispiele dafür, dass Kirchen über hundert oder zweihundert Jahre ohne Priester auskamen – in Japan zum Beispiel oder in Indien. Laien werden in Zukunft mehr Verantwortung und auch Leitungsfunktionen übernehmen. Wir müssen uns auch auf Veränderungen bei den Gottesdiensten einstellen, zum Beispiel auf von Laien zelebrierte Wortgottesdienste. Die Gläubigen müssen lernen, dass Gott nicht nur bei uns ist, wenn Gottesdienste von Priestern geleitet werden, sondern auch in von Laien ausgerichteten Messen."

D: „Braucht die Katholische Kirche – das ist ja ein stark diskutiertes Thema – eine andere, offenere Sexualmoral?"

Bruder Martin: „Das ist schwierig. Die Kirche muss sich einerseits selber treu bleiben – andererseits muss sie offen sein für die Fragen der Zeit. ‚Mit der Zeit gehen' muss sie allerdings nicht."

D: „Ich möchte es mit einer ganz praktischen Frage versuchen: Wie denken Sie über die Zulassung wiederverheirateter Geschiedener zu den Sakramenten? Das beschäftigt ja sehr viele Menschen."

Bruder Martin, lächelnd: „In der Wirklichkeit ist das doch schon längst kein Problem mehr, es wird doch einfach praktiziert."

D: „Aber es widerspricht dem Dogma."

Bruder Martin, jetzt lachend: „Schauen Sie mal in die Großstädte. Da kann doch niemand mehr wissen, ob der oder die Gläubige, die da zur Heiligen Kommunion kommen, geschieden sind oder nicht. Ich denke, dass die Gläubigen das verantwortlich selbst nach ihrem Gewissen entscheiden müssen, ob sie bereit sind, ein Heiliges Sakrament zu empfangen. Einerseits hat Christus die Unauflöslichkeit der Ehe gelehrt, da beißt die Maus keinen Faden ab, wenn ich das mal so säkular ausdrücken darf. Ob uns das lieb ist, oder nicht! Auf der anderen Seite muss es doch auch Möglichkeiten geben für Menschen, die dieses Ideal nicht schaffen. Ich denke, die Kirche hat Angst davor, einfach allgemein zu erklären: Das ist jetzt erlaubt. Überhaupt möchte ich in Frage stellen, ob es wünschenswert ist, wenn immer so viele Menschen zur Kommunion gehen – wer weiß schon, ob die Katholiken, die das machen, immer so fest im Glauben sind, wie die Theologen das verlangen. Ein Argument darf auch bei einer solchen Entscheidung auf keinen Fall gelten: Nach vorne gehen, weil alle nach vorne gehen. Über die innere Haltung derer, die in unsere Gottesdienste kommen, können und wollen wir uns ja kein Urteil erlauben. Es gilt der Auftrag an die Priester: Richtet nicht, damit ihr nicht gerichtet werdet."

Den Kreuzberg, scheint es, hat die Kirchenkrise noch nicht rettungslos im Griff. Zwar gab es hier oben schon mal mehr Franziskaner – 1790 waren es 24, im Jahr 1816 immerhin noch 16. Aber die Menschen kommen in ungebremster Zahl, und nicht nur die Bierbänke sind häufig überfüllt. Bruder Martin: „Wir werden hier im Moment noch verwöhnt. Unsere Kirche ist nicht groß, aber sie ist regelmäßig gut gefüllt. Vor allem Menschen aus der näheren Umgebung kommen dort hin, sie schätzen die Verlässlichkeit – jeden Sonntag um 9 und 11 Uhr wird hier die Messe gelesen. Die Menschen müssen ja jedes Mal einen längeren Weg auf sich nehmen, aber sie kommen wohl gern an diesen besonderen Ort. Und dann gibt es natürlich die Bewirtung. Bei uns hier oben kann man standesamtlich und kirchlich heiraten, die Feier kann hier ausgerichtet werden, und dann kann man auch noch hier übernachten – wie es heute so schön heißt: all inclusive."

Wenn man heute durch die riesigen Reihen von Biergarnituren im Freien stapft oder durch die gewaltigen Trinksäle, trifft man nur selten auf die eigentlichen Hausherren des Kreuzbergs. Früher waren die Ordensbrüder unübersehbar in ihren braunen Kutten. „Bis 1920", erzählt Bruder Martin, „gab es hier oben gar keine festen Preise. Der Wanderer oder Wallfahrer hat geläutet und den Klosterbruder um eine Brotzeit gebeten. Und dann hat der ‚Kunde' auf den Teller oder in den Krug ein Trinkgeld gelegt, und das war's. Das wurde dann auf staatliche Verfügung anders geregelt: Ihr seid ein normaler Betrieb, ihr müsst normale Steuern zahlen. Wann der letzte Bruder ausgeschenkt hat, erinnere ich nicht. Der letzte Bruder, der noch selbst Brauer war, war Bruder Elisäus. Der ist 1875 geboren und 1965 gestorben. 1963 hat er mit dem Brauen aufgehört." Ein Foto aus dem Klosterarchiv zeigt Elisäus, der sein Bier aus einem schweren Holzbottich zapft – ein großer, stark gebauter Mann, der gemütlich in die Kamera lächelt. Über seiner Mönchskutte trägt er eine grobe Brauerschürze.

Bruder Martin spricht jetzt über das Bier: „Ich bin mir sicher, dass nur die Wenigsten ausschließlich wegen des Bieres hier hochkommen. Da sind bestimmt viele Sympathisanten darunter…

Unser Bier gibt es sogar in Berlin! Als unser früherer Braumeister sein sechzigjähriges Betriebsjubiläum feierte, wollten wir mal probieren, wie das Kreuzberg-Bier in Berlin schmeckt – im Stadtteil Kreuzberg. Als wir allerdings dort waren und unser Bier bestellen wollten, sagte die Bedienung: ‚Tut uns leid, ist gestern ausgegangen.' Da waren wir natürlich enttäuscht, und ich war nicht ganz sicher: Ist das mit dem Kreuzberg-Bier vielleicht nur ein Reklame-Trick? Da habe ich einen Mann gefragt, der da an einem der Tische saß: ‚Sagen Sie mal, kennen Sie eigentlich das Kreuzberg-Bier?' – ‚Na klar, hat der Mann gesagt, deswegen bin ich ja hier; aber heute gibt's keins.' – ‚Und wie schmeckt Ihnen das?' – ‚Das ist das beste Bier der Welt!' Der Brauer stand daneben. Ich glaube, das war sein schönstes Jubiläumsgeschenk."

Der Biergarten auf dem Gipfel des 66 Meter hohen Kreuzbergs in Berlin heißt passenderweise Golgatha und hat außer Löwenbräu, Beck's und Augustiner auch das „Kreuzberger Klosterbier Dunkel" im Ausschank, das als „Frischbier aus der Rhön" angepriesen wird – verkauft wird es, für 3,50 Euro den halben Liter, nur während der Sommermonate. Zum Vergleich: Auf dem Original-Kreuzberg kostet der halbe Liter 2,80 Euro. Die Berliner lassen die Fässer von einem Bier-Spediteur abholen, was bei einheimischen Beobachtern in der Rhön gelegentlich Argwohn keimen lässt: Brauen die Mönche überhaupt noch selbst? Oder werden sie klammheimlich aus einer anderen Brauerei beliefert und verkaufen das feine Getränk als Eigenprodukt?

D und G verlassen das Refektorium. Es ist bald 12 Uhr mittags. Menschenschlangen stehen vor der Essensausgabe und an den beiden Biertheken. Draußen sind kaum noch Plätze frei. Radler in passgerechten bunten Jacken und Hosen, Familienväter in Hawaii-Hemden, Bus-Gesellschaften, Paare und Pärchen – alle sitzen über ihren Steingut-Bechern. Nur die echten Wanderer fehlen noch, die sind noch unterwegs. Auch die beiden Männer gönnen sich etwas Gutes. Das Bier ist dunkel, frisch und kühl, es schmeckt sanft, aber nicht süß – mit einem kaum zu definierenden Beigeschmack. „Seit 1731 wird hier oben schon Bier gebraut", erzählt der Braumeister Ulrich Klebl, und: „Das Besondere an unserem dunklen Bier ist, dass wir es zu hundert Prozent aus dunklem Gerstenmalz brauen. Wir verwenden außerdem noch ein paar Spezialmalze, Karamell-Malze, Röstmalze – die Mischung macht das Geheimnis und das Besondere des Kreuzberg-Bieres aus. Die Rezeptur ist seit fast 300 Jahren nahezu unverändert geblieben." Ein Bier mit dem Geschmack des 18. Jahrhunderts. Das ist eine inspirierende Vorstellung.

„Spürst du schon was?", fragt G. „Das Bier schmeckt", antwortet D. Den beiden Männern ist bewusst, dass man auf jeder noch so bescheidenen Anhöhe dem Himmel näher ist als bei den norddeutschen Krabbenpulern, null Meter über dem Meeresspiegel. Jedenfalls aus geologischer Sicht. Die Sonne, scheint es, hat gerade erst angefangen, den Tag richtig aufzuheizen. Der berühmte Rhön-Wind macht immer noch Pause, es wird schwül. Soviel ist klar: Was immer der Wanderer finden will, er muss es sich verdienen. Das Bier. Die Eroberung der Landschaft. Selbsterkenntnis. Und auch die Nähe zum lieben Gott. Allerdings, denkt G, darf man von einer derart bescheidenen Anstrengung auch nicht zu viel erhoffen. Die Männer stehen auf. G holt sich das Krugpfand, fünf Euro pro Becher. „Ganz schön teuer", murrt er. Mit einem derart profanen Gedanken geht es an den Abstieg. Der ist irgendwie lustloser, sogar schweißtreibender. Vielleicht fehlt jetzt das sinnstiftende Ziel? D muss noch ins Büro.

GESPRÄCHSPARTNER

Bruder Martin Domagalla ist Guardian (Klostervorsteher) der Franziskaner auf dem Kreuzberg. Als sein Vorgänger im Februar 2017 den „heiligen Berg der Franken" verließ, hinterließ er einen Arbeitsauftrag: „Aufgabe der Franziskaner ist es, zusammen mit dem Wirtschaftsbetrieb die Gäste zuvorkommend, wohlwollend und freundlich zu empfangen." Aber Bruder Martin wusste längst Bescheid: Von 2010 bis 2014 war er schon mal Chef der Franziskaner hier oben. Wenn man seinen Lebenslauf verfolgt, muss man den Eindruck gewinnen, dass er beständig in Bewegung war. 1940 im schlesischen Liebenau geboren, verschlug es ihn zusammen mit der Familie in den Westen. Ab 1951 besuchte er das Internatskloster Ottbergen – von da an war sein Weg zu den Franziskanern unabänderlich. 1966 in München zum Priester geweiht. Studentenseelsorger, Pfarrer in Berlin, Hannover, Halle – Bruder Martin ist herumgekommen in Diensten der Franziskaner.

Riesling. Mehr braucht man nicht

Wer sich unter Weinfreunden hervortun will, lässt spätestens im dritten Satz das Wort „Terroir“ fallen. Wirkliche Kenner halten sich da zurück, denn wer kann schon sagen, wie Schiefer oder Muschelkalk schmecken? Über Wein gibt es ja auch so viel Interessanteres zu erfahren, allemal auf Schloss Vollrads im Rheingau.

Winzer, bleib bei deinen Sorten! Diese gute alte Winzerweisheit beherzigt Schloss Vollrads nicht aus Bräsigkeit, sondern aus Überzeugung. Klar, Sauvignon Blanc und Grüner Veltliner seien derzeit schick, sagt Rowald Hepp, der das Rheingauer Weingut leitet – aber in zwei Jahren seien möglicherweise schon wieder andere Rebsorten hip. Deshalb bleibe Schloss Vollrads bei dem, was es am besten könne: beim Riesling.

Wobei „dabei bleiben“ schon fast die Dimension der Ewigkeit erreicht, denn Schloss Vollrads ist das älteste Weingut Deutschlands, wenn nicht der Welt. Eine Rechnung vom 18. November 1211 belegt, dass die Familie Greiffenclau damals Wein an das St. Viktorstift in Mainz verkaufte. Was heißt, dass das Weingut noch älter sein muss, denn auch die Greiffenclaus verkauften keinen Wein, es sei denn, sie hätten ihn vorher produziert.

1211 – das liegt länger zurück als das Meiste, an das wir uns erinnern können. Aber natürlich war auch damals schon eine ganze Menge los. Der von Papst Innozenz III. exkommunizierte Kaiser Otto IV. erreicht auf seinem Feldzug gegen den Staufer Friedrich II. von Sizilien die Meerenge von Messina, macht aber auf dem Absatz kehrt, als er erfährt, dass zu Hause Putschisten dabei sind, Friedrich II. zum anderen Kaiser („alium imperatorum") auszurufen. Da muss es damals zugegangen sein wie in der CSU heute. Wie gut die Chinesen seinerzeit ihre Außengrenze gesichert hatten, wissen wir nicht. Wahrscheinlich nicht besonders gut, denn im Jahr 1211 fangen die Mongolen unter Dschingis Khan Zoff mit dem chinesischen Nordreich der Jin-Dynastie an, was für die Chinesen nicht gut ausgeht. Es dauert aber noch vier Jahre, ehe die Mongolen Peking einnehmen – und weitere 768 Jahre, bis die Gruppe Dschingis Khan („He Reiter, ho Reiter, he Reiter, immer weiter") beim Eurovision Song Contest den vierten Platz erobert.

Ebenfalls im Jahr 1211 tritt Asel in das Licht der Geschichte. Asel ist heute der drittgrößte Gemeindeteil der Kommune Harsum, die im Landkreis Hildesheim liegt und von einem Gewässer mit dem schönen Namen Unsinnbach durchflossen wird. Klimatisch

weniger verwöhnt als der Rheingau, bringt Asel keinen Wein, sondern hauptsächlich Weizen und Zuckerrüben hervor, darf aber stolz sagen, die Gemeinde sei urkundenpolitisch ebenso alt wie die älteste bekannte Weinrechnung der Welt.

Historisch so an die Hand genommen, versteht der geneigte Leser, dass Schloss Vollrads alles andere als ein Startup-Unternehmen ist. Gewiss, Weinbau gab es lange vor dem 13. Jahrhundert. Schon um 5000 vor Christi Geburt lässt sich im heutigen Georgien und im südlichen Irak der Anbau von Weinreben durch Kaukasier- und Sumererhand nachweisen. Aber wer schon einmal versucht hat, von einem weinausschenkenden Georgier eine ordentliche Quittung zu bekommen, kann ermessen, was für eine zivilisatorische Großtat die korrekte Buchführung auf Schloss Vollrads damals war und bis heute ist.

So gut dokumentiert wie auf Schloss Vollrads ist die Wirtschaftsgeschichte der Weingüter längst nicht überall. Einigermaßen mithalten kann Romanée-Conti in Burgund. Mitte des 13. Jahrhunderts legten Benediktinermönche hier die ersten Weinberge an und nannten sie „Le Cloux des Cinq Journaux", was aus heutiger Sicht etwas drollig klingt, weil es Tageszeitungen („Journaux") erst seit 1605 gibt, aber das konnten die Mönche damals ja noch nicht wissen. Nach etlichen Besitzerwechseln ging das Gut 1760 an den Prinzen von Conti über, den Namen Romanée-Conti erhielt es 1794 nach der Enteignung während der französischen Revolution. Die verbürgte Geschichte von Château Mouton-Rothschild in seiner heutigen Form als Weingut beginnt gar erst 1922. Zwar lässt sich eine landwirtschaftliche Nutzung der Flächen in Pauillac bei Bordeaux bis in das frühe 14. Jahrhundert zurückverfolgen, aber wahrscheinlich wurden die ersten Rebflächen auf dem Gelände des heutigen Château Lafite-Rothschild erst um 1670 angelegt.

Herr Hepp, der Schloss Vollrads seit 1999 als Weingutsdirektor leitet, ist ein Meister des Spannungsaufbaus. Die kleine Besuchergruppe begrüßt er mit dem Satz, „dass der Abend sehr langweilig werden wird, weil wir ausschließlich Riesling trinken“: Sekt vom Riesling, Prosecco vom Riesling, Stillweine vom Riesling, Tresterbrand vom Riesling. (D unterdrückt beim Wort „Stillweine“ die Frage, ob das für Neugeborene wirklich das Richtige sei.)

Ausschließlich auf Riesling zu setzen, sei einerseits eine „Hochrisikostrategie, weil wir alle Eier in einen Korb legen“, sagt Herr Hepp; andererseits „machen wir Riesling anerkanntermaßen so gut, dass wir gerne auch in Zukunft das machen, was wir am besten können, und versuchen, dafür Kunden auf der ganzen Welt zu finden“. Das sei vor zwanzig Jahren, als sich Schloss Vollrads für diesen Weg entschied, alles andere als ein Selbstläufer gewesen, die Riesling-Renaissance habe erst zu Beginn des 21. Jahrhunderts eingesetzt.

So wie Schloss Vollrads halten im Rheingau auch Schloss Johannisberg und das Kiedricher Weingut Weil dem Riesling standhaft die Treue. Allerdings bauen kleinere Familienweingüter inzwischen auch die von den Kunden zunehmend gefragten Rebsorten an, das sind neben der zweiten Leitrebsorte des Rheingaus, dem roten Spätburgunder, vor allem Weiß- und Grauburgunder, auch der Chardonnay ist im Kommen. Alles in allem bleibt der Riesling aber die Rebsorte des Rheingaus. Die Statistik des Weinbauamts in Eltville zeigt, dass der Rieslinganteil zwischen 1964 und 2014 nur geringfügig zwischen 77 und 82 Prozent schwankte, beim Spätburgunder lag der Flächenanteil in den zurückliegenden zwanzig Jahren zwischen zehn und zwölf Prozent.

Zwei von drei Flaschen verkauft Schloss Vollrads nach Herrn Hepps Auskunft heute in Deutschland, ein Drittel des Absatzes verteile sich auf etwa 50 Länder, „von den USA und Kanada über fast alle asiatischen Länder bis in die arabische Welt“. In einer der zahllosen (und in diesem Fall ausnahmsweise interessanten) Studien über „Werte in der Unternehmensführung“ berichtete

Herr Hepp den Befragern der TU München, er arbeite mit seinen Kunden in 40 Ländern ohne Verträge, nur mit Handschlag. So richtig enttäuscht worden sei er nur einmal, als ihm ein amerikanischer Kunde 3.000 Euro schuldig blieb; ihn hatte die Immobilienkrise aus der Kurve getragen. Er habe heute noch Kontakt mit dem Mann, „und er hat mir versichert: Wenn er das irgendwann zurückzahlen kann, macht er das unaufgefordert".

Herr Hepp, dem man seine fränkische Herkunft anhört, legt Wert darauf, dass die Großen Gewächse und die edelsüßen Weine unentbehrlich für das Renommee sind, dass aber der einfache Gutsriesling für 8,40 Euro ebenfalls höchsten Qualitätsansprüchen genüge. Für diesen Alltagswein findet Herr Hepp Begriffe wie ein Verliebter für die Dame seines Herzens: „Du meine Nummer eins auf der Preisliste, Du mein Brot- und Butterwein" und ins fast schon Sakrale changierend: „der Kapellen- und nicht der Kathedralenwein". Dieser 2017er Gutsriesling steht jetzt vor den Gästen im Glas, die Gäste stehen ihrerseits an dem Teich, der den Wohnturm der Schlossanlage umgibt. „Rassig, fruchtig, kühle Eleganz", lauten die Urteile über den Wein, während Herr Hepp kurz, aber anschaulich die Baugeschichte referiert. Den Turm errichtete die Familie von Greiffenclau im Jahr 1330 auf den Fundamenten eines eingefallenen Holzturmes aus der Römerzeit.

Der Weinbau am Rhein geht überhaupt, wie so vieles, auf die Römer zurück. Es heißt, der „Weinkaiser" Probus (232 - 282) habe im heutigen Baden-Württemberg und in der Pfalz den Weinbau angeregt. Der Begriff „Römer" für eine bestimmte Weinglasform taucht allerdings erst im Jahr 1501 in Neuss zum ersten Mal auf. Namensgebend war vermutlich die Herstellung dieser Trinkgefäße aus Bruchstücken altrömischen Glases, welches die Germanen einschmolzen, ein munteres „Scherben zu Weingläsern!" auf den Lippen. Nicht überliefert ist, ob das Wort „Probierglas" auf eben jenen Probus zurückgeht, verdient hätte er es allemal.

Karl der Große, auf den ebenfalls viel zurückgeht, hat er doch Frankfurt am Main erfunden, war es, der den bis dahin weitgehend linksrheinischen Weinanbau über den majestätischen Strom hinüber in den Rheingau brachte. Die Legende sagt – und Herr Hepp sagt es auch, also muss es stimmen –, Karl habe eines Tages, vermutlich in einer der seltenen ruhigen Stunden, in denen er sich vom Herrschen ausruhen konnte, von seiner Pfalz in Ingelheim seinen Blick über den Rhein schweifen lassen und bemerkt, dass der Schnee am Johannisberg früher schmolz als anderswo. Dies zu erkennen und den Anbau von Reben an dieser Stelle anzuordnen, war für den tatkräftigen Kaiser wahrscheinlich eins. Tatsächlich datiert der erste Weinbau auf dem Johannisberg aus dem Jahr 817, in Walluf sogar schon aus dem Jahr 779.

Riesling wird seit gut 500 Jahren im Rheingau angebaut und ausgetrunken, die Rebsorte ist mit dieser Region so verbunden wie Sangiovese mit Chianti. Herr Hepp ordnet die Dimensionen ein: Mit 3.000 Hektar, bewirtschaftet von 440 Winzern, ist der Rheingau eines der kleinen deutschen Weinbaugebiete, das Gut des mit ihm befreundeten Winzers Undurraga in Chile misst 6.000 Hektar in Familienbesitz. Die Rebfläche von Schloss Vollrads umfasst 80 Hektar mit Lagen in Oestrich-Winkel, Hallgarten, Hattenheim und Geisenheim, „damit sind wir unter den großen deutschen Weingütern ein kleineres oder unter den kleinen ein größeres“.

Bei der Verkaufsform registriert Herr Hepp einen deutlichen Wandel. Die Einzelhändler, vor allem die inhabergeführten Rewe- und Edeka-Filialen, hätten erkannt, dass ihnen Umsatz verlorengeht, wenn sie sich des Themas Wein nicht annehmen. Bestes Beispiel sei der Discounter Aldi, der Weine von Günther Jauch anbietet. Davor sei der Einzelhandel jahrzehntelang der Devise gefolgt: 90 Prozent des Weins kaufen die Deutschen zu weniger als 4,99 Euro je Flasche, also verkaufen wir ihnen Wein bis zu diesem Preis. Inzwischen habe sich die Welt geändert. Der Manager, der spätabends auf dem Heimweg ein Steak kauft, möchte dazu auch eine anständige Flasche Rotwein. Folge: Die Bedeutung des Weinfachhandels gehe zurück, die Qualität des Weinangebots in den Supermärkten habe „dramatisch zugenommen", und das bei konstantem Pro-Kopf-Verbrauch in Deutschland von etwa 24 Litern im Jahr, Sekt eingeschlossen.

D und G schauen einander mit vor Entsetzen geweiteten Augen an: 24 Liter im Jahr, das sind 0,07 Liter am Tag, so klein ist nicht einmal ein Probiergläschen.

D fragt Herrn Hepp: „Günther Jauch haben Sie erwähnt, man könnte auch an Franz Keller vom Kaiserstuhl denken, der Wein in Discounter-Läden verkauft. Käme das für Sie auch in Frage?"

Herr Hepp: „Das sind inhabergeführte Betriebe, die können mit ihrem Namen machen, was sie wollen. Ich bin angestellter Geschäftsführer und möchte diesen Image-Split nicht verantworten müssen. Andererseits erkenne ich an, dass es dem Ansehen des Weins insgesamt hilft, wenn auch bei Aldi und Lidl gute Tropfen angeboten werden."

Ein paar Schritte weiter, im Weinberg, kündigt Herr Hepp „das schnellste Weinseminar der Welt" an. Von den Seminaristen will er wissen: „Es gibt vier Faktoren, die den Geschmack von Wein auf der ganzen Welt bestimmen. Welche sind das?"

„Boden", sagt der erste.

„Rebsorte", fügt ein anderer hinzu.

Ein dritter weiß: „Klima."

Bleibt noch: „Die Arbeit im Weinkeller, also der Mensch."

„Rekordverdächtig", lobt Herr Hepp und bringt die vier Elemente in eine logische Reihenfolge. Boden und Klima seien naturgegeben. Die Erderwärmung sei keine Einbildung, die Durchschnittstemperatur im Rheingau sei in den vergangenen zwanzig Jahren um ein Grad gestiegen. Deshalb sei es auf Schloss Vollrads immer schwieriger, Eiswein herzustellen, der letzte stammt aus dem Jahr 2012. Seitdem reichte der Frost nicht aus oder kam so spät, dass die Trauben nicht mehr zu gebrauchen waren. Insgesamt bildet das Klima – das Zusammenspiel aus Temperatur, Sonne, Wind, Regen, Hagel – den Jahrgangscharakter des Weines aus.

„Was auf dem Etikett als Jahrgang steht, ist der Einfluss des Wetters", erläutert Herr Hepp. Wie stark das Klima den Charakter eines Weines beeinflusst, macht er so deutlich: „Die Riesling-Traube, hier in einem kühleren Klima angebaut, bringt rassige, elegante Weine hervor. Den gleichen Rebstock nach Sizilien verpflanzt, und Sie bekommen breite, üppige, barocke, aber keine eleganten, frischen, säurebetonten Weine."

Zweiter Faktor: der Boden. Jedes Anbaugebiet hat eine Art Leitkultur der Böden. An der Mosel ist es der schwarze Schiefer, in Franken der gelbe Muschelkalk, im Kaiserstuhl der angewehte Löss, in Châteauneuf-du-Pape sind es die großen Kieselsteine, in der Champagne ist es der weiße Kreidefelsen. Warum Mineralität im Wein jeder zu schmecken glaubt, aber niemand sie beschreiben kann, erklärt Herr Hepp plausibel: „Weil wir keine Steine essen". Im Unterschied zu Früchten, die wir im Wein zu erkennen meinen, wissen wir nicht, wie Schiefer oder Muschelkalk schmecken. Dieser Zusammenhang sei auch wissenschaftlich noch unerforscht. Was man annehmen könne, sei, dass Rebstockwurzeln in den sandigen Böden des Languedoc mehr Silikat aufnehmen als Wurzeln in der Champagne, denen der Boden dafür mehr Calcium anbietet. Das komplexe Wechselspiel sei aber noch nicht verstanden.

Und im Rheingau? „Wo wir jetzt stehen, war vor 400 Millionen Jahren ein Strand. Rheinhessen war ein Urmeer, und die Brandung hat über die Zeit zu einer inversen Erosion geführt. Die ursprünglich oberste Schicht, das Gebirge, ist jetzt die unterste. Woher wissen wir das? Vor Jahren hatten wir mal kein Wasser, aber 600 Leute auf dem Hof. Mit Hilfe der Feuerwehr haben wir die Situation gerettet, aber es wurde beschlossen, einen Brunnen zu bohren. In 54 Metern Tiefe stießen wir auf Wasser – nicht ausreichend, aber seitdem wissen sehr genau über die geologische Schichtung unserer Weinbergsböden Bescheid."

Die Riesling-Wurzeln ernähren sich demnach von oben nach unten aus angewehtem Löss, Geröllkies, gelbem Muschelkalk, rotem Schiefer, schwarzem Schiefer und ganz unten Quarzit. Damit sie sich möglichst weit nach unten strecken, werden sie oben ausgetrickst. Dass der Boden im Weinberg begrünt ist, erfreut nicht nur das Auge der Naturfreunde, es sagt der Rebe: Hier oben gibt es einen Konkurrenzkampf um das Wasser, also ab nach unten. „Versteht die Rebwurzel das?", will D wissen. „Wir haben schon Wurzeln in 18 Metern Tiefe gefunden", sagt Herr Hepp.

Bevor jemand aus der Runde vorwitzig fragen kann: „Sagen Sie mal, Herr Hepp, wie schmeckt eigentlich so ein Wein aus diesem Gewann?", entkorkt er eine Flasche „2016 Schloss Vollrads Schlossberg Riesling Großes Gewächs" (28,50 Euro). Nach dem ersten Schluck setzt andächtiges Schweigen ein, so perfekt ist dieser Wein. Um diese Qualität zu erreichen, wird der Ertrag drastisch reduziert, will heißen: In Handarbeit werden zwei Wochen lang die Trauben auf die Hälfte eingekürzt; die Anzahl der Trauben bleibt gleich, aber die Größe wird halbiert. Damit steigt die Güte, weil sich Licht und Nährstoffe nur noch auf die Hälfte der Beeren verteilen. Wäre es nicht einfacher, jede zweite Traube wegzuschneiden? Rechnerisch denkbar, würde aber dazu führen, dass die Beeren so eng beisammenstehen, dass sie platzen.

Um das schwer bestimmbare Zusammenspiel des Bodens mit dem Aroma im Glas zu illustrieren, kündigt Herr Hepp ein „nicht wissenschaftliches Experiment" an. Er lässt die Runde erst an Quarzit schnuppern, also an einem Stein aus der tieferen Bodenschicht. Die Wirkung ist enttäuschend. „Riecht eigentlich nur staubig", sagt jemand zutreffend. Dann imitiert Herr Hepp tektonische Bewegungen, reibt zwei Steine aneinander und hält sie den Hobby-Laboranten wieder unter die Nase. Der Effekt ist verblüffend: Es riecht nach Feuerstein und nach Zündplättchen. „Da scheint etwas zu sein, auch wenn wir es noch nicht wissenschaftlich bestimmen können", sagt Herr Hepp. Als er mit der Winzerei anfing, wollte er „über diesen einen kleinen Bereich möglichst viel wissen. Allerdings ist der Bereich schneller gewachsen als ich lernen konnte."

»Aus einem Handkäs können Sie kein Kotelett machen.«

Er illustriert das mit einigen der vielen Entscheidungen, die ein Winzer zu treffen hat: diese oder jene Rebsorte, Nord-Süd- oder Ost-West-Ausrichtung der Rebzeilen, mit oder ohne Begrünung, viel oder wenig ernten, von Hand oder mit Maschinen lesen, eigene Hefen oder zugekaufte und, und, und. Kurz gesagt: „Sie geben die gleichen Trauben zehn Winzern, und es kommen zehn unterschiedliche Weine heraus."

D: „Kann ein guter Winzer im Keller einen schlechten Jahrgang retten?"

Herr Hepp: „Nein, aus einem Handkäs' können Sie nie ein Kotelett machen."

G: „Handkäs' schmeckt ihm also nicht."

Herr Hepp: „Wir haben einen Super-Handkäs', aber den grundlegenden Charakter eines Weines können Sie nicht ändern."
Ein bisschen was geht allerdings schon, wenn man dem Assmannshäuser Winzer August Kesseler glaubt. Der sagt nämlich: „Früher haben sich die Jahrhundertweine selbst erzeugt, heute machen die Winzer den Jahrgang."

In ökologisch bewegten Zeiten ist natürlich auch die Frage nach dem Einsatz allerlei Mittelchen im Weinberg nicht weit. Herr Hepp sagt, als er anfing, habe man gegen Insekten „Hämmer wie E 605" verwendet. Dieses im Volksmund „Schwiegermuttergift" genannte Insektizid war unbestritten wirksam, hatte aber laut Herrn Hepp einen großen Nachteil: „Es unterscheidet nicht nach Art des Insekts. Alles, was krabbelt, war hin." Dabei sind für den Winzer nur zwei oder drei Insekten wirklich bedrohlich, zum Beispiel der „Bekreuzte Traubenwickler", der einen Weinberg ruinieren kann. Gegen ihn wurde ein synthetischer Duftstoff entwickelt, dessen Konzentration die begattungsgierigen Traubenwickler glauben macht, anderswo gebe es begattungswilligere, weil lockstoffintensivere Traubenwicklerinnen. Solchermaßen falsch gewickelt, wenden sich die Männchen vom Weinberg ab – und im Endeffekt war das Ahrtal die erste deutsche Weinbauregion, die 2014 vollständig auf Insektizide verzichten konnte, was zusammen mit der Begrünung auch dazu führt, dass Schädlinge wieder mehr natürliche Gegenspieler haben. Damit könnten doch alle zufrieden sein – alle außer G. Er empfindet Mitleid mit den um ihren Trieb betrogenen Traubenwicklermännchen und will sich nach der Adresse des nächstgelegenen Tierschutzvereins erkundigen.

Und Glyphosat? „Wir setzen es nicht ein", sagt Herr Hepp, „Unkraut beseitigen wir mit Motorsensen". Und Mehltau werde mit Schwefel bekämpft, das sei auch im biologischen Weinbau zugelassen. Überhaupt gebe es Jahre, in denen auf Schloss Vollrads vollständig nach biologischen Kriterien gearbeitet werde. Es gebe aber auch Jahre wie 2006, in dem es so viel regnete, dass die komplette Ernte auf dem Spiel stand. „Wenn ich in so einer Situation einen fünf Hektar großen Familienbetrieb und noch eine halbe Jahresernte im Keller liegen habe, kann ich sagen: ‚Okay, ich ernte, was ich ernten kann.' Wenn ich mich aber einem Betrieb wie diesem mit 50 Angestellten und 100 Aushilfskräften verbunden fühle, komme ich in die Bredouille. Dann muss ich auch mal eine Ernte mit Hilfsmitteln retten können."

Nicht nur im Weinberg, im Keller und in der Flasche hat Schloss Vollrads wahre Schätze, sondern auch im Turm, dem nächsten Ziel der kleinen Besuchergruppe. Er beherbergt heute eine Schatzkammer edelsüßer Weine, die historische Bibliothek und das Wirtschaftsarchiv des Schlosses. Herr Hepp wäre kein Winzer, wenn er den Blick in die Geschichte nicht mit einem Glas Wein verbände. Ganz dem Ort angemessen, ist es ein Tropfen nach der ältesten Weinklassifikation der Welt, die erstmals im Jahr 1716 und natürlich auf Schloss Vollrads eingeführt wurde: Cabinet. So wurden später die besten Weine aus den Schatzkammern renommierter Güter bezeichnet. Es versteht sich fast von selbst, dass nicht nur der Vollradsche Kabinett-Keller noch da ist, zu dem hinter der unscheinbaren Eisenflügeltür im Schlosshof 15 Stufen steil hinunterführen, sondern auch jede einzelne Handwerkerrechnung im Zusammenhang mit dessen Bau. Darauf einen „2016 Kabinett feinherb" (12,50 Euro)! Die trockene Variante dieses wunderbaren Tropfens empfahl die Süddeutsche Zeitung im heißen Juli 2018 – um eine Weinschorle herzustellen. Eine Schorle! Aus einem Kabinett von Schloss Vollrads! Das kommt davon, wenn man Leute über Wein schreiben lässt, die mit Weißbier aufgewachsen sind.

Der Turm, in den Herr Hepp die Gäste führt, war nach seinem Bau im Jahr 1330 gut drei Jahrhunderte lang der Wohnsitz der von Greiffenclaus, deren Stammbaum sich bis ins Jahr 1097 zurückverfolgen lässt. Ursprünglich bewohnten sie das „Graue Haus" in Winkel, das als ältestes steinernes Wohnhaus in Deutschland gilt. In dem Maße, wie die Familie wuchs, wurde die Anlage Zug um Zug erweitert. 1650 kam das „Kavaliershaus" dazu, in dem heute das Gutsrestaurant untergebracht ist. Das zweiflügelige Herrenhaus ließ Georg Phillip Greiffenclau von Vollrads 1684 erbauen, weitere Wirtschaftsgebäude folgten.

Vom Ende des 18. Jahrhunderts an konzentrierten sich die Greiffenclaus ausschließlich auf den Weinbau, und am 2. September 1814 besuchte Goethe, der überall war, wo es guten Wein gab, das Schloss. Seine Notizen von der Inspektion des Schlosses veröffentlichte er unter der Überschrift „Im Rheingau Herbsttage – Supplement des Rochus-Festes, 1814". Wie das Adelsgeschlecht von Greiffenclau, das im Heiligen Römischen Reich deutscher Nation zwei Kurfürsten stellte, über Jahrhunderte durch Heiraten Politik gemacht hatte, konnte der Dichterfürst an den Wänden studieren. Schaubilder zeigten die ineinander verschlungenen Stammeslinien in Gestalt von Bäumen: „Hier sproßten Greifenklaue und Sickingen gegen einander über und verzweigten sich ins Vielfache, die vornehmsten und berühmtesten Namen schlossen sich weiblicher Seits an den Greifenklauischen."

Als das Geschlecht der Greiffenclaus auszusterben drohte, heiratete die letzte Erbtochter Sophie Reichsfreiin von Greiffenclau im Jahr 1850 den schlesischen Adligen Hugo Graf Matuschka. 1862 verlieh König Wilhelm I. von Preußen dem Paar das Recht, Namen und Wappen zu vereinigen. So wurde das alte Rheingauer Geschlecht in weiblicher Linie weitergeführt.

Die Familien-Ära von Schloss Vollrads erlosch 1997, als sich Erwein Graf Matuschka-Greiffenclau das Leben nahm, nachdem die Nassauische Sparkasse (Naspa) als Hausbank die Eröff-

Schlimm, die Fälle von Ärztepfusch häufen sich

nung des Insolvenzverfahrens über den Besitz beantragt hatte. Nach zwei Jahren erfolgloser Verkaufsversuche gingen Schloss und Weingut in den Besitz der Naspa über, die das Ensemble als historische Einheit fortführt. Im Lauf der Jahre hat die Naspa beträchtliche Summen in Schloss Vollrads investiert, „und die Weinqualität ist unter der Leitung des Geschäftsführers Rowald Hepp noch besser geworden", wie die F.A.Z. aus Anlass des zwanzigsten Todestages von Graf Erwein schrieb.

Graf Erwein wird allenthalben in hohen Ehren gehalten. Zwar war seinen kaufmännischen Entscheidungen nicht immer Glück beschieden, aber er war zweifellos ein „Visionär des regionalen Marketings", wie Herr Hepp ihn nennt. Aus Pflichtgefühl und Familienehre hatte Erwein 1977 seine Managerkarriere bei Olivetti abgebrochen und nach dem Tod des Vaters Richard die Führung des Familienweingutes übernommen, auf die sein älterer Bruder Karl verzichtet hatte. Er, der sich gern als „Winzer in der 27. Generation" vorstellte, entwickelte die „Flöte" als rheingau-typische Weinflasche, half die Rheingauer Schlemmerwochen zu initiieren und schärfte den Blick für die enge Verbindung zwischen Wein und Essen. Dem umweltschonenden Weinbau gab er Impulse, „und im Rheingau war er einer der Erfinder des leichten Sommerweins als regionale Antwort auf die Pinot-Grigio-Modewelle" (F.A.Z.).

Die neuere Geschichte von Schloss Vollrads ist nicht das einzige Beispiel dafür, wie schwer es ist, große, denkmalgeschützte Anwesen mit den Einnahmen aus dem Weinbau zu erhalten. Seit 1976 existiert das Weingut Graf Eltz in Eltville nicht mehr, und im Frühjahr 2018 musste auch Langwerth von Simmern aufgeben: Eines der ältesten in Familienbesitz befindlichen Weingüter der Welt wurde aufgelöst, der 554. Jahrgang war der letzte. Damit endete die Ära einer Eltviller Familie, deren Verbindung mit dem Weinbau im Rheingau bis ins Jahr 1464 zurückreicht.

Für ihre Verhältnisse schweigsam gehen D und G zum Auto zurück. Ja, Geschichte ist nicht immer nur erhaben, sie kann auch eine Bürde sein. Vom Parkplatz werfen sie erst einen Blick zurück auf die Schlossanlage, dann einen über die Weinberge hinunter zum Rhein. Und sofort meldet sich die Zukunft wieder: „Merkste was, warum es hier so schön ist?", fragt D. „Es gibt keine Windräder."

GESPRÄCHSPARTNER

Rowald Hepp, Jahrgang 1962, stammt aus einer Winzerfamilie in Franken. Das Weinbau-Studium an den Hochschulen in Geisenheim und in Gießen schloss er mit einer Dissertation über „Langfristige Tendenzen im Weltweinmarkt" ab. In den Semesterferien sah er sich in Weingütern in der Schweiz, in Frankreich, Italien, Portugal, Griechenland und Spanien um. Im Alter von 28 Jahren wurde er Direktor von Kloster Eberbach, dem größten deutschen Weingut. Seine nächste berufliche Station war der „Staatliche Hofkeller" in Würzburg, der unter seiner Führung zu einer der ersten Adressen avancierte. Seit dem 1. Juli 1999 ist Hepp Direktor von Schloss Vollrads im Rheingau. Im Jahr 2001 erhielt er den Gault Millau-Preis „Estate Director of the year", und im Jahr 2010 wurde er bei der Japan Wine Challenge als „Winzer des Jahres" ausgezeichnet. Die Hochschule Geisenheim berief ihn zum Vorsitzenden ihres Hochschulrates.

Schloss Vollrads

Gesamtrebfläche	80 Hektar, davon 48 Hektar in der Monopollage Schloss Vollrads
Rebsorten	100 Prozent Riesling
Alter der Reben	bis zu 50 Jahren
Pflanzdichte	3.000 bis 4.000 Reben je Hektar
Höhenlage	140 Meter über NN oberhalb von Winkel
Exposition	Süden bis Südwesten
Boden	Taunusquarzit, Tonschiefer, kalkhaltige Lössböden
Ausbau	Edelstahl

Bis dass der Rost uns scheidet

„Wir fahr'n fahr'n fahr'n auf der Autobahn" – der Song der Band „Kraftwerk" war nicht ohne Grund eine Saison lang das Lied der Deutschen. Statistisch gesehen besitzt jeder zweite Deutsche ein Auto – so dass man sich fragt, warum überhaupt noch viersitzige Wagen hergestellt werden. Auch wenn in Europa nicht weniger als sechs Länder vor uns liegen: Deutschland ist das Autoland. Ein Gespräch mit zwei Experten.

> Das Auto ist eine vorübergehende Erscheinung. Ich glaube an das Pferd.
>
> *Kaiser Wilhelm II.*

> Wenn ich die Menschen gefragt hätte, was sie wollen, hätten sie gesagt: schnellere Pferde.
>
> *Henry Ford*

Der Traum vom Autofahren? Bei Sonnenaufgang im Chevrolet Cabrio nach San Francisco hineinrollen, „You can sleep while I drive" von Melissa Etheridge aus den Boxen? Mit der „Déesse" von Citroen, dieser unfassbar eleganten Göttin des Karosseriebaus, lässig vor Ernos Bistro im Frankfurter Westend ausrollen? Im prolligen SUV die verwöhnten Kinder zur 700 Meter entfernten Privatschule fahren? Mit einem Vierzigtonner von Lappland nach La Spezia donnern?

Ach was: Mit einem durchgerosteten Simca 1100 auf drei Rädern durch die Nordschleife des Nürburgrings, den Beifall der Zuschauer in den Ohren, das ist Autofahren! Wenn er daran denkt, bekommt Burkhard Wagner noch heute glänzende Augen. Dabei fährt der Frankfurter Niederlassungsleiter von Mercedes-Benz längst in einer ganz anderen Liga, doch es ehrt den bodenständigen Autoverrückten aus der Eifel, dass er weder die Anfänge noch die Heimat vergessen hat, in die er nach dem Ende seiner überaus erfolgreichen Karriere bald zurückkehren wird.

Zum Gespräch fährt Herr Wagner standesgemäß in einem cremefarbenen Mercedes 220 SE Cabrio, Baujahr 1965, vor. Was für eine Zeit! Der Bundeskanzler heißt Ludwig Erhard, Königin Elisabeth II. ist schon seit 13 Jahren am Ruder und besucht ihre Verwandtschaft in Schloss Wolfsgarten bei Langen, Jürgen Grabowski wird 21 und Max Horkheimer 70, auf der Frankfurter Straßenbahnlinie 18 fahren erstmals schaffnerlose Triebwagen, das Wembley-Tor ist noch nicht gefallen (war ja auch keins), Box-Europameister Karl Mildenberger besiegt in der Festhalle vor 12.000 Zuschauern den Texaner Jefferson Davis nach Punkten, zum ersten Mal wird vor der „Tagesschau" die Ziehung der Lottozahlen aus einem Studio des Hessischen Rundfunks live übertragen, das Parkhaus „Am Gericht" stellt auf automatische Abfertigung um und am 31. Dezember meldet die Oberpostdirektion, dass in Frankfurt auf 100 Einwohner 35,5 Telefonanschlüsse kommen, was die Frage aufwirft, ob der arme Mensch mit der halben Sprechstelle nur anrufen oder nur angerufen werden konnte.

Der 220 SE, entworfen vom damaligen Mercedes-Chefdesigner Karl Wilfert, ist ein zeitlos elegantes Modell mit gradlinigen Formen, hingegossen wie ein langbeiniges Mannequin. Fernsehkarriere machte der Wagen, von dem 2.729 Exemplare gebaut wurden, als Manfred Krug in der Serie „Liebling Kreuzberg" ein 220 SE Cabrio fuhr. 120 PS hat er unter der Haube, „und damals waren PS noch was wert", wie der Frankfurter Rechtsanwalt und Rallyefahrer Rainer Wicke betont, der vorne neben Herrn Wagner Platz nimmt. Hinten im offenen Wagen sitzen D und G, die gerne von Passantinnen in Sommerkleidern angehimmelt würden, aber die Mainzer Landstraße stadtauswärts ist nun einmal nicht die Promenade des Anglais. Stattdessen bewundern sie Herrn Wagner für dessen umsichtigen Fahrstil, wobei „umsichtig" ganz wörtlich zu nehmen ist, denn Herr Wagner muss den Kopf ständig drehen, weil das Auto nur links einen Außenspiegel und auch den nur in Handkäs-Größe hat, von Spurwechsel-Assistenten und Totem-Winkel-Warner gar nicht zu reden. Dennoch hatten die Wagen der Baureihe W 111 für damalige Verhältnisse eine unerhörte passive Sicherheit: Sie besaßen als erste eine stabile Fahrgastzelle und wirksame Knautschzonen. In Crash-Tests brachte Mercedes ein Fahrzeug mit Tempo 80 über eine Rampe zum Überschlag. Wagner und Wicke fachsimpeln, bei welchem Tempo der Motor 3.000 Umdrehungen erreicht, D und G genießen.

Ziel ist die Gartenwirtschaft „Alte Schiffsmeldestelle" am Mainufer in Frankfurt-Höchst, und dort endlich ernten das Cabrio und die vier gutaussehenden Männer die ihnen zustehende Auf-

Der letzte Schrei von der IAA

merksamkeit. Mit dieser unangestrengten Na-ja-wir-sind-es-gewohnt-im-Mittelpunkt-zu-stehen-Körperspannung, die erst nach jahrzehntelanger Übung sitzt, ohne arrogant zu wirken, schlendern sie die zehn Meter vom Parkplatz in den Biergarten. D und G holen an der Bar die erste Runde Getränke, dazu Spundekäs' für alle und für D zusätzlich eine Bockwurst.

G, der Feingeist unter den Rechercheuren, fällt nicht plump mit der Tür in die Garage, sondern wählt eine fast literarische Gesprächseröffnung: „Mehr noch als an seine erste Frau erinnert sich ein Mann an sein erstes Auto." Und nach einer dramaturgisch gut gesetzten kurzen Pause: „Wie war das bei Ihnen?"

Herr Wagner: „Mein erstes Auto war ein steinalter Simca 1100 für 150 Mark, total verrostet. Gekauft mit 18 Jahren, mit eigenem Geld angemeldet und versichert. Um halb acht morgens stand ich vor dem Ordnungsamt, damit ich der Erste war, wenn sie aufmachen. Das Auto musste ich mit kiloweise Spachtelmasse und Glasfasermatten herrichten. Allerdings fiel nach einem halben Jahr der Boden durch, da war die ganze Arbeit für die Katz."

D erinnert sich, dass sein Onkel in den sechziger Jahren schief angeschaut wurde, weil er einen Peugeot angeschafft hatte: Was muss der denn einen Franzosenwagen kaufen? Sind ihm unsere deutschen Autos nicht gut genug?

Herr Wagner: „Das war bei uns in der Eifel nicht so. Der Simca sah so schäbig aus, der erregte eher Mitleid als Argwohn."

Herr Wicke: „Bei mir war es ein 1300er VW Käfer, dunkelgrün …"

G: „Der Jurist steigt eben gern gleich ganz oben ein."

Herr Wicke: „… gesponsert von der Oma. Das war praktisch, um die Panzeraufklärerkompanie bei Marburg zu erreichen, wo ich beim Bund meinen Wehrdienst ableistete."

D: „Nur gut, dass der Russe das nicht wusste."

Herr Wicke: „Was hat denn der Russe damit zu tun, dass das Auto dunkelgrün war?“

D: „Der wäre sofort dort einmarschiert, weil von dir keine Gegenwehr zu erwarten war.“

Herr Wicke: „Der wusste das, aber er kannte meine überlegene Strategie.“

G, dessen Kenntnis des Bundes sich auf die Kniebundhose beschränkt, die er gelegentlich zum Wandern trägt (siehe „Wohin laufen sie denn?“), steuert eine Episode aus der wehrpolitischen Vergangenheit seines Bruders bei. Der fuhr als Rekrut ebenfalls einen Käfer und verbesserte die Straßenlage des Wagens, indem er ihn mit Übungshandgranaten im vorne liegenden Kofferraum beschwerte. Bis er mal angehalten wurde. Danach bewahrte er sie im Elternschlafzimmer auf dem Kleiderschrank auf.

Herr Wicke: „Damals war ein Auto nur ein Auto, wenn es schnell war. Ich nahm meistens drei Bundeswehrkameraden von Marburg mit nach Frankfurt, und weil ich immer etwas länger brauchte, um alles zu ordnen, fuhren wir als Letzte los, kamen aber als Erste an.“ Hier wurden offenbar die Wurzeln zu Herrn Wickes beispielloser Karriere als Rallyefahrer gelegt, von der später noch die Rede sein wird.

G zu D: „Und dein erstes Auto?“

D: „Eine Ente, gemeinsam mit einem Schulfreund gekauft.“

Schweigen am Tisch.

Herr Wagner: „Geht gar nicht.“

D: „Wir sind mit dem Ding immerhin nach Irland und zurückgefahren.“

Schweigen am Tisch.

D spürt, dass sich eine Stimmung wie ein Kolbenfresser breitmacht und tritt die Fahrt nach vorne an. Er erzählt, dass sein Freund Heinz Sontag und er im Sommer 1973 die gemeinsame Reise schon an ihrem Ende wähnten, als sie in Nordfrankreich ungute Geräusche vom rechten Vorderrad vernahmen. Weiterzufahren trauten sie sich nicht, zurück wollten sie nicht, aber Geld hatten sie auch keins. Kleinlaut sprachen sie in einer Autowerkstatt vor und meldeten ein „Bruit étrange", ein seltsames Geräusch. Der Meister, Schnauzbart wie Obelix, nur kohlrabenschwarz, musterte mit zunehmender Belustigung die rote Ente, auf der die beiden mit einem schwarzen Edding-Stift in Formel-1-Manier geschrieben hatten: „Drivers Werner D'Inka / Heinz Sontag". Dass Sontag, weil erst siebzehn, noch gar keinen Führerschein hatte, sagten sie dem Werkstattmeister vorsichtshalber nicht.

Der hatte offenbar Mitleid mit den beiden jungen Deutschen – anders ist es nicht zu erklären, dass er ihnen nach etwa einer Stunde, die er mit schweigendem Schrauben und sie zwischen Hoffen und Bangen verbracht hatten, zu verstehen gab, sie könnten weiterfahren. Das „Roulement", das Radlager, sei wieder in Ordnung. Auf die noch bangere Frage „Combien?" nannte er einen Betrag von umgerechnet 20 D-Mark. An dieser Stelle sei dem unbekannten Helden, einem Werkstattmeister aus der Nähe von Roubaix, ein Denkmal der Dankbarkeit und der Völkerfreundschaft errichtet.

Damit gerät das Gespräch wieder in die Spur.

G: „Wie hattet ihr euer komisches Auto benannt?"

D: „Einen Namen hatten wir ihm nicht gegeben, aber wir schrieben jeden Abend Ort für Ort die Route rundum auf die Karosserie: Lörrach – Köln – Aachen – Lüttich – Roubaix – London – Liverpool – Belfast – Derry – Sligo – Galway – Limerick – Cork – Dublin – Holyhead – Dover – Paris – Lörrach."

Diese Langstreckenleistung scheint die anderen doch zu beeindrucken. Jedenfalls wird D wieder in den Stuhlkreis der ernstzunehmenden Autofahrer aufgenommen. Selbst die Ente scheint rehabilitiert, was G mit dem Satz auf den Begriff bringt: „Ja, ja, selbst bei Männern, die im weißen Hemd in einem Biergarten sitzen, einer sogar mit Krawatte" – das gilt dem stets korrekt gekleideten Herrn Wicke – „schlägt im Innersten ein anarchisches Herz. Damals hieß es ja, wer es schaffe, einen 2CV zum Umkippen zu bringen, bekomme Geld für dieses Kunststück."

Herr Wicke: „Das schaffst du nur mit dem Smart, ihn auf den Hintern zu setzen. Aber jetzt wollen wir noch wissen, was Gs erstes Auto war."

G: „Ein VW Variant."

Wagner und Wicke, ganz Kenner, wie aus einem Mund: „Fünfzehnhunderter oder sechzehnhunderter?"

G: „Sechzehnhunderter. Das Modell hatte den Vorteil, dass es hinten nicht nur eine Transport-, sondern auch eine Liegefläche bereithielt."

»Mich haben sie immer zum Bierholen geschickt, wenn es ans Reparieren ging.«

D: „Eine Knutschzone? Du Frauenheld!"

G: „Auch für Einzelgänger. Außerdem heißt das Buch ja ‚Alles außer Sex'."

D an Herrn Wagner: „Sie sind vermutlich der Einzige von uns vieren, der ein Auto auch reparieren könnte?"

Herr Wagner: „Wicke vielleicht auch."

Herr Wicke: „Mich haben sie immer zum Bierholen geschickt, wenn es ans Reparieren ging."

G: „Und ich musste die Schraubenschlüssel anreichen."

Zur Taschengeldaufbesserung einen Motor zu zerlegen und wieder zusammenzubauen, habe er in seiner Velosolex-/Mokick-/Mofa-Phase gelernt, berichtet Herr Wagner. D wiederum, dem die frische Erfahrung noch in den Knochen sitzt, wegen seiner Ente so ausgegrenzt zu werden wie andere wegen eines Erdogan-Fotos, nimmt mit klammheimlicher Freude zur Kenntnis, dass sich, die zweite Getränkerunde vor Augen, der kameradschaftliche Spott jetzt gegen den Herrn Wicke richtet, der derzeit keinen Alkohol trinkt. Der versucht eine schon verlorene Sache zu retten, indem er darauf hinweist, er habe seine Trockenpha-

se von zwölf auf sechs Wochen verkürzt – freiwillig. Der Versuch endet im Kiesbett.
G lässt der Gedanke nicht los, was das für Leute sind, die ihren Autos Namen geben. Er hat eine Forsa-Umfrage zur Hand, derzufolge neun Prozent der Deutschen das tun. „Mehr Frauen als Männer", vermutet er. Herr Wagner, der weiß, was Autokunden wünschen, relativiert genderpolitisch: „Männer freuen sich auf ein neues Auto. Das alte ist alt, das neue kann alles besser. Frauen hingegen hängen viel mehr an dem alten Wagen: In dem sitze ich so gut, mit dem waren wir doch da und da …"

Das Gespräch bringt nun eine Reihe von Theoremen hervor – wer Veränderungen scheut, wer am Hergebrachten hängt oder Neues freudig annimmt: die Deutschen, die Männer, die Frankfurter. Den intellektuellen Mont Ventoux erreicht Herr Wicke als Erster: „Ich bin bekanntlich kein Freund von Veränderungen. Ich habe lange nicht verstanden, warum in Autos etwas eingebaut und nach sieben Jahren wieder ausgebaut wird. Aber jetzt habe ich es begriffen. Wir wählen alle vier Jahre neu. Dann gibt es auch neue Minister. Weil sie neu sind, müssen sie etwas Neues erfinden. Da es aber nicht immer Neues gibt, muss etwas zu Neuem erklärt werden, das schon vorher da war. So schwankt es hin und her."
Schweigen am Tisch.

Herr Wagner: „Deine Ausführungen mit Alkohol sind mir sympathischer."

Herr Wicke: „Die sind dann auch überlegter."

Es ist G, der wie ein Safety Car das Gespräch wieder auf Kurs bringt: „Ich möchte der Leidenschaft für das Auto auf den Grund gehen. Wie erklärt sie sich, was ist das Besondere daran?"

Herr Wicke (im Aufstehen): „Wollt ihr noch Brezel?"

G: „Ja." – D: „Ja." – Herr Wagner: „Ja."

G: „Wir erinnern uns doch wahrscheinlich alle daran, wie der Vater das Auto pflegte, kein anderer durfte da ran, die Frau schon mal gar nicht."

Herr Wagner: „Ich habe noch die Kennzeichen der Autos meines Vaters im Kopf. Das erste war MY-CM 17, ein VW Variant 1500. Dann kam ein Sechzehnhunderter, MY-A 226. Und der Traktor des Opas hatte das Kennzeichen WOV 412."

Für den Tübinger Hirnforscher Niels Birbaumer steht fest: Der Mensch kann alles lieben – den Partner, die Familie, den Gott im Himmel, das Haustier und eben auch das Auto. Denn im Gehirn gebe es keine Schalt(!)kreise, in denen das Liebesobjekt unwiderruflich festgelegt ist. Auch G erinnert sich, dass „damals das Auto wie ein Familienmitglied war, es war für die allermeisten ja auch eine gewaltige Anschaffung."

Herr Wagner: „Bei uns war das gar nicht so, ein Auto war halt da. Für mich persönlich ist allerdings bis heute alles faszinierend, was einen Motor hat. Schon als Schüler habe ich jeden Morgen Brötchen ausgefahren, um mir ein Mofa zu leisten. Später als Student bin ich Taxi gefahren und habe jeden Cent in Autos und in Motorräder gesteckt. Deshalb gab es für mich auch nie einen Zweifel: Ich gehe in die Automobilindustrie. Heute habe ich zehn Motorräder und sieben Pkw auf meinen Namen angemeldet."

G merkt vorsichtig an, dass das nicht der landläufigen Norm entspreche, was Herr Wagner gutgelaunt bestätigt. D fragt, ob es ein Auto gebe, von dem Herr Wagner träume.

Herr Wagner: „Eine Pagode."

D und G wie aus einem Mund: „Eine Pagode?"

Das elegante zweisitzige Faltdach-Cabriolet von Mercedes-Benz mit der Typen-Bezeichnung W 113 wurde im März 1963 auf dem Genfer Auto-Salon vorgestellt. Es sollte damals die Typen 190 SL und 300 SL ersetzen. Weil das Modell zusätzlich ein leicht nach innen gewölbtes Hardtop hatte, bekam es den Spitznamen „Pagode". Von dem Auto wurden in den Versionen 230 SL, 250 SL und

280 SL knapp 49.000 Stück gebaut. Die Aufpreisliste aus dem Jahr 1972 verzeichnet: „Sicherheitsgurte vorn, 77 DM".

G wertet die erste Anschaffung eines Autos als Zeichen des Erwachsenwerdens. Wer Führerschein und Auto hat, gehört dazu. Er registriere aber, sagt er, dass sich da etwas ändere, dass jüngeren Leuten ein eigenes Auto nicht mehr so wichtig sei. Mag sein, entgegnet Herr Wagner, aber er sieht eine Stadt-Land-Differenz. Alle seine jüngeren Verwandten in der Eifel hätten mit 18 Jahren den Führerschein gemacht und sich Autos angeschafft: „Für die ist die Möglichkeit, ohne fremde Hilfe vom Dorf wegzukommen, ein Stück Freiheit." D, ebenfalls auf dem Land aufgewachsen, stimmt zu: „Bei uns auf dem Dorf gab es kein Kino. In die nächste Kreisstadt waren es 15 Kilometer und das ganze Heckmeck mit ‚Kannst du mich bitte fahren?', die Angst, den letzten Bus zu verpassen, das alles war schlagartig vorbei, als man eine eigene Karre hatte. Was für eine Befreiung!"

Er befindet sich damit im Einklang mit 87 Prozent der Deutschen, für die laut Forsa ein Auto Unabhängigkeit bedeutet, 77 Prozent betrachten es als Mittel zum Zweck. 50 Prozent aller Befragten und 73 Prozent der Jüngeren (18 bis 29 Jahre) sehen in einem Auto ein Symbol der Freiheit. Freude am Fahren empfinden 48 Prozent der jüngeren Männer und 32 Prozent der jüngeren Frauen. Als Statussymbol spielt das Auto in dieser Altersgruppe nur noch für jeden Vierten eine Rolle. Wenn allerdings Status, dann sind die Rollen klar verteilt: Audi, BMW und Mercedes gelten auf dem Asphalt als Alphatier-Marken, wobei nach Studien von Rüdiger Hossiep von der Ruhr-Universität Bochum Mercedes eher für das „alte Geld" steht. Volvo-Fahrer pflegen gerne ihr Understatement, identifizieren sich aber stärker mit ihrer Automarke als andere. Im Internet-Forum „Motor-Talk" posten sie fünfzigmal häufiger Mitteilungen als die Fahrer von Hyundai, Daihatsu oder Skoda.
Die Frankfurter Allgemeine Sonntagszeitung assoziierte im August 2018, basierend auf einer Umfrage, Automarken mit Partei-

neigungen. Demnach gelten Mercedes-Fahrer als CDU-Wähler, während in der BMW-Kundschaft der Anteil der FDP-Anhänger fast dreimal so hoch sei wie in einem Auto mit dem Stern. Als „liberal bis in die Haarspitzen" werden allerdings die Porsche-Piloten wahrgenommen. Opel-Fahrer stehen für die „Große Koalition auf vier Rädern", linke Klassenkämpfer fahren Dacia und Anhänger der Grünen kaufen sich gar kein Auto, sondern holen sich bei Bedarf eines bei Carsharing-Anbietern oder nehmen den Flixbus.

Uneins ist die Runde über die Bedeutung des Schnellfahrens. Wagner und Wicke – G nennt sie im weiteren Verlauf des Gesprächs die „Highspeed-Fraktion" – finden, Tempo gehöre zum Auto wie der Stern zu Mercedes, und zwar nicht nur in einer juvenilen Phase. Bei G ist die Sache entwicklungsgeschichtlich anders gelaufen. Er bekennt, erst als reiferer Mensch Gefallen am Gasgeben gefunden zu haben. D entscheidet sich dafür, den anderen zu verschweigen, dass er als Abiturient mit einem VW-Bus einmal so forsch in eine Kurve hineinfuhr, dass er nur mit Mühe und auf zwei Rädern unfallfrei wieder herauskam. Vielleicht hat der Hamburger Verkehrspsychologe Jörg-Michael Sohn ja nicht ganz Unrecht, wenn er sagt, das menschliche Hirn sei „evolutionsbiologisch auf Fußgängertempo programmiert".

Allerdings hat Sohn möglicherweise ein Manko: Er berät Autofahrer, fährt aber selber keins. Ist das nicht wie ein Seelsorger ohne Seele oder ein Fitnesstrainer mit einer schlaffen Wampe? Wie auch immer: Der Verkehr ist aus psychologischer Sicht ein weites Feld. Sohn hatte mal einen Exhibitionisten in seiner Praxis, „der sich von seinem Wagen aus der Öffentlichkeit nackt gezeigt hat". Da bekommt das Wort Stoßstange plötzlich eine zusätzliche Dimension. Oder jener Klient, der zur MPU („Idiotentest") musste, weil er sich in Berlin sturzbetrunken auf den Kudamm gelegt hatte – Störung des öffentlichen Straßenverkehrs unter Alkoholeinfluss. Und was ist mit dem Temporausch? Sohn vertritt die These, das Gehäuse Auto trenne uns von der sinnlichen Erfahrung des Fahrens. Weil wir keinen Fahrtwind spüren und Geräusche nur gedämpft hören, hätten wir kein Gespür für die Gefahren der Geschwindigkeit. Er hatte, wie er dem Magazin der Süddeutschen Zeitung sagte, mal einen sadomasochistisch veranlagten Unternehmensberater auf der Couch. Den kriegte er herum, indem er ihm vor Augen führte: „Sie könnten mit Ihrem Bentley schnell fahren, aber wenn Sie es nicht tun, zwingen Sie die anderen, sich Ihnen anzupassen. Das gefiel ihm."

D zu Herrn Wicke: „Wann hast du angefangen, Rennen zu fahren?"

Herr Wicke: „Mit 25 Jahren, also eigentlich zu spät."

Herr Wagner: „Da lassen ja die Reflexe schon nach."

Herr Wicke: „Das ist leider so. Zum Ausgleich muss die Motorleistung stärker werden."

D: „Was war bisher dein größter Erfolg?"

Herr Wicke: „Ich habe bisher eine einzige Gesamtwertung gewonnen – bei der Hugenotten-Rallye mit einem Escort. Höhere Weihen sind mir versagt geblieben."

G: „Bist du ein guter Autofahrer?"

Herr Wicke: „Wie kann man das denn sein?"

G: „Manche sagen einfach ‚Ja'".

D: „Ich zum Beispiel."

Herr Wicke: „Man kann und sollte sich so verhalten, dass man nichts falsch macht."

G: „Muss man als Rennfahrer Angst haben oder angstfrei sein?"

Herr Wicke: „Man muss genug Angst haben, um den Respekt vor einem harten Hindernis, zum Beispiel einem Baum, zu wahren. Natürlich frage ich mich manchmal, ob das Rallyefahren in meinem Alter noch vernünftig ist, aber solange es mich noch mehr dazu hinzieht als ich mich davor fürchte, mache ich weiter. Wie siehst du das, Burkhard? Du warst ja einige Male mein Beifahrer."

Herr Wagner: „Stimmt, dabei habe ich mir prompt die Hand gebrochen, als du die Kurve nicht kriegtest."

Herr Wicke: „Der Bruch war so klein, dass der Arzt ihn gar nicht gefunden hat."

Ob Fahrer oder Beifahrer: Ein Führerschein allein reicht nicht, um in Deutschland an offiziellen Autorennen teilzunehmen. Dazu braucht es eine Lizenz. Die Regeln legt der Deutsche Motorsportbund (DMSB) fest. Bei ihm muss die Lizenz beantragt werden. Voraussetzung für eine DMSB-Lizenz ist grundsätzlich ein Gesundheits-Check durch einen in Deutschland approbierten Arzt, der untersucht, ob der Antragssteller zur Teilnahme am Automobilsport taugt. Zwischen 15.000 und 20.000 Fahrerlizenzen sind derzeit in Deutschland vergeben.

G will Herrn Wagner mit einem Umfrageergebnis aus der Reserve locken, wonach Mercedes-Fahrer als arrogante, wohlhabende, dicke Spießer gelten, Mini-Fahrerinnen hingegen als attraktiv, sportlich und fröhlich. Herr Wagner reagiert geistesgegenwärtig mit der Erwiderung, um diese Klischees zu bedienen, hätte es keine Umfrage gebraucht, was die Runde zu dem Thema Marken-Images führt. Auf G's Frage, welches Auto er nie kaufen würde, sagt Herr Wagner: „Fiat." – „Warum?" – „Viel zu unzuverlässig." Darauf Herr Wicke, der Lateiner: „Dabei heißt ‚fiat' doch ‚Es geschehe'!" G wiederum hält Audi-Fahrer für die größten Spießer unter dem Himmel, gleichauf mit Opel-Käufern. Herr Wicke äußert eine Abneigung gegenüber Porsche, die nichts mit dem Auto selbst zu tun hat, sondern mit der hohen Gewinnmarge des Herstellers, über die Herr Wicke in der Qualitätspresse las. „Ich bin nicht bereit, als Käufer solche Spannen zu finanzieren."

Unter Auto-Aficionados darf das Thema nicht ausgespart bleiben, wer in zehn oder zwanzig Jahren fährt: der Fahrer oder das Auto? Herr Wagner ist überzeugt, dass es beides geben wird. Er kann sich vorstellen, dass ihn ein autonom fahrendes Auto durch einen Stau auf der Autobahn navigiert, aber „auf der Landstraße möchte ich selber fahren, dazu macht es mir einfach zu viel Freude". Er sagt voraus, dass sich die Fahrzeugpalette noch weiter auffächert: Kleinwagen bleiben, schon wegen der Kosten, eine Domäne des manuellen Fahrens. In Mittelklasse- und erst recht in richtig teure Autos werden noch mehr Assistenzsysteme eingebaut, die der Fahrer nach eigenem Gusto nutzt oder nicht. Daneben wird sich eine Typklasse von Fahrzeugen entwickeln, die autonom fahren. Herr Wagner erwartet sie allerdings weniger im privaten als vielmehr im gewerblichen Transporteinsatz, etwa „Robotaxis" ganz ohne Lenkrad – und zwar schon „in zwei bis drei Jahren". Tatsächlich wollen Daimler und Bosch nach einem Bericht der Süddeutschen Zeitung im zweiten Halbjahr 2019 im Silicon Valley zeigen, was sie in dieser Hinsicht können. Unterdessen hat BMW ein ganzes Entwicklerteam auf ein scheinbares Detail angesetzt: Dass ein Polizist auf der Kreuzung steht, erkennt ein autonomes Auto einigermaßen zuverlässig. Dessen Gesten zu erkennen, ist schon schwieriger. Dabei denkt man, ein Roboter müsste doch den guten alten Fahrschulsatz „Siehst du des Polizisten Brust oder Rücken, musst du auf die Bremse drücken" ganz schnell gelernt haben.

Zurück aus Kalifornien in den Biergarten nach Frankfurt-Höchst: Für die anderen ist es ungeheuer beruhigend zu hören, dass Herr Wagner, der überzeugte Vertreter der Automarke der Besserverdienenden, kein neoliberaler Unmensch ist, sondern dass er sich auch um die sorgt, die nicht auf der Sonnenseite des Lebens stehen. Menschen im Rollstuhl zum Beispiel könnten sich ein autonomes Fahrzeug kommen lassen, desgleichen ältere Mitbürger, „die nicht mehr in der Lage sind, sich selbständig im Straßenverkehr zu bewegen" und Bewohner aus Gegenden, in denen, wenn es gut geht, zweimal am Tag ein Bus kommt.

Herr Wicke, der in der Wolle gefärbte Individualist, macht auf den Unterschied zwischen Können und Wollen aufmerksam. Auch Passagierflugzeuge könnten schon autonom fliegen, aber wer hinten sitzt, wolle, dass vorne einer lenkt. Er bezweifle, dass sich Leute von Autos herumfahren lassen wollen. Herr Wagner entgegnet, schon heute seien viele bereit, sich vielleicht nicht das Fahren, aber zum Beispiel das Einparken von Assistenzsystemen abnehmen zu lassen. D's verstockte Widerrede „Ich

will das nicht" erstickt Herr Wagner mit dem Hinweis, dass junge Leute – er dehnt das Wörtchen „j-u-n-g-e" – ‚technikaffiner' sind.
G, der Lebenserfahrene, beharrt darauf, das autonome Fahren gebe es längst, man nenne es „öffentlichen Nahverkehr". Er fragt, wann die Herren denn zum letzten Mal Bus oder Bahn gefahren seien. Herr Wicke: „Davor fürchte ich mich. Man liest so viel, was da passiert." Herr Wagner widerspricht: Zumindest in Frankfurt habe er noch nie eine unangenehme Situation erlebt, er fühle sich im öffentlichen Nahverkehr so sicher wie im eigenen Auto. G ist eigentlich gern unter Leuten, aber nicht in der Bahn, „die telefonieren immer".

„Kommen ein Mann und eine Frau ins Autohaus." Nein, G möchte keinen Witz erzählen, ihn interessiert, wer die Kaufentscheidung trifft und nach welchen Kriterien entschieden wird.
Herr Wagner: „Da gilt in den allermeisten Fällen das klassische Rollenbild. Bitte stellt mich jetzt nicht in die Ecke des unverbesserlichen Chauvinisten ..."
G unter sardonischem Grinsen der anderen: „Nein, nein, nein, das sind wir doch alle."

Herr Wicke: „Ich möchte festgehalten wissen, dass ich mehr über die Frage gelacht habe als über diese Aussage."

Herr Wagner: „Also: Der Mann definiert den Fahrzeugtyp und die Motorisierung, die Frau redet mit bei der Farbe und bei der Ausstattung."
D hat das Wort der Soziologin Christa Bös von der Freien Universität Berlin im Kopf, dass „Liebesbeziehungen zum Auto und zwischenmenschliche Liebesbeziehungen sich erstaunlich ähnlich sind". Deshalb will er wissen, ob Herr Wagner manchmal auch als Paartherapeut gefragt sei, wenn ein Paar sich vor ihm völlig zerstreite. Das habe er noch nie erlebt, sagt Herr Wagner. „Beim Autokauf sind Menschen grundsätzlich in einer positiven Stimmung. Man erfüllt sich einen Wunsch, Paare kommen mit den gleichen Vorstellungen ins Autohaus, allenfalls mit unterschiedlichen Schwerpunkten."

D: „Kommen Käufer heutzutage besser informiert zu Ihnen, weil sie zu Hause im Netz ihr Auto schon am Konfigurator zusammengebaut haben?"
Herr Wagner: „Eindeutig. Trotzdem lassen sich die meisten gerne noch beraten. Ein Kunde fragte einmal, warum er eigentlich ein SUV Coupé kaufen solle statt eines normalen. Das Coupé habe weniger Kofferraum, die Ladekante sei höher und überhaupt sei alles viel unbequemer. Da stellte ein Kollege von mir die unschlagbare Gegenfrage: ‚Warum tragen Frauen High Heels?'"

Darauf scheint Herr Wicke nur gewartet zu haben: „Ich wollte bei euch einen gebrauchten schwarzen Smart mit schwarzen Sitzen, aber den gibt es nur mit Glasdach."

Herr Wagner: „Dann nimm doch einen mit Glasdach."

Herr Wicke: „Ich will aber kein Glasdach. Ich fürchte mich, wenn ich im Licht sitze."

Herr Wagner: „Musst du ja nicht, das Auto hat eine Jalousie."

Herr Wicke: „Wozu braucht es dann ein Glasdach?"

Herr Wagner: „Weil alle Kunden ein Glasdach wollen."

Herr Wicke: „Ich nicht."

Herr Wagner: „Aber vier Räder?"

Herr Wicke: „Ja, aber ohne Glasdach. Wozu braucht die Menschheit ein Glasdach?"

So munter hochtourig und doch freundschaftlich geht das Gespräch noch eine Weile weiter, bis der aufgehende Juli-Mond zum Aufbruch mahnt. Im offenen 220 SE gleiten die vier in die Stadt zurück. Sie spüren den Fahrtwind auf der Haut, sie empfinden Freude am Fahren, und D richtet versöhnliche Worte an Herrn Wicke: „Schau, Rainer, so ein Cabrio ist doch wie ein Glasdach."

GESPRÄCHSPARTNER

Neun Jahre lang hat **Burkhard Wagner** für die Erfüllung seines Traums gekämpft, eine neue zentrale Mercedes-Niederlassung für Frankfurt und Offenbach am Kaiserlei, dem einstigen Brachland zwischen den beiden Städten. 2016 konnte er die Eröffnung feiern, mit 53.000 Quadratmetern die größte Daimler-Niederlassung in Deutschland. Seit über zehn Jahren ist der Mann aus der Eifel das Gesicht des Autokonzerns im Rhein-Main-Gebiet, sein Erkennungszeichen: ein eleganter Zwirbelbart, laut Süddeutscher Zeitung „das Markenzeichen eines Mannes, der es geschafft hat". Wagners zweiter Vorname könnte Auto heißen – wenn da nicht noch sein anderes Hobby wäre: Der Mann fährt Motorrad-Rennen. Da Mercedes keine Zweiräder produziert, muss sich der Daimlerianer bei der Konkurrenz bedienen, er soll aber die Marken-Signets schamhaft entfernt haben.

Rainer Wicke, gebürtiger Frankfurter, Rechtsanwalt und Notar, leitet seit 1991 die Sozietät Wicke Rechtsanwälte. Im Ehrenamt ist er unter anderem Vorsitzender am Berufungsgericht des Deutschen Motorsport-Bundes e. V., eine Funktion, in die er seine reiche Erfahrung als Rallyefahrer einbringt. Zudem steht er dem Automobilclub Taunus e. V. (ACT) vor, einem Kreis von Autointeressierten, die aber auch Kunst und Kultur zugetan sind. Für den ACT richtet Wicke regelmäßig Abende mit klassischer Musik aus, und auf den jährlichen Auslandsreisen des Vereins führt er die Teilnehmer an einem Abend in das exquisiteste Restaurant am Platze aus, am nächsten in eine einfache, ortsübliche Kneipe – so wie das „Baseler Eck" in Frankfurt, in das der gastfreundliche Wicke gerne einlädt.

Es lebe die Blutwurst. Und die Kunst!

Unter Laien gilt moderne Kunst allgemein als schwer verdaulich. Das muss nicht sein! Unser Rezept: Ein Gespräch mit dem verständnisvollen Lehrmeister und Künstler Franz Erhard Walther, dazu eine mächtige Schlachtplatte – und plötzlich wird einem vieles klar.

Der größte Feind der Kunst ist der gute Geschmack.
Marcel Duchamp

Wenn solch ein Fleischchen weiß und mild
Im Kraute liegt, das ist ein Bild
Wie Venus in den Rosen

Aus dem Metzelsuppenlied von Ludwig Uhland

Herr Enders, Gastwirt vom Schwarzen Ross im osthessischen Lütter, ist sofort im Bilde. „Herr Walther", sagt er, „sitzt bei uns immer im Fürstenzimmer". Da hocken wir jetzt, eine gute Wahl – denn vorne in der Gaststube geht es recht lebendig zu, zu Braten und Schnitzel aus der eigenen Fleischerei werden die aktuellen Radio-Hits am Fließband geliefert. Hier hinten schaut man auf das Fragment einer mit Schnitzwerk versehenen Eichentür, die die jahrhundertelange Geschichte des Landgasthofs überlebt hat. Und zur Rechten stützt ein Balken die Decke, der hier schon während des Dreißigjährigen Krieges seinen Dienst versah.

„Herr Walther", Jahrgang 1939, heißt mit Vornamen Franz Erhard, ist einer der einflussreichsten Künstler der Jetztzeit und versteht etwas vom Essen. Die drei Männer bestellen Bier, G erläutert schon mal den Zweck der Zusammenkunft: „In unserem Buch beschäftigen wir uns einerseits mit Lebensartthemen, andererseits aber auch mit Lebenseinstellungen. Der um sich greifenden Regulierungswut für alles und jedes – iss das nicht, trink jenes nicht, lass das sein, mach das – wollen wir eine positive, tolerante, entspannte Haltung entgegensetzen. Das führt mitunter dazu, dass wir den Verbotsaposteln und Unentspannten (zum Beispiel manchen Veganern) gern mal einen mitgeben."
Herr Walther: „Da bin ich dabei."

D: „Sie haben mal Zigarren geraucht?"
Herr Walther: „Zigaretten nie, aber als es opportun war – in den fünfziger Jahren, als Student – da habe ich Pfeife geraucht. Zigarre war nur was für die Alten. Das änderte sich mit den Jahren."

Herr Enders tritt an den Tisch und serviert Würzburger Bier. „Dreimal die Schlachtplatte?", fragt er. G bremst erstmal ab: „Wollten wir uns nicht als Vorspeise ein Mettbrötchen gönnen ...?"

Herr Walther: „Was Zigarren betrifft, war ich in meiner Hamburger Zeit bestens versorgt. Da gab es einen linkspolitischen Kollegen, der schwärmte vom Kommunismus – aber nicht von dem, den es bei uns da drüben gab, sondern von Kuba. Der brachte immer Zigarren mit, vom Allerfeinsten. Genuss und Kommunismus, das müssen nicht unbedingt Gegensätze sein."

G: „Während meines Studiums in Marburg bin ich dem marxistischen Soziologen Heinz Maus nähergekommen. Der Mann wurde in Frankreich als Sozialphilosoph verehrt, an der Marburger Uni allerdings machten die Beton-Linken Jagd auf ihn. Maus war ein leidenschaftlicher Koch, davon zeugte auch das von Soßen und Suppen getränkte Tischtuch in seinem Esszimmer. Er hat mir folgenden Leitspruch nahegebracht: ‚Ein Kommunismus, der es nicht ermöglicht, dass wir drei oder vier Stunden darüber debattieren, welche Sauce zu welchem Fleisch gehört, ist für mich vollkommen untragbar.'"

Herr Walther: „Sehr gute Einstellung."

D: „Kommunismus mit menschlichem Antlitz."

Herr Walther: „Als ich zum ersten Mal nach Hamburg kam, im Herbst 1970, war meine Familie noch in New York und ich erzählte den Kollegen, dass ich mich darauf freue, mit Frau und den beiden Söhnen Weihnachten zu feiern. Diese Typen dort kriegten so spitze Ohren. ‚Wieso feiern?', haben sie gefragt. ‚Ja', habe ich gesagt, ‚wir haben einen Weihnachtsbaum, ich mache ein Lebkuchen-Hexenhaus.' Die haben mich angeguckt, als hätten sie den Leibhaftigen vor sich sitzen. Ich wurde beschimpft, dass ich so einen ‚bürgerlichen Scheiß' zelebriere, ich hätte nicht das richtige Bewusstsein. Die wurden richtig bösartig."

G: „Dieses militante Spießertum ist ja bei den Linken stärker verbreitet als bei den Konservativen. Heute gibt es diese Militanz auch bei den ernährungsmäßig Fixierten."

D: „Die Gesundheitsapostel nicht zu vergessen, die Verzichtsprediger …"

G: „Schlimm sind nicht jene, die Verzicht üben wollen – das kann ja jeder halten, wie er will. Übel sind die, die sagen: ‚Du sollst auch verzichten!' Die Kirchen, die den Gläubigen auch manchen Verzicht abverlangen, haben ja durch eigenes Verschulden ihre Durchsetzungskraft verloren."

D: „Wobei die Katholiken ja stärker dem Leben zugewandt sind als die Protestanten."

Herr Walther: „Oh ja, so ist das. Hier haben wir ja beides. Das katholische Fulda ist wie eine Diaspora, aber hier herrschte auch der Protestantismus. Als das Fürstentum Fulda vor über 200 Jahren von den Kasseler Hessen okkupiert wurde, haben die dem Volk ihren Calvinismus aufgezwungen. Die meisten Kirchen wurden damals geschlossen, die Altäre rausgerissen. Die Calvinisten hatten auch ihre rigiden Vorschriften für Essen und Trinken. Das war unerträglich, das hat die Menschen hier einfach abgestoßen. Sämtliche Landbarone und Freiherren der Umgebung traten zum Protestantismus über, und die Untertanen mussten mit. Wenn Sie von Fulda aus Richtung Norden gehen – zum Beispiel nach Bad Hersfeld – da finden Sie die Folgen noch heute. Im protestantischen Reich wird das Leben kärger. Ich war ja 36 Jahre in Hamburg. Ich sage Ihnen …"

D: „So katholisch sind Sie aber nun auch wieder nicht. Als junger Kerl haben Sie doch zwei Heiligenfiguren aus einer Kapelle gezerrt und geköpft."

Herr Walther: „Woher wissen Sie das denn?"

D: „Man liest so allerlei!"

Herr Walther: „Ohweiowei."

G: „Das war ein harter Schlag für Ihre Familie, nicht wahr?"

Herr Walther: „Das Schlimme war auch: Es handelte sich um eine neogotische Kapelle, die von meinem Urgroßvater – der war Baumeister – errichtet worden war. Auch das noch!"

G: „Sie wollten damals den Allerhöchsten herausfordern."

Herr Walther: „Das war die Situation. Ich war extrem gläubig erzogen, und irgendwann wollte ich den Glauben auf die Probe stellen. Als der Allerhöchste sich nicht gezeigt hatte, wurde ich immer mutiger."

D: „Man kann ja gläubig sein, ohne einer Kirche anzugehören." Herr Walther: „Ich bin, nach langer Prüfung, Agnostiker."

Unbemerkt ist der Gastwirt abermals da und platziert vier halbe Mett-Brötchen, zwei für D. Der beißt sofort zu. „Schmeckt", sagt er, kann sich aber auch sofort wieder ins Thema verbeißen: „Welche Rolle hat der Glaube in Ihrem Elternhaus gespielt?" – „Eine sehr große Rolle, meine Großeltern waren nicht nur strenggläubige Christen, sie waren vor allem kirchengläubig. Sie sind wortwörtlich allem gefolgt, was ihnen gesagt wurde. Bei meinen Eltern war das bereits etwas abgeschwächt, aber doch immer noch sehr stark. Als ich geheiratet habe, sagte meine Mutter: ‚Aber kirchlich.' Ich habe gesagt, dass das für mich nicht infrage kommt. Darauf sagte sie: ‚Aber du bist doch unser Fleisch und Blut!' und hat die Hände gefaltet."

G wechselt sprunghaft das Thema. „Vor einigen Jahren haben Sie mit Ihrer ersten Ehefrau gemeinsam ein Interview gegeben. Darin schwingt ständig die Verwunderung des Interviewers mit, dass Ihre Ex-Frau auch nach der Scheidung immer weiter für Sie gearbeitet hat."

Herr Walther: „Meine frühere Frau ist von der Schule abgegangen, als sie 17 war, mit dem Einjährigen. Sie wollte mit Textilien arbeiten, hat zunächst in einer Textilfabrik in Fulda geschafft und danach in Hohenheim studiert, sie wollte Textil-Ingenieurin werden. Sie hat mit Summa cum laude abgeschlossen, da wurde in Hohenheim eine Glocke für sie geläutet. Und die männlichen Absolventen, alle älter, haben eine Schnute gezogen. Ihr standen alle Türen offen, viele Firmen rissen sich um sie. Aber sie hat entschieden: Nein, ich will für ‚den Walther' – so nannte sie mich damals schon immer – die Arbeiten machen. Als wir in Düsseldorf gewohnt haben, hat sie tagsüber für dortige Modehäuser gearbeitet und abends für die Kunst genäht; wenn sie weg war, war ich Hausmann und habe die Kinder versorgt. Wir haben viel zu früh geheiratet, wir waren beide unerfahren. Als wir uns trennten, hat sie entschieden, dass sie weiter für meine Kunst da sein wollte. Die Leute um uns herum haben sich darüber gewundert – aber für uns beide war das immer vollkommen klar. Sie hatte niemals Ambitionen, selbst in Erscheinung zu treten, sie ist auch nie zu Ausstellungseröffnungen gekommen. Aber sie hat immer gewusst, welche Bedeutung ihre Arbeit für die Kunst hatte. Mit meiner jetzigen Ehefrau, mit der ich seit 25 Jahren zusammen bin, versteht sie sich gut – manchmal denke ich: fast zu gut. Ich bin dankbar, dass alles so geworden ist. Ein biographischer Glücksfall."

Walthers Werk „verdankt sich entscheidend seinen Frauen", stellt Kolja Reichert, Redakteur im F.A.Z.-Feuilleton, fest. Während Walthers jetzige Frau Susanne als eine Art Managerin fungiert und die Geschäfte leitet, vernäht die Ex-Frau Johanna jetzt schon seit über 50 Jahren seine Planzeichnungen zu Stoff-Werken.

G: „Wie kommt das eigentlich, dass Sie so viel Nähe wie zu Ihrer Ex-Frau überhaupt erzeugen können? Von außen betrachtet sind Sie ja ein eigenbrötlerischer, auf seine Kunst fixierter, einzelgängerischer – manche sagen auch: störrischer und starrsinniger – Mann."

Herr Walther: „Das hat ihr immer imponiert – dass ich keine Moden mitgemacht habe, dass ich während all dieser Jahrzehnte keinen Trends gefolgt bin. Ich hatte immer einen Glauben an meine Arbeit, und diesen Glauben hat Johanna geteilt. Sie hat gewusst, dass ich meinem Weg folgen würde, egal, ob sich ein Erfolg einstellen würde – gesellschaftlich, finanziell, rezeptionsmäßig. Kompromisse hätte sie mir nie verziehen. Natürlich habe ich mein in der Kunstgeschichte beispielloses Konzept – dass Handlungen Werkcharakter haben können – immer wieder überprüft. Es ist ja schwachsinnig, sich ins Atelier zu setzen und zu denken: Ich bin der Größte. Es gab natürlich Künstler, bei denen es so war, die fliegen irgendwann auf die Schnauze. Alle

Prüfungen und notwendigen Zweifel habe ich mit mir selbst ausgetragen. Wenn ich zu der Erkenntnis gekommen wäre, dass ich mit meiner Grundidee an ein Ende geraten wäre, dann hätte ich Schluss machen müssen. Dann hätte ich gesagt: Das war's. Man muss einen starken Glauben haben, aber das funktioniert natürlich nicht ohne die Kenntnisse über den Kontext der eigenen Arbeit innerhalb der Kunst."

In der Süddeutschen Zeitung nannte die Autorin Mareike Nieberding Walther den „wichtigsten deutschen Künstler, den fast niemand kennt". In der F.A.Z. verfasste Kolja Reichert ein „Porträt eines langsam aus der Nachkriegskunst tretenden Riesen". Im Monopol-Magazin verwies Frank Steinhofer darauf, Walther habe „ganze Generationen von Künstlern wie etwa Martin Kippenberger, Tino Sehgal, Jonathan Meese und Rebecca Horn" beeinflusst. All diese positiv aufgeladenen, ja: bewundernden Ansprachen ändern nichts daran, dass die meisten Menschen, die sich gern mal ein Bild ins Wohnzimmer hängen, mit seiner Art von Kunst fremdeln. Er sei ein „Künstlerkünstler", sagt Walther; einer, der bei anderen Künstlern, Galeristen und in Museen als Bahnbrecher, als Wegbereiter, als Pionier angesehen und bewundert wird. Kolja Reichert schreibt: „Manchmal braucht es eben den historischen Abstand, um die Tragweite eines künstlerischen Entwurfs zu erkennen. Walther, der jahrzehntelang mit aufwendigen Diagrammen, Zeichnungen und Vorträgen sein Werk gegen Missverständnisse verteidigte, genießt seit etwa fünfzehn Jahren das Glück, der Ernte beizuwohnen. Junge Kuratoren stehen bei dem Pionier der partizipativen Kunst Schlange, und bei Vorträgen passen die herbeiströmenden Kunststudenten kaum in die Säle."

Irgendwann im September 2014, an einem sonnigen Tag, steht Franz Erhard Walther gelassen und aufrecht auf einer rostigen Stahlplatte im Garten des Frankfurter Städel-Museums. Er demonstriert die Nutzung seines Kunstkonzepts. Seine stählernen „Schreitsockel" und „Standstellen" werden erst zur Skulptur, wenn Menschen sich draufstellen oder auf ihnen entlangschreiten. Die Kunsthistorikerin Sandra Danicke beschrieb damals in der Frankfurter Rundschau: „Skulpturen bestehen bei Walther aus Handlung und Teilnahme." Wenn Menschen ihre Zuschauerrolle ablegen und seine „Schreitsockel" entlangschreiten oder sich auf seinen „Standstellen" platzieren, dann kommt erst Leben in die Kunst. Die Stahlplatten an sich machen nicht viel her, hat die Kunsthistorikerin bemerkt, „die Skulptur ist man selbst, sofern man sich draufstellt". Der Selbstversuch hat bei Frau Danicke eine Art Gefühlsschub ausgelöst, „man kann dies tatsächlich als sehr befreiend erleben".

G: „Sie sagen, alle Überprüfungen ihres Konzepts haben Sie mit sich selbst ausgetragen. Aber brauchen Sie nicht auch Sparringspartner? Brauchen Sie nicht auch Menschen, die Ihnen sagen: ‚Mann, da irrst du, das ist Quatsch'?"

Herr Walther: „Aber ja. Sie dürfen allerdings nicht auf das Publikum hören – da war die Ablehnung von Anfang an groß. Das Publikum zählt nicht. Aber ich brauche die Auseinandersetzung mit Kollegen, denen ich ein Urteil zutraue. In Düsseldorf hatte ich zum Beispiel Leute um mich wie Richter, Polke, Beuys, Immendorf, Ruthenbeck, die hatten alle ein negatives Urteil über meine Arbeit. Das spielte aber keine Rolle für mich, ihr Urteil war qualifiziert. Ich bin 1967 nach New York gegangen, weil ich weder in Deutschland noch irgendwo in Europa eine Chance gehabt hätte. In Amerika bekam ich sehr schnell Kontakt zur künstlerischen Avantgarde. Meine Kunstauffassung hat sich immer ausgeformt im Dialog mit den Künstlern, deren Urteil ich schätzte."

G: „Einige von denen, die Sie gerade aufgezählt haben, Polke, Beuys vor allem, standen Ihren Überlegungen sehr kritisch gegenüber."

Herr Walther: „Beuys hat mein Konzept überhaupt nicht verstanden."

G: „Sie haben sich in der Auseinandersetzung nichts geschenkt damals, in den Sechzigern."

Herr Walther: „Das war manchmal sehr hart, sehr gemein. Aber da ist nichts übriggeblieben. Als meine Kunst sich durchzusetzen begann, haben sie alle Abbitte geleistet. Nicht besonders laut, aber immerhin. Als ich dann in New York war, da ging es auch häufig sehr hart zu. Aber gleichzeitig habe ich dort eine Toleranz erlebt, die es in Deutschland nicht gab. Die Auseinandersetzungen, die wir Künstler miteinander hatten, waren letztlich immer produktiv. In Düsseldorf dagegen habe ich häufig Missgunst und Neid erlebt. Davon waren nur frei der Immendorf und der Ruthenbeck."

Der Missgünstigste war wohl Joseph Beuys, der sein Publikum mit Filz- und Fett-Arbeiten sowie extravaganten Auftritten unterhalten hatte. Walther machte, als er nach Düsseldorf kam, der Heimat-Bastion des Joseph Beuys, kein Hehl aus seiner Abneigung; er fand ihn „auch künstlerisch ziemlich old fashioned, diese Bedeutungshuberei, das war muffig", sagte er in der Süddeutschen. Beuys brandmarkte im Gegenzug Walthers Arbeiten als „belegte Brote" und „Beamtenkunst", und er nutzte seinen beträchtlichen Einfluss, um geplante Ausstellungen Walthers platzen zu lassen. In der Akademie machten sich die lieben Mit-Studenten lustig über den Eigensinnigen aus Fulda und benutzten seine Stoff-Arbeiten zum Ballspiel, was Walther verletzend fand.

G: „Und dann gab's da diese Einladung ins New Yorker Museum of Modern Art..."

Herr Walther: „Ich sage Ihnen, als das passiert ist!"

D: „Da haben die Kollegen Gift und Galle gespuckt?"

Herr Walther: „Für die war es ja ausgemacht, dass mein Weg ein Irrweg war. Und dann lädt das MoMa diesen Verirrten ein zu einer Ausstellung. Auch der Mann mit dem Hut war fassungslos."

Die Kollegen, denen das bedeutendste Museum auf Erden noch verwehrt war, „behandelten mich danach, als wäre ich ein Gauner oder Betrüger", hat Walther der Süddeutschen Zeitung erzählt.

Ein sogenannter Kunstsachverständiger der „Welt" kommentierte damals schmallippig: „Wo die Kunst heute hingekommen ist, kann man daran zeigen, dass dem Künstler Franz Erhard Walther im berühmten MoMa ein Sackhüpfen erlaubt wird." „Das hat mich sehr amüsiert", erzählt Walther. Er hatte es geschafft. Mit 30 eine Ausstellung im MoMa, damit hatte er sämtliche Künstler-Kollegen in Deutschland überflügelt. Viermal wurde Walther zudem eingeladen, seine Arbeiten auf der documenta in Kassel zu zeigen.

D: „Muss man nicht dennoch irgendwann dafür sorgen, dass auch das allgemeine Publikum einem gewogen ist? Kann man seine Konzepte überhaupt ohne größeren Zuspruch durchsetzen?"

Herr Walther: „Ich bin überzeugt: Man muss. Wer auf das Publikum geschielt hat, hat noch nie etwas Großes erreicht. Ich spreche von der Moderne, beginnend mit der Romantik, beginnend mit dem individuellen Kunstbegriff. Das beste Beispiel sind die sogenannten Salonmaler. Das waren die Allergrößten, die Helden ihrer Zeit, sie waren die Stars, die Publikumslieblinge, sie haben Unsummen verdient. Und dann gab es die ‚Schmierer', die Impressionisten, Cézanne, den verrückten van Gogh – der war nie verrückt! – sie waren damals chancenlos."

D: „Picasso hat sich aber eingelassen auf das Publikum ..."

Herr Walther: „Picasso war ein Ausreißer. Er hatte dieses Vermögen, sehr realistisch zeichnen zu können. Das besagt noch nichts, das können viele. Er hat aber dieses Vermögen in die Entwicklung der Moderne eingebracht, hat sich nicht wirklich angepasst, und hat später auf das richtige Vorbild reagiert, auf Cézanne. Das hat er grandios gemacht. Er gehörte zur Avantgarde dazu. Aber dann kam der Erste Weltkrieg, der zerriss alles. Braque musste zum Militär, Apollinaire auch, die künstlerische Gemeinschaft zerbrach. In dieser Zeit wurde Picasso wieder vermeintlich konservativ-realistisch, eine Art Neo-Klassizismus. Da haben alle von Rückwärtsgewandtheit gesprochen, von Verrat an der Moderne. Aus der Zeit heraus kann man das verstehen. Picasso mischte surrealistische, kubistische Formen in seine Bilder, er hat die ganze Welt erstaunt. Er wurde zum Synonym für die Moderne. Aber er war ambivalent. Populär geworden ist er mit seiner Malerei der fünfziger Jahre; das war für mich Kitsch. Das ist künstlerisch belanglos – aber das vorherige Werk ist derart gigantisch, dass dieses Belanglose davon absorbiert wird. Picassos ständige Verwandlungen waren wie eine Achterbahn!"

G: „Sie sind ein Nachtarbeiter. Sie brauchen die Stille, müssen mit sich selbst alleine sein. Wie geht das zusammen mit dem Hochschullehrer Walther?"

Herr Walther: „Das geht schon. In New York hatte ich ein Loft, und im Basement gab es eine Arbeitsstube wie in einem mittelalterlichen Kloster. Das hatte mit dem Rhythmus der Stadt überhaupt nichts zu tun. Ohne diese Abschottung, diese Stille, dieses Bei-mir-Sein, hätte ich meine Werkzeichnungen gar nicht schaffen können. In der Hochschule bin ich mit dem Anspruch ans Werk gegangen, dass Lehre heute ganz anders sein müsse, als ich selbst sie erlebt hatte. Ich habe meine persönliche Reflektion und die Reflektion der Kunstgeschichte dort eingebracht, und ich habe mir die Zeit genommen, auf die Studenten einzugehen. Das war manchmal seltsam, weil einige Studenten älter waren als ich. Zudem hatte ich damals meinen ersten Werksatz fertiggestellt, es war ein Moment der Pause, der Orientierung. Wenn ich damals mitten in einer Arbeitsphase gewesen wäre, hätte ich die Hochschule nicht machen können."

An den 58 Objekten des „1. Werksatzes" hat Walther sechs Jahre lang, von 1963 bis 1969, gearbeitet. Das Werk, das aus Baumwolle, Schaumstoff, Holz, Leinen, Leder, Nessel und anderen Materialien gefertigt ist, transportiert in großem Stil das Vorhaben des Künstlers, die Menschen sollten seine Kunst nicht nur betrachten, sondern Teil von ihr werden – indem sie die Objekte benutzen, sich zum Beispiel hineinlegen, sie sich über den Kopf stülpen oder sie auseinanderfalten; was immer ihnen einfällt. „In der Handlung liegt die Kunst", hat die F.A.Z. anlässlich einer

Werkschau einmal notiert. Der „1. Werksatz“ ist seit 1981 im Besitz des Museums für Moderne Kunst in Frankfurt.

D: „Bevor Sie an der Städelschule in Frankfurt exmatrikuliert wurden, wurde Ihnen ja schon an der Hochschule für Gestaltung in Offenbach bedeutet, dass Sie dort fehl am Platze seien. Was löst das in einem jungen Mann aus? Haben Sie an sich gezweifelt?“

Herr Walther: „Nein, ich war überzeugt von meinem Weg. Ich habe ja ein Schreiben erhalten, warum ich zwangsexmatrikuliert wurde. Das war ein unfreiwilliges Lob durch die Städelschule. Darin stand zum Beispiel: ‚Er macht Bilder ohne jede Form.‘ Da habe ich gedacht: Ich bin begeistert. Das war es doch, was ich wollte! In dem Entlassungspapier stand auch, meine Bilder seien nur eine Art Farbgerinnsel. Ja, ich war eben auf der Höhe der Zeit, ich gehörte zur Avantgarde – die nicht. In dem Schreiben stand außerdem, man hätte mir ‚immer gute Worte gegeben‘, ich hätte aber gar nicht darauf geachtet, mit anderen Worten: den Lehrer ignoriert. Was ich mache, sei einer Kunstschule nicht gemäß.“

G: „Das Eigensinnige hatten Sie ja nicht erst als Künstler. In Ihrem Dorf haben Sie als kleiner Junge am liebsten mit Mädchen gespielt ...“

Herr Walther: „Weil mir die Jungs einfach zu grob waren. Und die haben mich das natürlich im Gegenzug spüren lassen. ‚Der spielt mit Mädchen!‘ Ich war der letzte Arsch, ein Outlaw.“

G: „Insofern hatten Sie ja Übung mit Ablehnung.“

Herr Walther: „Das kann man wohl sagen. Das habe ich permanent erlebt. Die Grundtendenz war: vollständige Ablehnung.“

G: „Wann kam eigentlich der Bruch mit den Konventionen? Sie haben ja bereits als Kind gern gezeichnet, sie haben ihren Weg gesucht – und irgendwann muss es doch passiert sein, dass Sie beschlossen haben: Ich will nicht so zeichnen wie die anderen.“

Herr Walther. „Das war eine vergleichsweise frühe Erkenntnis. Ich habe mit Begeisterung Malerei gemacht – das galt ja früher immer als Königsdisziplin – und kam zu der Erkenntnis, dass die Kunst der Zukunft einen anderen Zugang brauche, dass Handlungen dazu kommen müssten, dass Handlungen selbst Werkcharakter haben könnten. Damals habe ich mit Trauer zur Kenntnis nehmen müssen, dass diese Vorstellung mit der Malerei nicht zu realisieren sei. Ich wusste aber noch nicht, wie man das machen könne."

G: „Wie alt waren Sie damals?"

Herr Walther: „22, 23 ..."

D: „Hätten Sie denn einen Plan B gehabt?"

Herr Walther: „Nein, ich hatte nur Plan A. Ich hatte ja keinen Beruf. Vielleicht hätte ich Plakatmaler werden können – ich habe ja die Plakatkunst immer geliebt – aber ich wäre damit todunglücklich geworden."

Inzwischen stehen die Schlachtplatten auf dem Tisch, Brat- und Blutwürste, butterweich gekochtes Kopffleisch, Sauerkraut, Kartoffelbrei. „Das ist auch eine Königsdisziplin", sagt G, der jederzeit ins Profane wechseln kann. Vom großen Schankraum nebenan weht Musik herüber, die Bestecke kratzen am Tellergrund. G hadert mit der Senftüte, da findet er die Sollrissstelle nicht. Dienstags wird in der Fleischerei des Schwarzen Rosses geschlachtet, mittwochs kommt das frische Schweinerne auf den Tisch. Die archaisch anmutende Form des gemeinsamen Fleischverzehrs wurde schon von Steinzeit-Menschen goutiert. Mancherorts wurde das Schlachttier gesegnet – damit bat die Essgemeinde die Tiergeister um Verzeihung, dass das Schwein sein Leben lassen musste für die menschliche Ernährung. Haus- und Dorfschlachtungen gibt es vor allem noch im Süden der Republik. Den Österreichern ist es gelungen, dem Schlachtfest den freundlichsten Titel zu verleihen: Sautanz.

D: „Ich verstehe gar nicht, wieso uns so etwas Köstliches madig gemacht werden soll."

Herr Walther gluckst: „Ja, das ist unverständlich."

G: „Ich habe mit großem Amüsement gelesen, dass die Kollegin von der Süddeutschen, der Sie unlängst ein großes Interview gaben, in einer Schlussnotiz vermerkt hat, dass sie abends von dem Künstler noch zum Essen eingeladen wurde. Als Vorspeise gab es eine Bratwurst und dann gebackene Blutwurst. Wie hat die Kollegin das verkraftet?"

Herr Walther: „Das sind halt lokale Gerichte, für sie war das wohl sehr ungewöhnlich. Die Bratwürste in dieser Region sind ja sehr speziell."

G: „Sie erzählen ja allenthalben, dass Sie nicht wegen ihrer Heimatliebe nach Fulda zurückgekehrt seien. Ihre Heimat sei die Kunst."

Herr Walther: „So ist es."

G: „Aber solch ein Schlachteessen sucht man in Hamburg vergebens. In New York auch."

Herr Walther: „Ich sage Ihnen, wann immer ich in diese Region kam, habe ich das so eingerichtet, dass ich hier in diesem Gasthaus sitzen konnte. In Hamburg gab es so etwas nicht."

D: „Die haben nur ihren Labskaus. Der Begriff Heimat war ja lange Zeit äußerst verpönt, er stand unter Ideologieverdacht – aber heute hat man den Eindruck, dass der Begriff eine Renaissance erlebt, zwar manchmal verkitscht und banalisiert und ideologisiert: Aber es gibt sie wieder, die Heimat. Wenn Sie an diese Region denken, in der Sie aufgewachsen sind – haben Sie da manchmal heimelige Gefühle?"

Herr Walther: „Ich war zu lange weg. Wir wohnen ja jetzt schon wieder zehn Jahre hier, aber ich fühle mich immer noch ein wenig wie ein Tourist. Ich war in Offenbach, Frankfurt, Düsseldorf, vier Jahre New York, 34 Jahre Hamburg. Für mich war wichtig, dass ich dieses Areal gefunden habe, ideal zum Leben, ideal fürs Arbeiten."

„Die Zufahrt ist direkt hinter der Pestsäule", so hatte Walther die Anfahrt zu seinem Haus am Fuße des Fuldaer Frauenbergs beschrieben. Die steil aufragende Steinsäule, mit einer goldglänzenden Marienfigur obendrauf, war 1652 hier aufgestellt worden; angeblich starb just hier, ausgerechnet während einer Prozession, der letzte Mensch, der als Pesttoter registriert wurde. Der Frauenberg heißt so, weil hier früher die Frauen, die eigentlich ans Grab des Heiligen Bonifatius wallfahren wollten, ihre Knie zum Gebet beugen durften. Der direkte Zugang zum Grab war nur Männern erlaubt – jedenfalls bis 1396, als Papst Bonifatius IX. die Geschlechtertrennung aufhob, zumindest in dieser Frage.

Franz Erhard Walther residiert hinter Sandsteinmauern, zum Gelände gehört auch der einzige Weinberg der Bischofsstadt – selbst patriotische Ultras können dem aus diesen Reben gekelterten säuerlichen Wein freilich keine Hochklassigkeit bescheinigen. Walther steht in seinem turnhallengroßen Atelier. Hier drinnen erreicht ihn kaum etwas von da draußen, die Stadtgeräusche sind weit weg, selbst das unvermeidliche Glockenbimmeln vom Dom und von den übrigen Kirchen versickert irgendwie in den dicken Mauern.

Ein Künstler-Atelier hat der geneigte Laie sich anders vorgestellt, eleganter, lässiger. Unvermeidlich drängt sich ein Spruch des genialen Karl Valentin in die Erinnerung: „Kunst ist schön, macht aber viel Arbeit." Hier riecht alles nach Arbeit. Die wandhohen, mit Büchern vollgepfropften Regale. Die vielen Arbeitsplatten. Die Karton-Batterie von OBI. Die Skizzen an den Wänden, die Papierrollen. In einer Ecke wartet ein Bett auf den Künstler, es muss lange warten. Franz Erhard Walther ist ein Spätarbeiter, „nachts bin ich am produktivsten", sagt er. Wenn selbst die Kirchenglocken Ruhe geben und die Dunkelheit draußen sowieso alles einschlafen lässt, dann wird Walther erst richtig wach. Er kramt und blättert herum, denkt, skizziert, schreibt für Vorträge, Artikel und Bücher, plant Ausstellungen und Kataloge, malt, zeichnet exakt bemessene „Schnittmuster" für seine Kunstobjekte, liest, ein ständiger Fluss von Nachtarbeit, „besonders familientauglich ist das nicht", hat er mal irgendwo gesagt. Manchmal begleitet ihn dann auch eine Melancholie, die hingenommen werden muss. Einsame Arbeiter toben selten vor Glücksgefühl. Wenn auch er mal

»Kunst ist schön, macht aber viel Arbeit.«

müde wird, schläft er in seinem Atelier. Franz Erhard Walther ist ein Mönch, seine Religion ist die Kunst.

G: „In Fulda begegnet einem häufiger mal der Stolz auf den berühmten Bürger. ‚Der Walther ist zurückgekommen', hört man. In irgendeiner Galerie hängt eine Zeichnung, ‚Original Walther', muss eine sehr frühe Skizze sein, ein Fachwerkhaus..." Herr Walther lässt wieder sein glucksendes Lachen hören. „Es gibt ja Bemühungen, in Fulda ein Walther-Museum aufzubauen. Ein Jugendfreund hat sehr viele frühe Arbeiten, das soll der Grundstock sein..." – „Und?", fragt G, „wird's das auch geben?" Herr Walther nickt.

G: „Lassen Sie uns doch noch einmal über Heimat sprechen. Vielleicht steckt ja irgendetwas in einem, das man gar nicht realisiert. Nicht nur die unverkennbare genetische Wurst-Prägung. Es gibt eine Szene, da schaut Ihre Mutter auf Arbeiten von Ihnen. ‚Das sind alles Formen aus der Bäckerei', soll sie gesagt haben. Ihr Vater war ja Bäcker."

Herr Walther: „Ja, das stimmt. Ich war perplex. Das waren Seherfahrungen, die mir nicht bewusst waren, die ich mir aber aufgehoben habe."

G: „Was mag da in Ihrer Mutter gesteckt haben, dass sie in den rätselhaften Werken ihres Sohnes so etwas entdeckt!"

Herr Walther: „Verrückt, nicht? Meine Mutter hatte ja gar keinen Zugang zu meiner Kunst. Als darüber mal etwas im Fernsehen berichtet wurde, haben Nachbarn und Bekannte sie gefragt: Können Sie mal erklären, was der Franz Erhard da eigentlich macht? Da hat sie geantwortet: ‚Als Kind konnte er gut zeichnen.'" Die Männer lachen gutmütig, G setzt noch einen drauf: „Hat er leider alles vergessen!"

G: „Es gibt ja viele Menschen, die Ihre Arbeiten befremdlich finden. Geht das den sogenannten Fachleuten, den Kunstkritikern, eigentlich auch so?"

Herr Walther: „Von denen haben einige bis heute nicht verstanden, worum es mir geht. Das betrifft aber vor allem ältere Feuilleton-Journalisten, bei den Jüngeren ist das vollständig anders."

G: „Das schmeckt übrigens saugut!" Allgemeine Zustimmung, „wo bekommen Sie sowas sonst?", fragt Herr Walther und schwärmt von der Saftigkeit und dem Wohlgeschmack des Kopffleisches. Dann ereifern sich Herr Walther und D über das Verschwinden von Delikatessen, die in deutschen Restaurants schon lange keine Verkaufsschlager mehr sind: Kutteln, Hirn, Bries, Pferdefleisch. „Wenn ich in Hamburg nach sowas mal beim Metzger gefragt habe, dann haben die sich schon geschüttelt", berichtet Herr Walther. D enthüllt mal wieder Familiengeheimnisse: Wie sein Vater und ein Onkel Ende der fünfziger Jahre, die Erinnerung an die Zeit der Entbehrungen war noch frisch, bei Schlachtfesten Wettessen veranstalteten, mit Schnitzeln und Kesselfleisch; als Nachtisch gab's Schwarzwälder Kirsch. Herr Walther: „Das habe ich auch erlebt." Dann gibt er seine Bratwurst für den allgemeinen Verzehr frei. Bevor D reagieren kann, hat G schon zugelangt und bekennt: „Ich könnte mich nur von Bratwürsten ernähren."

D: „Was haben Sie denn in Hamburg gegessen? Das muss ja schrecklich für Sie gewesen sein."

Herr Walther: „Ich habe mich ausländisch ernährt. Da gibt es ja alle Küchen der Welt, unter anderem ein Portugiesen-Viertel mit zwanzig Lokalen. Regionale Küche kam für mich überhaupt nicht infrage – außer mal Fisch am Hafen."

D: „Und in New York?"

Herr Walther: „Chinatown. Amerikanisches Essen war für mich einfach ungenießbar. Ich hatte ja meine Wohnung in Chinatown. Man musste nur schauen, wo die Chinesen hingingen ..."

Dann reist er gedanklich durch die Region, die zumindest kulinarisch seine Heimat ist. Knusprig gebratene Pfifferlinge in Langenbieber, Forellenbratwurst in Tann, Kaiserschmarrn auf der

Enzianhütte, lokale Schmankerln auf der Wasserkuppe, und dann die schlachtfrischen „Klopse", Braten und Würste beim „Henning" in Neuenberg … Inzwischen bekennt D, er sei satt geworden. G amüsiert sich, dass der Gesprächspartner dieses Abends kaum dem allgemeinen Image eines Künstlers entspricht: „Die trinken Sancerre, schlürfen Austern …" – „Die gibt es auch", sagt Herr Walther.

D: „Wo gibt es im Moment aus Ihrer Sicht die interessantesten Entwicklungen in der Kunst?"

G, schmeichlerisch: „In Fulda!"

Herr Walther: „In Europa und in Deutschland. Es ist nirgends sonst so lebendig und vielfältig. New York ist natürlich immer noch bedeutend. Paris ist out, ist so provinziell geworden. Köln ist ebenfalls vorbei, die Stadt war ja mal vom Kunstmarkt her prägend. Das hat sich alles nach Berlin verlagert. Deutschland hat viele Museen, die einflussreich sind – aber wirklich Maßstäbe setzend sind andere: das Centre Pompidou in Paris, das Tate Modern in London, Reina Sofia in Madrid, das MoMa. Ich weiß nicht, woran das liegt – die deutschen Museen machen sehr gute Ausstellungen, aber ihr Einfluss ist begrenzt."

G: „Es ist ja vor einiger Zeit ein großer Mann gestorben, Hilmar Hoffmann, der als prägender Kommunalpolitiker für die Kultur galt. Sein Konzept Museumsufer in Frankfurt, das ja sein Lebenswerk war – ist das gelungen?"

Herr Walther: „Ich kannte Hilmar Hoffmann gut. Für das Ansehen Frankfurts als Kulturstadt hat sein Konzept eine enorme Bedeutung. Die Museen scheinen ja zu funktionieren. Was der Hollein zum Beispiel aus dem Liebieghaus gemacht hat – zu meiner Studentenzeit ein toter Ort – das ist großartig. Das MMK, die Schirn – das alles hat das Ansehen der Stadt republikweit befördert."

G: „Sie sind im vergangenen Jahr in Venedig mit dem Goldenen Löwen geehrt worden, als bester Künstler. Hat das etwas geändert bei Ihnen, gehen die Menschen seitdem anders auf Sie zu?"

Herr Walther: „Ja. Das ist ein weltweit funktionierendes Label, das plötzlich an einem klebt. Die Arbeit hat sich ja nicht geändert. In Mexiko-City laufen derzeit noch zwei Ausstellungen, die werden durch diese Ehrungen ganz anders betrachtet. Die Wahrnehmung hat sich verändert, auch in Frankreich und in den USA."

G: „Sitzen Sie jetzt heute da wie ein Rhön-Bauer und sagen: Ich hab's ja gewusst, jetzt ist Erntezeit. Man muss nur Geduld haben, bis die Dinge reif sind ..."

Herr Walther: „Die Rhön-Bauern kenne ich gut, ich bin sicher keiner. Und diese Art von Genugtuung habe ich nicht."

G: „Aber Sie hatten doch immer das Bewusstsein, dass Sie etwas Bleibendes schaffen."

Herr Walther: „Das ist mittlerweile sichtbar geworden. Und viele Leute – auch die, die mir nicht sonderlich gewogen sind – gehen inzwischen pfleglicher mit mir um."

D und G rätseln, woher dieser freundliche, zugewandte Mann nur die Kraft nahm, über Jahrzehnte unbeirrt seinen Weg zu gehen, Anfeindungen an sich abglitschen zu lassen, die Verständnislosigkeit der Umwelt zu ertragen. War er schon als Kind und Jugendlicher so, anders als die anderen? „Outlaw" hat er selbst sich genannt, von den Dorfjungen gemobbt, angefüllt mit Fragen und Zweifeln. Seinem Vater erteilte er früh eine Abfuhr, als der ihn in sein kleines Bäckerei-Imperium holen wollte. Sein gruseliger, blöder Angriff auf die Heiligenfiguren – woher kam all das? Walther erzählt über seine Kindheit im Fuldaer Land: „Fulda ist ja sehr stark bombardiert worden am Ende des Zweiten Weltkriegs. Aber als wenig später die Amerikaner hier einmarschierten, da haben das fast alle als tatsächliche Befreiung empfunden. Die Menschen waren froh, dass die Amerikaner vor den Russen da waren, und sie waren froh, dass die Nazis weg waren."

G: „In den katholischen Gegenden haben die Menschen ja sehr lange dem Nationalsozialismus widerstanden."

Herr Walther: „Als hier aus Fulda die Juden abtransportiert wurden, haben die Nazis Hilfskräfte aus Kassel und Hanau geholt. Weil die Einheimischen sich nicht getraut hatten. Als die entscheidenden Wahlen waren, hatte der Schnurrbart aus Österreich hier in Fulda eine besonders niedrige Zustimmungsrate. Der Katholizismus war lange wie ein Sperrriegel gegen die Nazis."

G: „Es gibt eine Beschreibung, wie Sie als kleiner Junge erlebt haben, dass ein Deportationszug in ihrer Gemeinde einrollte..."

Herr Walther: „Ich war fünf Jahre alt. In unserem Ort war ein Verschiebebahnhof an der Strecke Fulda-Gießen. Der Zug bestand aus kurzen Bretterwagen mit schmalen Fenstern, Viehwaggons. Ich war dort mit meiner Großmutter. Wir hörten menschliche Stimmen. Aus einem Fenster reckten sich Hände, jemand rief nach Wasser. Er sprach mit einem Akzent – ich vermute, es waren französische Juden. Meine Großmutter wollte den Menschen Wasser bringen, sie wurde von einem Uniformierten verjagt. Darüber wurde natürlich abends am Tisch gesprochen. Der gesamte Zug war geschmückt mit abgebrochenen Zweigen. Für mich als Kind waren auch die Gespräche zu Hause vollkommen surreal. Es wurde überlegt, ob die Äste Tarnung sein sollten gegen Flieger. Ich denke, es sollte eine fröhliche Pfingstfahrt vorgetäuscht werden. Zynismus ohnegleichen. Menschen in Viehwaggons. Alle ahnten, da stimmte was nicht. Als dann die Zeit und die Gelegenheit dafür war, nachzufragen, da hat niemand Fragen gestellt.

In unser Haus kam ein Zigeunermädchen. Sie lebte im Schwesternheim im Dorf, ein verwachsenes Kind, das von seiner Familie ausgesetzt worden war. Heidelbeerpflücker haben sie im Wald gefunden. Sie hieß Jette, meine Mutter hatte sich mit ihr angefreundet. Ich hatte Angst vor ihr, ich hielt sie für eine Hexe – diese dunkle Hautfarbe, die stechenden Augen... An einem warmen Sommertag war ich mit meiner Mutter auf der Rückfahrt von Fulda, es ging bergauf, ich saß in einem Fahrrad-Körbchen. Da kam uns Jette mit zwei Köfferchen entgegen. Meine Mutter fragte: ‚Wohin willst du denn?' Jette sagte: ‚Ich muss mich melden.'

Ich war vier Jahre alt, ich werde diese Antwort nie vergessen. ‚Wir werden uns nicht mehr wiedersehen', sagte Jette zu meiner Mutter. Beide haben geweint. Sie haben sich nicht mehr wiedergesehen. Auch darüber wurde daheim gesprochen. Aber es wurde nicht nachgefragt."

G: „Aber Sie fingen später an zu bohren."

Herr Walther: „Ja, als ich 13 oder 14 war, da wollte ich wissen, was da passiert war. Was habt ihr gemacht? Warum hat die Kirche, hat der Pfarrer nichts getan? Eines Tages fuhr bei unserem Nachbarn ein olivfarbener Mercedes vor, vier Männer, Schlapphut, grüner Ledermantel – wie im Film. Gestapo. Zwei gingen ins Nachbarhaus und kamen kurz drauf mit dem Nachbarn, ein kleines Köfferchen, zurück. Meine Großmutter zitterte, der Mercedes fuhr davon. Später stellte sich heraus: Der Mann hatte am Abend zuvor in der Dorfkneipe einen harmlosen Hitler-Witz erzählt. Der arme Kerl ist nie wieder aufgetaucht. Auch darüber wurde nicht geredet. Der Mann, der ihn denunziert haben soll, wurde nach dem Krieg Vorsitzender vom Fußballverein. Ich hatte solch eine Wut, ich wusste nicht, wohin mit meiner Wut, jahrelang. Da klagst du als Junge die Alten an, aber die waren auch arme Schweine. Sie hatten keine Sprache dafür, sie konnten sich nicht erklären, sie waren einfach hilflos. Ich bin mit 15 aus der Kirche ausgetreten, weil es solch eine große Diskrepanz gab zwischen dem, was die Kirche getan hat und dem was sie predigte. Sie hat in der Nazizeit vielen Menschen, die Hilfe gebraucht hätten, nicht geholfen. Dieses Drumherumreden ..."

Auf einmal scheint, als wären die drei Männer zurückgerutscht in die Nachkriegszeit, in die Jahre des Schweigens, des Verdrängens, der unbeantworteten Fragen. Es ist nicht zu übersehen, wie sehr die Erinnerung Herrn Walther immer noch bewegt.

G: „Erzählen Sie mal was Schönes aus Ihrer Kindheit."

Herr Walther: „Als der Horror vorbei war, wie ein langes Unwetter, da rollten zwei Panzer in unser Dorf. Aus einem stieg ein großer Schwarzer. Ich bin zu ihm und habe ihn mit dem Finger angetippt und guckte, ob der abfärbt. Der Mann hat gelacht. Wir waren ja damals noch nie in unserem Leben dunkelhäutigen Menschen begegnet. Die Amerikaner hatten verlockende Dinge dabei. Chewing Gum von Wrigley's. Schokolade von Hershey's, die klebrige Peanut Butter."

Der Mann, der mit solcher Begeisterung isst, hat auch in der Gastronomie Spuren hinterlassen. Im Gastraum des Fuldaer Restaurants Ritter steht ein wuchtiger Ahorn-Tisch, der von dem Meister 1995 als „Worttisch" gefertigt wurde, „der gehört zu einer Werkgruppe", erzählt er, der Tisch korrespondiert zu mehreren Stahlplatten, die an verschiedenen Stellen der Altstadt wie vom Himmel gestürzt auf der Erde liegen. Aber planlos sind sie, das kann man sich bei diesem alles akribisch regulierenden Künstler denken, nicht dorthin gelangt, wo sie jetzt neugierigen Spaziergängern oder Kunst-Interessierten unter die Füße kommen. In die Tischplatte sind, aus Kirschholz, Intarsien eingelassen, Worte: Herkunft, Antwort, Gebrauch, Materialwechsel, Gegenwart, Erinnerung. G berichtet, dass er auch schon an dem Tisch getafelt hat: „Die erste Frage, die diskutiert wird, lautet: Was will der Künstler uns damit sagen? Im Gespräch landet man dann bei der Überlegung: Vielleicht will der Künstler uns gar nichts sagen, vielleicht sollen wir uns selbst was sagen."

Herr Walther: „Genau das ist der Punkt. Es gibt eine wunderbare Karikatur von dem US-Künstler Ad Reinhardt, der war berühmt für seine Farbflächenbilder. In der Karikatur stehen zwei Betrachter vor einer schwarzen, mit Schattierungen versehenen Fläche und einer fragt: ‚Was soll das bedeuten?' Auf einem zweiten Bild schiebt sich eine Hand aus der schwarzen Fläche und zeigt auf den Betrachter: ‚Welche Bedeutung hast du?'

Herr Walther nutzt die Karikatur für einen weiteren Blick aufs Wesentliche: „Das ist das Drama der Moderne, dass es unklar ist, was die Kunst bedeutet. Letztlich müssen die Betrachter dem Ganzen Bedeutung verleihen. Früher haben Bilder Geschichten erzählt. Cézanne hat als einer der Ersten erkannt, dass die Kunst sich darüber erheben musste. Er hat daraus die Konsequenz gezogen, indem er gesagt hat: die Malerei selbst ist der Gegenstand der Kunst. Er benutzt nicht mehr die Farbe, um etwas abzubilden oder darzustellen, sondern die Farbe selbst hat eine Bedeutung. Das war eine absolute Herausforderung. Es kam nicht mehr auf den Gegenstand an, das war eine Revolution und ist damals in seiner Bedeutung nur von wenigen erkannt worden. In dem Sinne ist Cézanne der Vater der gesamten Moderne. Was wir zwischen 1890 und 1960 an Veränderungen erlebt haben, dafür brauchte die Menschheit früher zweihundert, dreihundert Jahre. Dieses rasante Entwicklungstempo gab es ja auch in der Wissenschaft, in der Technik, in der Wirtschaft – aus der Kunstgeschichte allein lässt sich das nicht erklären. Als ich als junger Mann hier in Fulda im Jungen Kunstkreis aktiv war, da fühlten sich alle der Moderne zugehörig. Das war mir nicht genug, wir mussten doch die Moderne überwinden. Wir brauchten nach meiner Überzeugung eine neue Avantgarde. Das hat gehalten von der Mitte der fünfziger bis zur Mitte der siebziger Jahre, dann war es damit auch vorbei. Wohin das alles jetzt führt? Ich weiß es nicht. Wenn ich heute noch einmal als junger Künstler antreten müsste, ich wäre völlig verwirrt. Mit meinen Vorstellungen von damals würde ich heute scheitern."

Die Männer sind inzwischen zu einem Kräuterschnaps übergegangen. Herr Walther erinnert sich an seine Zeit in New York. Hungerjahre, die Kunst, die nachts erdacht wurde, war brotlos. „Das war ein großes Problem für mich, weil ich frühmorgens arbeiten musste, um Geld zu verdienen."

G: „Was haben Sie da gejobbt?"

Herr Walther: „Zu Beginn hatte ich einen Job als China-Restorer. Zerbrochene kostbare Vasen wurden zusammengeleimt, neu gebacken, grundiert, und ich habe dann die Malereien darauf ergänzt. Das wurde nicht genügend bezahlt. Eines Tages ging ich durch unser Viertel, 75. Straße auf der East Side, da stand ich plötzlich vor einem Schaufenster mit großen Torten-Attrappen aus Gips. Die suchten einen Mitarbeiter, „Finisher wanted" – jemanden, der die Verzierungen und Dekorationen an den Torten vollendet. Ich stammte ja aus einer Bäcker-Familie. Ich betrat den Laden, der Chef fragte mich nach meiner Ausbildung. Ich erzählte ihm, dass ich an drei Kunstakademien in Deutschland studiert hätte. Da sagte der ohne Zögern: ‚Hired', eingestellt. Das wurde sehr gut bezahlt, davon habe ich gelebt die ersten drei Jahre."

G: „Da sind Sie ja doch noch dort gelandet, wo Sie nicht hinwollten."

Herr Walther: „Ich habe die Torten verziert, Schriften aufgetragen. Manchmal kam jemand mit einem Foto, das habe ich dann auf Karton gezeichnet, mit Kakao bestäubt und dann so" – er pustet laut ins Mikrofon – „den Kakaostaub weggeblasen. Das war dann schon ein halber Gerhard Richter. Dann kam es dazu, dass ich völlig unerwartet von meiner Arbeit leben konnte. Das war wie ein Lottogewinn. Das hätte ich ohne New York nicht erlebt."

Und jetzt? Wie geht es weiter mit einem Mann, der so viel gesehen und so viel erreicht hat? Herr Walther spricht das Schlusswort: „Oft werde ich gefragt, was ich jetzt eigentlich noch mache. Darauf kann ich keine schlüssige Antwort geben. Es ist so viel, es ist so vieles gleichzeitig. Ausstellungen, Bücher, Interviews (die werden ja derzeit immer mehr), und natürlich wird die Kunst niemals zu Ende gedacht und niemals zum Ende gebracht. ‚Willst du nicht mal Urlaub machen, Pause, wie jeder normale Mensch?', bin ich gefragt worden. Ich glaube, ich mache dann Pause, wenn ich in die Grube falle. So wird es kommen."

Und dann lacht er wieder sein glucksendes, ansteckendes Lachen.

GESPRÄCHSPARTNER

Franz Erhard Walther, Jahrgang 1939, wurde in Fulda geboren und wuchs in dörflicher, katholischer Strenge auf. Studien an der Werkkunstschule Offenbach, an der Frankfurter Städelschule (wo er wegen angeblich mangelnder Eignung exmatrikuliert wurde) und an der Düsseldorfer Kunstakademie. Lebte von 1967 bis 1971 in New York, wo er den Durchbruch als Künstler schaffte. Sein Erfolg in Amerika gipfelte in einer eigenen Ausstellung im Museum of Modern Art. Von 1971 an war er 35 Jahre lang Professor an der Hochschule für Bildende Künste in Hamburg. Seit zehn Jahren lebt und arbeitet Walther wieder in Fulda, er gilt mit seinem auf Teilnahme der Betrachter zielenden Kunstkonzept als einer der einflussreichsten Künstler der Gegenwart. 2017 wurde er auf der Biennale in Venedig mit dem Goldenen Löwen ausgezeichnet, als „bester Künstler".

Sind wir nicht alle ein bisschen italienisch?

Dies ist eine romantische Geschichte. Über unser Verhältnis zum Gelato, über die Rettung armer junger Männer aus den Dolomiten, über Amore in Deutschlands Eisdielen, über unvergessliche Geschmackserlebnisse. Begegnen Sie einem der besten Eismacher Deutschlands, dem Erfinder des Spaghetti-Eises!

> „Weißt du, Menschen kommen aus allen möglichen Gründen nach Italien. Aber wenn sie hierbleiben, dann aus zwei Gründen."
> „Welche sind das?"
> „Liebe und Eis."
>
> *Jenna Evans Welch, amerikanische Autorin*
> *(„Love & Gelato")*

Die Männer stehen mit Löffeln so klein wie Frauenfingernägel an der Eistheke, und ihre Gesichter zerfließen derart vor Verzückung, dass Passanten auf die Idee kommen könnten, den psychosozialen Notdienst zu alarmieren. „Mmmmh", schmatzt der ein, „Jessasna", schnalzt der andere. Die beiden Männer, natürlich D und G, haben zaghaft abgeleckt, was ihnen in Haselnussgröße dargeboten wird: „Gurke, Zitrone und Dill", flüstert der Maestro – der Mann versteht es, Atmosphäre zu schaffen. Erst füllt der Geschmack von Dill die Mundhöhle, wird sodann von der frischherben Gurke verdrängt – und ganz am Schluss gibt die Zitrone dem Gaumen Saures.

„Sensationell", sagt D, „was man mit Eis anstellen kann." Maestro Dario Fontanella, den viele den besten Eismacher Deutschlands nennen, nimmt es gelassen hin. Hinter der Theke warten weitere 179 Eissorten aufs Urteil der Schlecker. Einer geht noch: Karamell mit Himalaya-Salz. Die winzige Eisprobe rollt wie ein Zug über die Zunge, vorne süß, hinten wird der Rachenraum vom Salz gekitzelt. D und G verschlägt es die Sprache. Das ist ja auch mal ganz schön.

Die Männer sind mitten in Mannheim mit besagtem Signore Fontanella verabredet, in einer Eisdiele, die seinen Namen trägt. G schlaumeiert zum Einstieg ein wenig herum: „Speiseeis fasziniert uns zum einen natürlich kulinarisch: als Dessert, als Schleckerei zwischendurch. Aber es steckt ja auch viel mehr in diesem Thema – die italienische Lebensart, ein südländisches Gefühl... Als wir unsere ersten Eis-Erlebnisse hatten, da gab es ja nur drei oder vier Sorten."

D: „Schoko, Erdbeer, Vanille."

Herr Fontanella: „Zitrone natürlich noch. Das waren die Klassiker. Wissen Sie, ich habe ja einen Beruf gefunden, von dem ich schon als Kind geträumt hatte. Ich wollte werden, was mein Papa war. Mein Vater war mein großes Vorbild. Ein guter Geschäftsmann, ein sportlicher Mann. Er ist mal mit dem Fahrrad in drei Tagen von Mannheim nach Italien gefahren... Mein Papa war für mich wie Gott auf Erden. Als kleines Kind schon habe ich, immer im Schatten meines Vaters, hinter der Eistheke gestanden."

Die Eis-Geschichte der Familie beginnt, als der Großvater Michelangelo Fontanella dei Gregori 1906 in Conegliano/Veneto eine Pasticceria eröffnete. Conegliano ist heute bekannt als Prosecco-Stadt. D offenbart seine Migranten-Herkunft: „Mein Großvater, der schon 20 Jahre vor meiner Geburt gestorben ist, wurde in Belluno geboren." Die beiden Städte sind fast Nachbarn, beide liegen an der nach Venedig führenden Autobahn 27.

Großvater Fontanella war auch ein Migrant, gewissermaßen – ein Flüchtling aus den Bergen. Michelangelo Fontanella wurde

1878 im Val de Zoldo geboren. Das Zoldo-Tal hatte über Jahrhunderte seine Einwohner gut ernährt, dank der Eisenerzminen. In den Nagelschmieden fertigten die Männer des Tales Stoßeisen für die venezianischen Gondeln, Bau- und Schusternägel und Stahlschlösser. „Das Eisen aus dem Valle di Zoldo", weiß Herr Fontanella, „war berühmt dafür, dass es nicht rostete." Auch sein Großvater war Schmied, er lebte von der Nägel-Herstellung. Doch damit war Schluss, als Ende des 19. Jahrhunderts die Industrialisierung über die Handwerksbetriebe kam und Nägel maschinell und viel billiger hergestellt werden konnten. Die jungen Männer mussten das Zoldo-Tal verlassen, ebenso das nahegelegene Valle di Cadore.

Simone Eick ist Migrationsforscherin und Direktorin des Deutschen Auswandererhauses in Bremerhaven. Sie berichtet, wie die Not in den beiden Tälern Einzug hielt und die Männer dazu zwang, ihre Heimat zu verlassen. Die meisten zog es nordwärts, zunächst in die alte Donau-Monarchie, Österreich und Ungarn, wo sie sich fürs erste als Gelegenheitsarbeiter und mit dem Ver-

kauf von Maronen durchschlugen. Frau Eick weiß: „Mit Wien als Ausgangspunkt schwärmten sie seit 1880 über Zentral- und Mitteleuropa aus." In den Tälern folgte Ende des 19. Jahrhunderts ein Hungerjahr auf das andere, der Massenexodus beschleunigte sich und ließ nur die Alten zurück – und die Kinder. Irgendwann fanden die Männer heraus, dass Eis ein besseres Geschäft war als Hilfsarbeiten. Freunde erzählten es Freunden, Verwandte holten Verwandte nach – „Gelato" war das Rezept gegen die Not.

»Eisdielen hatten einen Hauch von Exotik. Die Kellner, die nicht wirklich deutsch sprachen – Buon Giorno, Signorina!«

Herrn Fontanellas Vater Mario wurde 1910 geboren, lernte die Eismacherei bei seinem Vater, und der ließ ihm eine umfassende Bildung zuteil werden. „So kam es, dass mein Papa unter anderem auch Deutsch lernte. Am 18. Februar 1931 brach Mario Fontanella auf nach Deutschland. Zu einem Onkel in Hannover, der dort bereits ein Geschäft für ‚Gefrorenes' (Gelato) betrieb." Mario Fontanella ging in Deutschland noch zur Schule und bastelte nebenher bereits an seiner Zukunft. Schwester und Bruder folgten ihm nach Niedersachsen, als er sein erstes Geschäft eröffnete. Als Vertreter für Eismaschinen des berühmten Herstellers Carpigiani lernte er das Land kennen. „Irgendjemand", erzählt Herr Fontanella, „sagte ihm, dass Deutschland ab Mannheim südwärts ‚italienischer' sei – eine andere Mentalität, andere Temperaturen, die Pfalz und ihre Weinberge, schöne Frauen … Die Stadt hat ihm auf Anhieb gefallen, er mietete einen Laden, der im April 1933 frei wurde, vis-à-vis gegenüber unserem heutigen Geschäft."

D: „Und wie war das mit den schönen Mannheimerinnen?"

Herr Fontanella: „1941 hat er meine Mutter kennengelernt, die beiden haben geheiratet. Im letzten Jahr ist meine Mutter gestorben, mit 94. Sie war eine Mannheimerin. Ein glückliches Paar waren sie, vier Kinder …"

G: „Wie haben die Mannheimer reagiert auf dieses erste italienische Eiscafé in ihrer Stadt? Waren sie skeptisch, abweisend, neugierig?"

Herr Fontanella: „Sie waren neugierig. Mein Papa war ein sehr kommunikativer Mensch, er war beliebt! Die deutschen Konditoreien waren steif, solide, dunkel, mit viel Glas und Holz und Messing – unser Eiscafé dagegen war grazil, elegant, pastellfarben, schöne Bilder an den Wänden. Es war auf Anhieb ein Erfolg."

D: „War das Geschäft damals schon so zweigleisig wie heute – man holt sich ein ‚Eis to go' auf die Hand oder man setzt sich und bestellt einen Eisbecher?"

Herr Fontanella: „Es gab von Beginn an beides. Mein Papa wollte auch demonstrieren, wie Eis gemacht wird. Deshalb standen zwei Eismaschinen vorne beim Straßenverkauf. Der Eismix wurde in der Küche hergestellt, dann wurde diese Masse in die Maschinen gefüllt – und nach längstens 18 Minuten mit einem großen Holzlöffel herausgeholt und in die Zylinder in der Theke gefüllt. Das heißt, das Publikum konnte sehen, wie absolut frisch unser Eis war."

G: „Die ersten Show-Küchen! 80 Jahre später ist das überall angesagt."

Herr Fontanella: „In den fünfziger Jahren konnte man zwischen Kiel und Garmisch einen Eismann überall auf Anhieb erkennen: schwarze Hose, weißes Hemd, weiße Schürze und ein weißes Käppchen."

G: „Ende der fünfziger, Anfang der sechziger Jahre hatten Eiscafés in Deutschland gerade für jüngere Leute, speziell die Mädchen, eine besondere Bedeutung. Es wäre ja undenkbar gewesen, dass die Jugendlichen ohne Erwachsene eine normale Gaststätte besucht hätten – und in den Konditoreien war es zu langweilig, da saßen nur die alten Tanten. In den Eisdielen hingegen gab es die coolen Kellner, Milkshakes, die Musikboxen. Ich denke, dass viele Liebesgeschichten damals in Eiscafés ihren Ursprung hatten."

Herr Fontanella: „Es gab keine Alternative für junge Leute. Nirgends war es so locker, nirgends konnte man sich so zwanglos treffen. Es hatte einen Hauch Exotik, die Kellner, die nicht wirklich Deutsch sprachen – ‚Buongiorno, Signorina!' – das war etwas Besonderes. Eisdielen waren ein zentraler Treffpunkt für die Jugend. Und natürlich, Amore spielte auch eine Rolle."

G: „Die italienischen Kellner waren ja in der Regel charmanter als die meisten deutschen Männer ..."

D will nochmal zurück zum Krieg: „Wie war das bei Kriegsende für Ihren Vater?"

Herr Fontanella: „Mannheim wurde erheblich zerstört, vor allem auch hier auf dem Planken, dem Einkaufsquartier. Harte Zeiten für alle. Mein Vater hatte ja seine Eisdiele 1933 eröffnet, als Hitler an die Macht kam."

D: „Mussolini, der ‚Duce', war ja ein guter Kumpel."

Herr Fontanella: „Ja, noch! Mein Vater hatte damals mehrere Eisdielen eröffnet – in Wiesbaden, Stuttgart, Karlsruhe, Mannheim. Als Mussolini aus der Regierung gejagt wurde und es zum Bruch kam mit Italien, gab es vor allem in den Beamtenstädten Probleme. Da hatte sich die Hitlerjugend vor den Cafés postiert und verhindert, dass die Deutschen dort weiter ihr Eis kauften. Insbesondere in Stuttgart und Karlsruhe. Mein Vater ging von 1942 bis 1945 zurück nach Italien. Nach dem Krieg konnten Italiener ab 1948 wieder offiziell nach Deutschland einreisen. Da mein Papa mit einer Deutschen verheiratet war, konnte er bereits zwei Jahre früher zurückkehren und seinen Laden neu eröffnen."

Die Nazizeit hatte den Eismachern einen mächtigen Aufschwung verschafft. Noch um die Jahrhundertwende hatten die Migranten aus Norditalien ihr Gefrorenes mit bunten Eiskarren ausgeliefert. Der Erste Weltkrieg unterbrach die Gelato-Wirtschaft. Als die Eismacher Anfang der zwanziger Jahre zurückkehrten, hatten deutsche Bürokraten neue Hygienevorschriften ersonnen – der mobile Verkauf wurde fast überall untersagt. Die Italiener fanden auch dafür eine Lösung: Sie meldeten ihre Wohnungen als Eisgeschäfte an und verkauften durch ein Fenster im Erdgeschoss – so wurde die Bezeichnung Eisdiele geboren.

Die Migrationsforscherin Simone Eick erzählt, wie die Geschichte weiterging: „In den 1930er Jahren setzte dann ein regelrechter Boom ein. Getrieben von der wirtschaftlichen Not in den Heimattälern und der Hoffnung auf gute Geschäfte in Deutschland entschlossen sich mehr und mehr Familien zur Saisonwanderung. Die politische Nähe zwischen den faschistischen Regimes in Italien und Deutschland begünstigte die Zuwanderung zusätzlich." In der Nazizeit wurde die Bezeichnung „Gefrorenes" durch „Speiseeis" ersetzt.

Herr Fontanella: „Traditionell hatten die Eisdielen nur während der Sommersaison geöffnet – das erste Eis gab es am 19. März, in Italien wird an diesem Tag San Giuseppe (Sankt Josef) gefeiert, der Heilige der Eishersteller. Mitte August wurde wieder geschlossen, weil die Eismacher wieder zurück mussten in die heimischen Berge, zur Ernte, zum Holzfällen."

G: „Passiert das heute noch, dass die italienischen Eismacher über die kühle Jahreszeit heimfahren in die Dolomiten?"

Herr Fontanella: „Durchaus, das gibt es noch. Aber viele Eisdielen können es sich heute nicht mehr leisten, über Winter zu schließen. Die Geschäfte sind schwieriger geworden, jetzt wird am Ende des Jahres das Angebot verändert. Früher wurden die Geschäftsräume während der dunklen Monate an andere Saisongeschäfte vermietet – an Teppichhändler, Skisport-Artikel, Lampen."

Am 10. September 1954 nahm der englische Jazzmusiker Chris Barber einen Song auf, den bereit fast drei Jahrzehnte zuvor, 1927, der in den USA berühmte Bandleader und Showmaster Fred Waring eingespielt hatte. Der aus Radio- und TV-Shows bekannte Waring (Beiname: „Der Mann, der Amerika das Singen beibrachte") hatte dem „Ice Cream" eine Hymne geschaffen, die später zu Chris Barbers Markenzeichen wurde. Jedes seiner vielen Konzerte – auch im längst untergegangenen Frankfurter Schlachthof und in der Alten Oper – beendete der Jazzer mit dem schmissigen Eiskrem-Lied:

> „Ice Cream – News Cream –
> everybody wants Ice Cream
> Rock, oh rock my baby roll…"

Eiskrem war also nicht nur kulinarisch ein Hit. Heute gibt es rund 5.500 Eisdielen in Deutschland, 3.000 davon werden immer noch von Italienern betrieben. Drei Viertel von ihnen stammen aus den beiden Alpentälern; „Armut macht Eis", hat Herr Fontanella festgestellt. Die Hinterwäldler aus den Dolomiten hatten aus ihrer Not einen süßen Eroberungsfeldzug Richtung Norden angezettelt, mit durchschlagendem Erfolg. Als die Eiscafés noch ein reines Saisongeschäft waren – gerade einmal fünfzehn Jahre ist das her –, da waren die traditionellen Öffnungszeiten zwar aufgeweicht, aber jeden Oktober zog eine Karawane von Eismachern eine schmale Bergstraße Richtung Cortina d'Ampezzo aufwärts, heim zu Mama und Papa, die in Zoldo und Cadore ausharrten, während ihre Söhne, Enkel und Urenkel als Fremdarbeiter dafür sorgten, dass ihre Familien ein Auskommen hatten. Einem „Zeit"-Reporter, der 2004 das Zoldo-Tal besuchte, erzählte eine Eismacherin, die in Bad Godesberg einen Laden betrieb, über ihren saisonalen Trennungsschmerz von den Eltern: „Das ist das größte Opfer, das wir bringen. Aber wir sind es gewöhnt, das Abkoppeln, das Loslassen." Wenn damals Winterpause war, waren in dem Hochtal alle Parkplätze voller Autos mit deutschen Kennzeichen, „Wagen aus Hanau, Wesel, Hassfurt", zählte der Reporter auf. Ein bisschen Heimat hatten sich die Armutsflüchtlinge mitgenommen: Sie nannten ihre Läden vorzugsweise „Dolomiti" oder „Venezia"…

D: „Wie war das, als ab Mitte der fünfziger Jahre eine andere große Einwandererwelle der italienischen Landsleute nach Deutschland kam?"

Herr Fontanella: „1957 kamen die ersten, da waren die Eismacher hier bereits integriert. Wir sprachen Deutsch, die Kinder gingen auf deutsche Schulen, wir gehörten einfach dazu. Die Mentalität der Norditaliener war natürlich auch ganz anders – die armen Leute, die jetzt kamen, stammten aus Sizilien oder Kalabrien, ‚Terroni' wurden sie genannt, Erde-Fresser. Arme Leute, die ungebildet waren und für die es hierzulande viele Schimpfwörter gab: Spaghetti-Fresser, Makkaroni, Itacker ... Das hat uns, die wir integriert waren, aber nie betroffen."

Herr Fontanella hat eine ganz spezielle Erinnerung an die Invasion der Süditaliener: „Unser Café fungierte nach einer gewissen Zeit wie ein kleines Konsulat für die Gastarbeiter. Hinten in einer Ecke haben sie sich um meinen Vater versammelt, viele von ihnen konnten weder lesen noch schreiben – aber sie brauchten natürlich Unterlagen für die Behörden, eine Arbeitserlaubnis zum Beispiel. Manchmal war auch die Polizei im Spiel, weil sich schon mal welche danebenbenommen haben. Mein Papa hat ihnen geholfen. Er hat Papiere ausgefüllt, gedolmetscht – manchmal auch nachts – und fuhr jede Woche nach Stuttgart ins Konsulat und gab dort Papiere ab."

D: „Waren die Landsleute denn gut für Ihr Geschäft?"

Herr Fontanella: „Nein, die hatten kein Geld für Eis. Die gingen sonntags in die italienische Kirche und liefen dann in Sechserreihen über die Straßen, wie Soldaten. Sie hatten kein Benehmen – die meisten von ihnen waren einfach ungebildet. Aber mit dieser Einwanderungswelle aus Italien kamen natürlich auch Gastronomen; die Landsleute wollten essen, was sie von zu Hause kannten. Die ersten Pizzerien wurden nicht für die Deutschen eröffnet, sondern für die Einwanderer ..."

Der Ruhm, Deutschlands erste Pizzeria eröffnet zu haben, gebührt Signore Nicolina di Camillo. Als die Italiener aus dem Süden kamen, war er schon da: In der Würzburger Elefantengasse hatte er am 24. März 1952 sein „Sabbie di Capri" (Sand von Capri) eröffnet. Di Camillo, genannt „Nick", war als Küchenhelfer der US-Armee nach Norden gelangt, US-Soldaten waren auch hauptsächlich seine Kunden – den Deutschen war die Pizza damals so fremd wie heute „Natto", fermentierte übelriechende japanische Sojabohnen. Als sich Ende der fünfziger Jahre Pizzastuben in ganz Deutschland ausbreiteten, waren teutonische Urlauber bereits an die italienischen Strände, mit Vorliebe nach Jesolo und Rimini, vorgedrungen und hatten sich an ihren ersten „Mafiafladen" versucht. Wenn der deutsche Weltmann sich jetzt mal was Exotisches gönnen wollte, musste es eine Pizza sein.

Aber die italienische Lebensart war den Nordländern zweifelsfrei als erstes von den Gelatieri nahegebracht worden. Was nicht mal dem Geistesheroen Johann Wolfgang von Goethe mit seinem euphorischen Report „Italienische Reise" gelungen war, schafften die Eismacher mit ihrem Italo-Charme. Mediterrane Leichtigkeit, Eleganz und vor allem der reuelose Genuss einer „süßen Sünde" war eine Importware, die von den Deutschen gern angenommen und adoptiert wurde. Ein bisschen italienisch will schließlich fast jeder sein.

D wird beim Blick auf die endlos lange Eistheke von einer Jugenderinnerung heimgesucht: „Warum gibt es heutzutage keine gute Cassata mehr? Ich erinnere mich an diesen unvergleichlichen Geschmack aus meiner Jugend – so etwas findet man heute nicht mehr, und wenn es doch mal Cassata gibt, dann ist sie nicht gut."

Herr Fontanella nimmt die Herausforderung an, winkt einen Kellner und bestellt, „due": „Cassata findet man kaum noch, weil sie mit ziemlich viel Arbeit verbunden ist. Viele Kollegen benutzen inzwischen Convenience-Produkte – eine echte Cassata aber braucht echte Handarbeit. Es ist viel einfacher, ein Spaghetti-Eis rauszudrücken." Die Cassata ist eine üppige Eisbombe, die aus geschichtetem Himbeer-, Vanille- und Schokoladeneis sowie kandierten Früchten besteht. Sie ist die gekühlte Schwester der berühmten italienischen Schichttorte „Cassata alla Siciliana", die im Mittelalter nur in Klöstern und in Herrenhäusern hergestellt wurde. Im sizilianischen Mazaro del Vallo befand die Gemeinde anno 1575: „Kläglich, der an Ostern keine Cassata isst." Der Kellner schiebt zwei üppig gefüllte Tellerchen auf den Tisch. D's Augen leuchten, schon hat er einen Löffel in der Hand. „Moment", sagt Signore Fontanella, „die Torte hat jetzt minus achtzehn Grad. Sie muss einen Augenblick ruhen, dann schmeckt sie."

In der Wartezeit ist Herr Fontanella schon wieder beim Thema, seiner eigenen Geschichte: „Wenn ich morgens im Badezimmer vor den Spiegel trete und mich rasiere, dann sehe ich immer auch meinen Vater. Meine Körperhaltung ist wie seine. Jeden Morgen grüße ich meinen Vater im Spiegel… Aber bitte, probieren Sie." D fließt rascher dahin als das Eis auf seinem Teller: „Saugut! Mit den kandierten Früchten, dem schmelzenden Eis – so muss sie sein, die Cassata!"

G: „Ein moderner Eismacher hat ja ständig Erfindungsdruck. Sie müssen immer etwas Neues schaffen."

Herr Fontanella: „Wir haben aus der traditionellen Eisdiele etwas Anderes gemacht. Mein großes Glück ist, dass meine Frau meine Passion teilt. Ich bin ja in Italien zur Schule gegangen – aber ich habe irgendwann abgebrochen. Ich weiß noch, wie wir von Italien nach Hause gefahren sind – das war sehr, sehr still im Auto…"

G: „Beherrschen italienische Väter das auch – dieses wütende Schweigen?"

Herr Fontanella: „Oh, wir hatten alle ungeheuren Respekt vor ihm. Wenn er nur mit den Augen rollte, dann wusste man: keinen Ton jetzt. Ich habe meinem Papa gesagt: ‚Ich werde dich nicht enttäuschen, ich werde im Leben der Erste sein.' Das Versprechen habe ich nie vergessen. Die Eisdiele in Mannheim hatte ja schon immer einen guten Ruf. Als ich das Geschäft übernahm, wollte ich nicht nur Eis verkaufen, sondern wir wollten auch die italienische Lebensart repräsentieren. Wir haben zu unseren

Eisdielen eine eigene Manufaktur aufgebaut. Wir beliefern die gehobene Gastronomie – zum Beispiel die Alte Oper in Frankfurt, das Kurhaus in Wiesbaden, Deidesheimer Hof, das Haus Engelhof, das Restaurant Schwarzwaldstube in der Traube-Tonbach. Wo Qualität gefragt ist, sind wir dabei. In 180 gut sortierten Supermärkten gibt es Fontanella-Eis. Gute Zutaten sind Pflicht: Sahne aus Bad Kissingen, Joghurt aus Berchtesgaden, Milch aus dem Schwarzwald, Nüsse aus Bad Pyrmont, kandierte Früchte aus Deidesheim ..."

G: „Probieren sie eigentlich selbst noch neue Dinge aus, experimentieren Sie noch – oder machen das jetzt die Leute in der Manufaktur?"

Herr Fontanella: „Täglich probiere ich etwas, täglich. Im Gespräch mit den Sterne-Köchen erhalte ich ständig neue Impulse, neue Ideen entstehen."

G: „Das Eis wird ja immer vielfältiger, manche Sorten haben gar keine Süße mehr, manches ist für unseren Geschmack sehr ungewöhnlich. Haben die Köche, mit denen Sie arbeiten, auch sehr verrückte Ideen?"

Herr Fontanella: „Ideen kommen aus dem Dialog: ‚Mach mir mal ein Orangen-Sorbet mit Peperoncino.' Wir haben diese Eissorte Gurke, Zitrone, abgeschmeckt mit Dill, entwickelt. Man kann dieses sehr erfrischende Eis aus dem Hörnchen schlecken – man kann es aber auch als kalte Soße zu Flusskrebsen oder Lachs servieren oder gibt eine Kugel in den Aperitif, in ein Glas Prosecco oder ein Glas Champagner. Sehr lecker ist das Eis auch im Wodka-Lemon oder in einem Gin. Wir fertigen aber auch ein Tomaten-Basilikum-Eis mit etwas Aceto Balsamico. Ich bin außerdem mal gefragt worden: ‚Können Sie sich vorstellen, ein Bouillabaisse-Eis zu machen' ..."

D und G stöhnen auf, ungläubig.

Herr Fontanella: „Haben wir gemacht."

D: „Wie hat das geschmeckt?"

Herr Fontanella: „Sehr gut, es hat sehr raffiniert gemundet. Es ist alles nur eine Sache des Kopfes – man muss einfach probieren. Wir haben auch schon Spargel-Eis hergestellt. Natürlich nicht so, dass der Spargel absolut im Vordergrund steht, man darf nicht mit der Tür ins Haus fallen – aber am Ende kommt, als Krönung des Ganzen, ein Hauch von Spargel. So etwas können Sie mit fabrikmäßig hergestelltem Eis nicht hinbekommen. Wenn Sie ein wenig davon probieren, wissen Sie schon, wie die ganze Packung schmeckt. Diese Nuancen, diese unterschiedlichen Geschmackserlebnisse in einer Kugel – die können Sie nur mit handwerklich hergestelltem Eis schaffen."

G: „Man spürt, welche Leidenschaft Sie für das Eis haben. Essen Sie täglich Eis?"

Herr Fontanella: „Ja, täglich – manchmal nur kleine Kostproben, aber irgendetwas probiere ich immer. Und immer denke ich darüber nach, was noch geht. Wir haben zum Beispiel einige Museumsausstellungen hier in Mannheim mit unserem Eis sensorisch begleitet. Da haben wir recherchiert – wie war das mit den Wittelsbachern. Was gab es damals? Daraus ist das passende Eis entstanden, mit Mandeln, Rosenblättern, kandierten Früchten, Ingwer. Zur Barock-Ausstellung haben wir ein Quitteneis gemacht, weil die Quitte zur Erntezeit sehr intensiv duftet – im Barock haben die Menschen sich ja stark gepudert und parfümiert. Für die Ausstellung über Päpste in der Renaissance haben wir ein Rezept des berühmten Kochs Bartolomeo Scappi aus der Mitte des 16. Jahrhunderts für seine Torta Bianca umgewandelt und ein Papst-Eis kreiert, mit Mozzarella, Honig, Muskatnuss, Ingwer und Paradieskörnern. Danach fragen Menschen heute noch."

D: „Und wie war das denn nun mit dem Spaghetti-Eis?"

Herr Fontanella: „Es war 1969, ich war 17, da habe ich in einer Pasticceria in Cortina d'Ampezzo eine Süßspeise gegessen, die ich noch nie zuvor gesehen hatte – ‚Mont Blanc'. Da kam auf einem silbernen Tellerchen ein Berg von braunen Schnürchen mit einer Zuckerspitze. Das waren Maronen, das schmeckte mir – aber am meisten hat mich die Form fasziniert. Da bin ich zu der Patronin gegangen und habe sie gefragt, wie sie es schafft, diese

Schnürchen herzustellen. ,Ganz simpel', sagte sie, ,du nimmst Kastanienpüree und eine Kartoffelquetsche – mehr brauchst du nicht.' Ich dachte: sensationell. Als ich an Ostern aus meinem Internat nach Hause kam, habe ich mir von der Oma Geld geben lassen und eine Spätzlepresse gekauft. Die Presse habe ich mit heißem Wasser abgespült – ich erinnere mich genau: Ein Freund kam vorbei, der musste mir in die Küche folgen – ,Du wirst sehen', habe ich ihm gesagt, ,ich werde jetzt eine Sensation erfinden, eine Revolution für die ganze Branche, da reden alle drüber'. Dann habe ich Pistazien-, Erdbeer- und Zitroneneis genommen, durch die Presse gedrückt – und alles war Matsch. Mein Freund sagte: ,Ich glaube, du wirst keinen großen Erfolg haben damit'. Warum war alles Matsch? Weil die Spätzlepresse heiß war. Dann habe ich die Presse kalt abgespült, erneut versucht: war schon besser. Dann habe ich die Presse und einen Teller für 20 Minuten in die Kühltruhe gestellt, der nächste Versuch: Es war sensationell! Ich bin hochgerannt zu meinem Papa, ich habe ihm mein Werk gezeigt und sagte: ,Schau dir das an, Papa, das ist doch einfach genial!' Der Papa hat gerade Geld gezählt, drehte sich um und sagte: ,Ich habe noch nie bunte Spaghetti gesehen. Ich würde es mal mit Vanille versuchen.' Der nächste Versuch: zwei Kugeln Vanilleeis durch die Spätzlepresse gedrückt. Papa war auch in die Küche gekommen, er hat sich anstecken lassen. Papa sagte: ,Jetzt brauchen wir noch Ragù.' Erst versuchte ich's mit gehackten Himbeeren, das war nichts. Dann sagten wir: ,Wir machen Spaghetti mit Tomatensoße.' Ich habe Erdbeeren püriert, das sah schon mal sehr gut aus. Fehlte noch der Parmiggiano. Da habe ich die weiße Schokoladenschale von einem Osterei genommen und mit einer Käsereibe darüber geraspelt. Das war's! Man schätzt, das heute zwischen 27 und 30 Millionen Mal Spaghetti-Eis verkauft wird, in allen Eisdielen Deutschlands."

G: „Sie haben aber leider versäumt, ein Patent auf Ihre Erfindung anzumelden."

Herr Fontanella: „Nein, nein, vergessen habe ich das nicht – aber unser Anwalt hat mir abgeraten. Ich bin zu ihm gegangen und habe ihm gesagt: Ich will, dass das mir gehört. ‚Wie soll das heißen?', hat er gefragt. Ich: Spaghetti-Eis. Der Anwalt meinte, dann würden andere das einfach Makkaroni-Eis nennen oder Nudel-Eis ... ‚Hättest du die Spätzlepresse erfunden', sagte der Anwalt, ‚das wäre natürlich etwas ganz anderes'. Damals, als meine Erfindung noch ganz frisch war, kam eines Tages eine Familie zu uns. Alle bestellten sich irgendeinen Eisbecher und für die Jüngsten haben wir unser neues Spezial-Eis angeboten. Als der Kellner das an den Tisch brachte, haben die Kinder Tränen in den Augen gehabt. Sie wollten Eis und keine Nudeln! Heute kennt das Spaghetti-Eis jeder."

G: „Ich muss Ihnen noch eine Frage stellen. Wenn Sie morgens vor den Badezimmer-Spiegel treten und auf irgendeine Weise Ihrem Vater begegnen – sprechen Sie manchmal mit ihm? Fragen Sie ihn manchmal, was er jetzt von Ihnen hält – dem Schulabbrecher, auf den er so zornig war?"

Herr Fontanella: „Sehr, sehr, sehr oft. Meine Eltern sind in Conegliano begraben. Wenn ich dort bin, gehe ich immer zum Friedhof. Wenn ich den Marmor saubermache und frische Blumen hinstelle, unterhalte ich mich mit meinem Papa. Ich spreche auch laut. Es vergeht kein Tag, an dem ich nicht an ihn denke. Das ist im Alter sogar intensiver geworden. Ich bin sicher: Er wäre heute stolz auf das, was aus seinem Geschäft geworden ist."

Eine betrübliche Gewissheit darf bei all unserer Leidenschaft fürs Italienische nicht unerwähnt bleiben. Die Italiener, die in ihrer Selbstwahrnehmung für alles Schöne und Gute auf der Welt zumindest Ideengeber waren, haben das Eis nicht erfunden. Vor 3.000 Jahren sollen Chinesen bereits aromatisiertes Eis geleckt haben. Im 6. Jahrhundert vor Christi Geburt schwärmte der Dichter Simonides von Keos (ein Grieche!) von Gletscherschnee, der mit Fruchtmark, Zimt, Honig oder Rosenwasser gemischt wurde. Hippokrates (noch ein Grieche!) empfahl ein Jahrhundert später seinen Patienten Eis zur Steigerung des Wohlbefindens.

Alexander der Große (woher stammte der nochmal?) schickte seine Soldaten oftmals erst in die Schlacht, nachdem sie zur Hebung der Kampfeslust mit Wein, Honig und Apfelsaft versetzten Schnee zu sich genommen hatten. Dann endlich kam der römische Kaiser Nero ins Spiel, der sich von einer Läufer-Stafette Gipfelschnee aus den Albaner Bergen für seine Partys in Rom herbeischaffen ließ – dort wurden sie, mit Rosenwasser, Früchten, Honig und Baumharz vermischt, als Dessert gereicht. Die Vorstufe zur Großproduktion wurde erreicht, als die Venezianer Schnee und Eis in großen Kellern einlagern ließen. Zur italienischen Ehrenrettung sei darauf verwiesen, dass ein gewisser Francesco Procopio de Coltelli aus Sizilien anno 1668 die erste Eisdiele eröffnet haben soll, in Paris. 100 Jahre später, 1799, soll es auch in Deutschland das erste Eisgeschäft gegeben haben, im Hamburger Alsterpavillon.

Irgendwann stiegen auch die Nordamerikaner ins Eisgeschäft ein, natürlich im größeren Stil: 1790 soll eine amerikanische Hausfrau die erste Eismaschine erfunden haben. 1851 wurde in Baltimore die erste Industrieanlage für Speiseeis in Betrieb genommen. Anfang des 20. Jahrhunderts soll ein Amerikaner die Eiswaffel erfunden haben …

Chinesen, Griechen, Amerikaner – ihnen allen fehlt natürlich der unvergleichliche Schmelz, die Raffinesse, das Geheimnisvolle am Eis: das Italienische halt. Während D noch bei der Heimfahrt davon schwärmt, wie er in der Cassata dem Geschmackserleben seiner Kindheit wiederbegegnet ist, liefert G die passende Begleitmusik. Paolo Conte singt mit seiner unvergleichlichen rauen Stimme, die er selbst als „Naturereignis“ bezeichnet hat. Man fliegt davon in irgendeine italienische Pasticceria.

Un gelato al limon
Gelato al limon
Gelato al limon
Spofondati in fondo a una città
Un gelato al limon
È vero limon.

Ein Eisbecher Zitrone, „zerschmolzen am Boden einer Stadt", singt Conte, und gleich danach von einer Frau, „die in mein Leben gekommen ist mit einem Koffer voller Zweifel". Der Autor Christian Seiler, gebürtiger Wiener, für eine Weile Chefredakteur des schweizerischen Kulturmagazins „du", schrieb dazu: „Das Lied stammt aus dem Jahr 1979, aber für mich beschreibt es wie kein anderes den besonderen Schwebezustand, wenn der Sommer gerade noch da ist und in seinen hellsten Momenten so tut, als finge er noch einmal von vorn an, Schulschluss, Ferien, endlose Abende mit Wein und Musik ..."

Zum Abschied gab Herr Fontanella den beiden Männern noch eine Beobachtung mit auf den Weg: „Die Deutschen werden ja sowieso immer italienischer. Vor zehn Jahren habt Ihr uns noch belächelt wegen unseres Berlusconi. Und heute? Und heute?"
Er lacht, D und G lachen auch; G äußert noch: „Wir wissen jetzt nicht, wen Sie meinen könnten!" Das Gelächter verstärkt sich.

GESPRÄCHSPARTNER

Dario Fontanella, Jahrgang 1952, wurde in Mannheim geboren, als Sohn einer aus dem Zoldo-Tal stammenden Eiskonditoren-Familie. Fontanella, der eine eigene Manufaktur betreibt, gilt als einer der besten Eismacher Deutschlands – einer der bekanntesten ist er allemal, dank regelmäßiger Fernsehpräsenz. Der Mittsechziger gilt als experimentierfreudig, hat das Spaghetti-Eis erfunden, arbeitet mit diversen Spitzenköchen zusammen –

und hat die Gläubigen beim Kirchentag 2017 in Mannheim mit einem „Ökumene-Eis" beglückt, einer Mixtur aus Milcheis und Rieslingtrauben-Sorbet mit gerösteten Brioche-Stückchen.

Der letzte Zigarren-Baron

Mafiabosse und Westernhelden, Manager, Filmstars, Banker, Literaten – sie alle hängen an der Zigarre. Warum bloß? Ist das Paffen dieser Tabakröhren nicht längst verpönt, gesundheitsschädlich, politisch unkorrekt? Begegnung mit Heinrich Villiger, dem letzten Zigarren-Baron. Geraucht wird natürlich auch.

> Ich trinke viel, ich schlafe wenig und rauche eine Zigarre nach der anderen. Deshalb bin ich 200 Prozent in Form.
>
> *Sir Winston Churchill*

Macht ein Rauchverbot die Welt besser?

Wir stehen in der Zigarren-Lounge des Villiger-Werks in Waldshut-Tiengen. Ein paar Meter weg macht sich der Hochrhein zwischen den sanften Hängen des Südschwarzwalds breit. Draußen heizt die Morgensonne schon mal vor, hier drinnen ist es angenehm kühl. Im Zentrum des holzgetäfelten Raums ein gewaltiger Tisch, auf dem alle Arten von Aschenbechern, Zigarren-Cuttern, Streichhölzern und Feuerzeugen liegen. In einem hinteren Raum Erinnerungsstücke an die über hundertjährige Geschichte der Zigarren-Dynastie, an den Wänden allerlei knallbunte Kunst. Am meisten sind D und G fasziniert von Bildern Zigarren-paffender Frauen; eine Frankfurter Künstlerin hat sich darauf spezialisiert.

Urplötzlich öffnet sich die Tür, ein hagerer Herr mit listigen Augen schiebt sich zwischen die drei fülligeren Männer, die dort schon warten: D und G und Michael Blumendeller, der die schöne Berufsbezeichnung „Head of Large Cigars" trägt. Aus einer krummen Zigarre steigen Qualmwolken auf, Heinrich Villiger demonstriert, dass er auch mit 88 Lebensjahren noch Leidenschaft entwickelt für das, was er herstellt und vertreibt. 1950, da war er gerade 20 Jahre alt, ist er in das Familienunternehmen eingetreten, vier Jahre später war er bereits Teilhaber, seit 1989 ist er Alleinherrscher im Villiger-Reich. Sein Klassenlehrer hatte ihm noch zum Studium geraten, es wäre doch schade, wenn er in eine kleine „Stumpenfabrik" einträte – aber der Vater hatte andere Pläne: „Mein Vater sagte mir: ‚So, jetzt kommst du in die Firma!'. Da war nichts zu machen."

Heinrich Villiger ist der letzte echte Zigarren-Patron, er befehligt ein Reich mit 1.400 Mitarbeitern, mit dem Hauptsitz in Tiengen sowie weiteren Niederlassungen im schweizerischen Pfäffikon und im westfälischen Bünde. Der Konzern, 1888 gegründet, fertigt heute hauptsächlich maschinell erzeugte Zigarillos und Zigarren sowie handgerollte Original-Villiger-Zigarren und hat für 2013 einen Umsatz von 220 Millionen Schweizer Franken gemeldet. Außerdem hat das Unternehmen den Alleinvertrieb für Havanna-Zigarren in Deutschland, Polen und der Schweiz.

Für den F.A.Z.-Mann D hat der Patron sogleich eine Erinnerung parat: „Ich hatte mal ein Interview mit einem Korrespondenten der Frankfurter Allgemeinen Zeitung aus Zürich. Der Mann reiste an mit einem Stenoblock, einem Bleistift und einem Bleistiftspitzer. Er schrieb und schrieb, und ich dachte: Wie kann er das alles mitbekommen? Ich rede ja sehr viel und manchmal auch recht schnell. Ich war also etwas skeptisch und habe ihn schließlich gefragt, ob er mir das Interview vorm Erscheinen noch einmal zuschicken könne. ‚Nein', hat er gesagt, ‚wissen Sie, wir sind ja die F.A.Z., so etwas machen wir nicht'. Na gut, dachte ich. Es war eines der besten Interviews, die je mit mir erschienen sind, perfekt niedergeschrieben."

G: „Wir haben keine Bleistifte dabei, aber ein Tonband."

Herr Villiger: „Ich bin froh, dass wir keine Krawatten herstellen. Sonst müsste ich die ja unentwegt anziehen. Und ich bin auch froh, dass wir keine Bleistifte fabrizieren."

G: „Aber dann stünden Sie wahrscheinlich nicht derart im Fokus der Weltgesundheitsbehörde."

Herr Villiger: „Nun ja, man könnte sich ja verletzen, wenn der Bleistift arg spitz ist …"

Die Herren lachen.

Herr Villiger kommt sofort zur Sache: „Vom Rohtabak-Anbau gehen 95 Prozent in die Zigarette. Fünf Prozent gehen in die Zigarre. Wir fertigen also eigentlich ein Nischenprodukt, wie zum Beispiel Champagner. Als Zigarette betrachten wir alles, was mit weißem Papier umhüllt ist, und den Feinschnitt. Auch das ist ein beachtliches Geschäft. Die Rauchtabak-Leute haben es geschafft, dass der Feinschnitt niedriger besteuert wird – weil er als ‚Halb-Fabrikat' gilt. Der Konsument rollt ja die Zigarette selbst. Er hat es demnach buchstäblich in der Hand, wie dick oder dünn er seine Zigaretten dreht. In der Schweiz ist (mit Ausnahme des Kantons Tessin) ja erlaubt, was in Deutschland verboten ist: Cannabis. Viele, die sich in der Schweiz eine Zigarette drehen, drehen natürlich gern ein bisschen Cannabis hinein."

D: „Welche Rolle spielt der Pfeifentabak?"

Herr Villiger: „Der traditionelle Pfeifentabak hat stark nachgelassen. Die jungen Leute rauchen keine Pfeife, das ist ihnen zu umständlich und zu altmodisch. Aber was neu gekommen ist, ist der Wasserpfeifentabak. In der EU ist der Tabakanbau ja über viele Jahrzehnte subventioniert worden. Die europäischen Bauern haben argumentiert, dass die Tabakherstellung in Europa sehr viel teurer ist als in den Entwicklungsländern – deshalb wurden ihnen Beihilfen gezahlt. Bis die WHO eingeschritten ist mit der Frage: Wie kann der Staat ein gesundheitsgefährdendes Produkt subventionieren? Daraufhin wurden die Beihilfen gestrichen, mit gravierenden Folgen zum Beispiel für Griechenland, wo ja viele Kleinbauern vom Tabakanbau lebten. Man hat ihnen praktisch die Existenzgrundlage entzogen. Auch die deutschen Bauern haben das zu spüren bekommen, aber nicht so hart wie die Griechen. Neulich kam ich ins Gespräch mit deutschen Tabakbauern. ‚Wie geht's Ihnen?', habe ich gefragt. ‚Wieder besser', haben die erzählt – weil sie jetzt den deutschen Tabak nach Ägypten exportieren, wo kein Tabakanbau möglich ist. Dort wird der Tabak für die Wasserpfeifen aufbereitet und dann zurückgeliefert nach Deutschland ..."

D: „Wo sind die größten deutschen Tabak-Anbaugebiete?"

Herr Villiger: „Das älteste ist in Lorsch in Südhessen."

Die zum Unesco-Weltkulturerbe geadelte Stadt Lorsch preist sich auf ihrer Webseite als Tabak-Stadt. Bis in die 1980er Jahre sah es rund um das Städtchen anders aus als irgendwo sonst in Deutschland. In langen Reihen zogen sich die Tabak-Plantagen durch das hessische Ried, hellgrün leuchteten die zwei Meter hohen Stauden, rosafarbene Blüten krönten die Pflanzen. Auf den Bauernhöfen hingen die Tabakblätter in langen Unterständen zum Trocknen. In Lorsch bestimmte der Tabak den Alltag. In der Hochzeit der 300 Jahre währenden Tabakgeschichte arbeiteten 1.800 Frauen und Männer aus Lorsch in der Tabak-Herstellung – das war damals ein Drittel der Bevölkerung. Was ist davon geblieben? Zwei Tabak-Museen, unzählige Führungen und Workshops, ein Tabakfest im September – und ein Projekt, in dem Freizeit-Farmer weiter Tabakanbau betreiben. Zum Tabakfest präsentieren die Lorscher Enthusiasten jedes Jahr ihre neue „Lorsa Brasil" – von der selbstgefertigten Zigarre werden 10.000 Stück angeboten. Als Beitrag zur Weltkultur hat die Unesco freilich nicht den Tabakanbau gewürdigt, sondern das im Jahr 764 gegründete Kloster Lorsch.

G: „Als Sie eben den Raum betraten – jetzt ist es 11 Uhr – da haben Sie bereits eine Zigarre geraucht. War das Ihre erste heute?"

Herr Villiger: „Das ist eine neue Zigarre aus unserem Haus, die ich einfach einmal testen musste. Das ist also ein Arbeitsvorgang."

G: „Diese gewellte Zigarre, die Sie jetzt rauchen, erinnert mich an ein Kindheitserlebnis. Da gab es ein Ritual mit einem Onkel, dem Rittmeister Martin Zinn. Ich war damals schätzungsweise fünf Jahre alt, und der Rittmeister fragte bei jeder Zusammenkunft: ‚Willst du eine Zigarre rauchen?' Ich: ‚Ja.' Dann holte er einen Karton aus dem Regal und hielt ihn mir hin mit den Worten: ‚Ich habe aber nur diese hier, die krummen Hunde.' Ich: ‚Nein danke, die rauche ich nicht.' Dem folgte jedesmal ein Heiterkeitsausbruch meines Onkels."

Herr Villiger: „Die Krummen Hunde waren von der deutschen Firma Schwering & Hasse in Westfalen, einem Familienunternehmen. Der alte Fabrikant Hasse, erinnere ich mich, ging auf Hasenjagd. Er hatte einen wunderschönen Opel Kapitän mit Schiebedach. Sein Chauffeur fuhr ihn durch sein Revier, und der Herr stand mit seiner Flinte im Schiebedach und schoss drauflos. Es war natürlich ein Fehler, diese Zigarre Krumme Hunde zu nennen – ein solcher Name verträgt sich nicht mit einem

Luxusprodukt. Aber der Ursprung dieser schlangenartigen Zigarren ist Kuba. Kuba gilt ja als Wiege der Zigarre – obgleich das nicht exakt bewiesen ist, es könnte auch Brasilien gewesen sein. Kolumbus hat die Zigarre entdeckt, sagt die Legende. Wenn es nicht wahr ist, ist es natürlich gut erfunden. Deshalb gilt das Kolumbus-Jahr 1492 auch als Entdeckerjahr der Zigarre. Dabei hat der Tabak schon sehr viel früher gequalmt, im ersten Jahrtausend zum Beispiel bei kultischen Handlungen in Maya-Tempeln.

Seit Jahrhunderten erhalten die Tabakarbeiter Frei-Zigarren – wie die Arbeiter in Brauereien Anspruch auf ihr Freibier haben. Um diese Deputate von den eigentlichen Zigarren zu unterscheiden, haben die Kubaner die ‚Culebras' erfunden. Culebra heißt Schlange. Die aus mehreren Strängen geflochtene Schlangen-Zigarre konnten die Tabakarbeiter mit heimnehmen – das soll verhindern, dass die echten Zigarren stibitzt werden."

G: „Welche Bedeutung hat die Zigarre heute?"

Herr Villiger: „Es ist wie beim Wein. Ich trinke gern mal ein Glas Champagner – das ist schon ein Unterschied zum italienischen Prosecco oder zum deutschen Sekt. So verhält es sich eben bei der Zigarre auch. Es ist ja nicht jedermanns Sache, eine Zigarre für sieben oder zehn Euro zu kaufen. Wenn Sie allerdings für ein paar Euro einen guten Espresso kaufen, haben Sie den in Windeseile getrunken. An einer Zigarre dagegen haben Sie bestimmt eine Stunde lang Freude. Man kann exakt beziffern, wie groß der Markt für Zigarren ist. Bei Kartoffeln weiß man das nicht – aber Zigarren werden ja besteuert. Es werden auf dem Weltmarkt 24 Milliarden Zigarillos und Zigarren verkauft. Von diesen 24 Milliarden sind zwei Prozent handgefertigte Zigarren. Villiger hat im vergangenen Jahr 1,5 Milliarden Stück produziert – aber nur drei Millionen handgemachte Zigarren."

G: „Wie ist die Haltung zur Zigarre heutzutage? In den USA, war zu lesen, gibt es eine Renaissance. Stimmt das? Wie sieht es bei uns aus?"

Herr Villiger: „Der Zigarettenraucher weiß, dass er ein gesundheitsschädliches Produkt konsumiert. Der Zigarettenraucher raucht deshalb mit schlechtem Gewissen. Der Boss des größten Tabak-Konzerns der Welt, Philipp Morris, hat kürzlich erklärt: Wir wissen, dass Zigarettenrauchen schädlich und ungesund ist. Wir haben als Weltmarktführer eine Verantwortung gegenüber den Menschen. Wir haben in der Vergangenheit stets beteuert, das Rauchen sei unschädlich – aber es ist bewiesen, dass das nicht stimmt."

Philipp Morris will umstellen auf die Low-Risk-Produktion – risikoarme Zigaretten. „Erhitzen statt verbrennen" heißt das, was die Lösung für die gesundheitsschädliche Wirkung sein soll.

„Angefangen", sagt Herr Villiger, „hat alles mit den Liquids – den E-Zigaretten. Philipp Morris hat jetzt verkündet, dass 400 Wissenschaftler an den Zigaretten der Zukunft arbeiten. Die neue Erfindung: der Tabakpfropfen. Sie brauchen dafür einen Akku, mit dem der Tabakpfropfen auf 350 Grad erhitzt und sodann verdampft wird. Das bedeutet: Er wird nicht mehr wie bei der herkömmlichen Zigarette verbrannt. Eine Managerin der Tabakindustrie hat kürzlich gefordert, die Raucher müssten zu ‚Dampfern' umerzogen werden. Was bedeutet das für die Zigarren? Was bedeutet das für uns? Wir werden keine E-Zigarren produzieren. Und zum Genuss des Zigarrenrauchens gehört ja auch die Qualmwolke. Vielleicht bin ich zu altbacken, aber ich kann mir eine fundamentale Veränderung der Zigarre nicht vorstellen."

Herr Blumendeller: „Jedes Jahr findet im Sommer die größte Tobacco-Show Amerikas statt, meistens in Las Vegas. Das liegt daran, dass in den meisten US-Bundesstaaten Rauchverbot herrscht – in Las Vegas, Bundesstaat Nevada, kann dagegen auch in den Casinos geraucht werden. Vor vier Jahren war auch hier mal kurzzeitig ein absolutes Rauchverbot erlassen worden – mit dem Ergebnis, dass die Einnahmen in den Spielhallen und damit auch die staatlichen Steuereinnahmen um 40 Prozent einbrachen. Das Rauchverbot wurde sehr schnell wieder aufgehoben. Auf der Tobacco-Show werden jedes Jahr auch Neuheiten präsentiert, die für den europäischen Markt interessant sind. Vor zwei Jahren gab es dort einen Stand für E-Zigarren. Im folgenden Jahr gab es den nicht mehr."

In den USA führt der Raucher kein leichtes Leben. In vielen Bundesstaaten ist das Rauchen nicht nur in der Nähe von Kinderspielplätzen und Schulen, sondern auch in Fußgängerzonen, an Bushaltestellen, vor Geldautomaten, an Stränden und in Parks verboten. Auch im eigenen Zuhause sind die Nikotinschwaden verpönt, weil Familie oder Freunde protestieren. Stattdessen werden in den Städten der USA immer mehr Raucher-Lounges eröffnet – meistens vornehm wirkende Refugien, in denen fette Ledersessel, gediegene Musik und erlesene Getränke auf die Zigarrenraucher warten.

Herr Blumendeller: „Ich haben selten so selbstbewusste Zigarrenraucher wie in den USA gesehen. Wer Zigarren raucht, ist ein Mann von Welt..." Die Neue Zürcher Zeitung urteilte vor einigen Jahren etwas skeptischer über das Comeback der Zigarre in den USA: „In diesem raucherfeindlichen, vor lauter Gesundheitsdenken überschnappenden Land hat sich eine oppositionelle Clique gebildet, die qualmt wie nie zuvor. Es sind allerdings nicht die volkstümlichen Stumpen, mit denen man sich dort begnügt, sondern Glimmstengel der nobleren Art, vorzugsweise kubanische, vom Staat mit einem Importverbot belegte. Prohibition ist ein wunderbares Revitalisierungsmittel."

D: „Man könnte ja meinen, die Zigarre sei ein über die Jahrhunderte gereiftes Produkt. Auch die Ingredienzen sind ja immer gleich – Tabak, Umblatt, Deckblatt. Was gibt es da noch Neues zu entwickeln?"

Herr Villiger: „Im Grunde nichts, da haben Sie Recht. Man kann eine traditionelle Zigarre nicht revolutionieren."

Herr Blumendeller: „Es verbietet sich, jedem Trend hinterherzurennen. Aber trotzdem muss man auch die Zigarre ständig überprüfen. Man kann das Format verändern – das bedeutet, dass man die Rauchzeit verändert. Das weltweit beliebteste Format ist die Robusto. Nicht zu lang, aber etwas voluminöser. Da wurde irgendwann die kürzere ‚Short Robusto' erfunden – für Raucher, die weniger Zeit investieren wollen oder können."

Die klassische Robusto ist 114 bis 140 Millimeter lang und misst 19 bis 21,4 Millimeter im Durchmesser. Die „Short Robusto" ist bis zu 30 Millimeter kürzer. Die berühmte Churchill, die längste unter den allgemein gebräuchlichen Zigarren, ist zwischen 171 und 200 Millimeter lang. Auch die gibt es in einer Piccolo-Variante, auf etwa 130 Millimeter geschrumpft und im Handel gern als „die kleine Mächtige" feilgeboten.

Herr Blumendeller: „Dann wurde der zweite Zigarren-Ring erfunden, der sogenannte Fußring. Im Moment sind Zigarren angesagt, die in alten Rum- oder Whisky-Fässern eingelagert werden. Der Geschmack der Holzfässer soll auf die Zigarren abfärben. Rohtabak oder fertige Zigarren werden sechs Monate in den Fässern eingelagert, damit sich der Geschmack verändert."

G: „Schmecken Sie das?"

Herr Blumendeller: „Leicht. Es ist ein Hauch. Vielleicht könnte man das sogar verstärken. Ich habe selbst mal was ausprobiert und in einen Humidor zehn Zigarren und ein Glas erstklassigen Schwarzwälder Kirsch platziert. Die Zigarren brauchen ihre Feuchtigkeit; denen ist es völlig egal, ob das destilliertes Wasser oder ein Obstbrand ist. Aber an der Grundsubstanz ändert das alles natürlich nichts."

G: „Warum raucht man Zigarre?"

Herr Villiger: „Der Weg zur Zigarre ist vergleichbar mit dem zum Wein. Das erste Glas Wein schmeckt einem meistens auch nicht…"

G: „Das war in meinem Fall billigster Lambrusco aus der Zwei-Liter-Flasche."

Verständnisvolles Lachen.

Herr Villiger: „Die erste Zigarette schmeckt eigentlich niemandem. Es wird ja überall diskutiert, ob Tabakwerbung nicht zur Gänze verboten werden sollte. In Deutschland ist sie ja noch erlaubt. Wenn ich manchmal morgens junge Leute beobachte, die sich ihre Zigaretten anstecken, dann bin ich sicher, dass die nicht durch Werbung zum Rauchen verführt werden. Die rauchen wegen des Gruppengefühls, wegen des Gruppenzwangs. Durch Werbung können Raucher vielleicht zu einer bestimmten Marke geführt werden, nicht aber zum Rauchen selbst."

D: „Die jungen Leute rauchen, weil die Freundinnen und Freunde auch rauchen. Das sehe ich so wie Sie."

Herr Villiger: „Sie wollen sich erwachsen fühlen. Sie wollen in der Gruppe anerkannt werden. Ein Werbeverbot würde daran gar nichts ändern. In Ländern mit striktem Werbeverbot spürt man kaum Auswirkungen. Das Einzige, was gewirkt hat, sind diese riesigen Warnhinweise auf den Packungen. Noch stärker wirken natürlich absolute Rauchverbote. Dagegen können Sie gar nichts mehr machen."

Tabak ist in der Politik verpönt, niemand will sich mit diesem Thema die Zunge verbrennen. Vertreter der Tabakindustrie werden, jedenfalls offiziell, gemieden wie Leprakranke. Kein Politiker lässt sich mit Zigarette oder gar Zigarre ablichten – obwohl die Rauchlust weit verbreitet ist, quer durch alle Parteien. Da war der Sozialdemokrat Gerhard Schröder in seiner Zeit als Bundeskanzler noch von anderem Schlag. Er ließ sich nicht nur im sündhaft teuren Brioni-Anzug ablichten, sondern posierte auch mit einer glimmenden Zigarre, die gemeinhin als Königin unter den kubanischen Edelpüstern gilt – einer Cohiba. Wer heute hingegen kein Bekenntnis gegen Nikotinstengel abzulegen bereit ist, gerät schnell in den Verdacht, von der Tabak-Lobby gesponsert zu werden. Das kann den stets vornehmen Zigarren-Baron aus der Schweiz kurzzeitig in Wallung bringen: „Gegen die Lobby-

Arbeit der Weltgesundheitsorganisation ist die der Tabakproduzenten Peanuts. Die WHO sitzt ja in jeder Gesundheitsbehörde und nimmt ihren Einfluss wahr."

Das Krebsrisiko des Rauchens ist in zahllosen Studien belegt. Eine Untersuchung aus dem Jahr 1999, an der auch rauchende und nicht-rauchende Männer aus Frankfurt teilnahmen, gelangt zu der Erkenntnis, dass das Krebsrisiko bei Zigarettenrauchern 28-mal höher sei als bei Nichtrauchern. Für Zigarrenrauchen wird immer noch ein fünffach erhöhtes Risiko ausgemacht. Wer mehr als fünf Zigarren am Tag raucht, warnt die American Lung Association, hat ein erhöhtes Lungenkrebsrisiko. Wer drei Zigarren am Tag pafft, verdoppelt sein Risiko für Tumore im Mundraum. 2014 beklagte hingegen die Neue Züricher Zeitung eine übertriebene „Hatz gegen den Tabak", angeführt von der Weltgesundheitsorganisation WHO, die seit 1975 einen immer erfolgreicheren „Feldzug gegen das Rauchen" organisiert habe, mit einer systematischen „Stigmatisierung der Tabakindustrie, übermäßigen Steuererhöhungen für Tabakprodukte, Diskriminierung der Raucher, Ausgrenzung rauchender Menschen aus der Öffentlichkeit". Allein im Süden Brasiliens, rechnete die NZZ vor, seien 165.000 Tabakbauern mit über 600.000 Beschäftigten vom wirtschaftlichen Untergang bedroht.

G: „An sich hatte ich ja eine recht einfache Frage gestellt: Warum rauchen Menschen Zigarren? Ich möchte mal für mich persönlich eine Antwort geben: Wenn ich mir eine Zigarre anzünde, dann weiß ich: Ich habe jetzt Zeit. Der Vorgang des Zigarrenrauchens beruhigt. Er führt zu einer ganz anderen Art von Gesprächen – nachdenklicher vielleicht, unhektisch, irgendwie ausgeruhter."

Warum rauchen vor allem Männer Zigarren? Ein Psychologe hat schon mal die These aufgestellt, das Ziehen an der Zigarre sei dem frühkindlichen Nuckeln nachempfunden. Oder dient das torpedoförmige dicke Ding manchem Kerl als eine Art tertiäres Geschlechtsorgan, vergleichbar der langen Schnauze eines Sportwagens?

G fragt vorsichtig: „Sie hatten mal eine Plakat-Kampagne, die zeigte Soldaten und Bergsteiger und andere ‚ganze Kerle'. Der Werbe-Slogan dazu hieß: ‚Männer rauchen'. Ist die Zigarre ein Utensil für Männlichkeit?"

Herr Villiger: „Wir hatten sogar früher einmal eine gemeinsame Kampagne der Schweizer Tabakindustrie, die hatte den Slogan: ‚Sei ein Mann und rauche Stumpen und Zigarren'."

Die Männer lachen, Herr Villiger ergänzt noch: „Wenn wir eine solche Aufforderung heute aufs Plakat drucken würden, da würden die Leute an die Decke hochgehen."

Herr Blumendeller: „In unserem Zigarrenclub machen wir auch die Erfahrung, dass das gemeinsame Rauchen ein wichtiger Aspekt ist. Allein daheim auf der Terrasse zu rauchen – das macht einfach weniger Spaß. Das Gemeinschaftserlebnis zählt."

G: „Eine große Zigarre ist ein Luxus. Noch einmal die Frage: Warum raucht man Zigarre? Bedeutet es: Ich gönne mir jetzt mal was Besonderes?"

Herr Blumendeller: „Zigarrenrauchen ist Teil eines Lebensgefühls. Man trinkt einen guten Rum, einen guten Single Malt – und man raucht eine gute Zigarre. Die Zigarette kann ich alleine überall rauchen. Eine echte Cohiba, die gern schon mal 55 Euro kosten kann, ist wie ein Fest, das sollte man nicht allein feiern. Vor vielleicht acht oder zehn Jahren sind einem zum Beispiel in Frankfurt junge Banker oder Manager begegnet, die nur Cohiba geraucht haben. Wir nannten sie Ring-Raucher – Hauptsache, auf dem Papierring um die Zigarre stand Cohiba. Wir hatten Zweifel, ob wirklich alle einen Unterschied geschmeckt haben zu anderen Zigarren. Aber mir scheint, dass diese Ring-Raucher weniger geworden sind."

In den sechziger Jahren, als die heute längst pensionierten Lehrer, Landräte und Werbegrafiker noch im ultrabequemen Revolutions-Outfit Demonstrationszüge durch Deutschlands Straßen organisierten, führten sie auf großen Plakaten gern ein Jesusartiges Konterfei mit sich, den Helden aller Linken im Westen: Che Guevara. Sein Gesicht wurde Zimmerschmuck vieler Wohngemeinschaften, der Mitstreiter Fidel Castros machte einfach optisch mehr her als der Maximo Lidér selbst. „Che" war die Ikone der sehnlichst erwarteten Weltrevolution – und er rauchte Zigarren. Für Fotos posierte er gern machohaft breitbeinig auf einem Sofa sitzend, die erkaltete Zigarre klemmte ihm zwischen den Zähnen. Auch für diesen Zweck hatte der Revolutions-Romantiker, der die Genossen weltweit schon mal aufforderte, „zwei, drei, viele Vietnam" zu schaffen, einen passenden Spruch parat: „Das Rauchen ist ein gewohnheitsmäßiger und überaus wichtiger Teil des Lebens eines Freiheitskämpfers, denn der Rauch, den er in Augenblicken der Entspannung ausstößt, ist dem einsamen Soldaten jederzeit ein treuer Kamerad."

Einige glühende Fans setzten sogar die Mär in die Welt, der Genosse Che (der sich später mit seinem Kampfgefährten Fidel verkrachte) habe die berühmteste aller Zigarren, die Cohiba, erfunden. Das ist bloß Guerilla-Kitsch – aber gleichwohl ist der Mythos der Cohiba auf ewig verheiratet mit der kubanischen Revolution. Die wirkliche Geschichte geht so: Anno 1963 schenkte ein gewisser Bienvendio, genannt Chicho, dem Maximo Lidér Fidel Castro eine Zigarre – eine „Fuma", von dem Zigarrendreher Eduardo Rivera nach eigenem Geschmack gemischt und gedreht. Chicho war einer der Leibwächter Castros und Rivera, der in der La Corona-Tabakfabrik in Havanna arbeitete, war sein Freund. Der misstrauische Despot, der ständig in der Furcht vor Attentaten lebte, konnte sehr schnell von den Zigarren nicht mehr lassen – aber er bestand darauf, dass nur der Mann, dem er vertraute, Hand anlegen durfte am Tabak des Diktators. „Wissen Sie", erzählte Rivera dem Zigarren-Magazin Aficionado, „Fidel war einer der am meisten gefährdeten politischen Führer der Welt – all diese Attentatsversuche, auch von der CIA. Deshalb war ich sein persönlicher Zigarrenroller. Es war alles sehr verschwiegen." Rivera rollte künftig daheim, nur Castro durfte diese Zigarren rauchen. Aber dann begann der kubanische Herrscher, die Tabakstengel als Gastgeschenke für Diplomaten einzusetzen – und plötzlich witterten die Kubaner das große Geld. 1966 wurde die Marke Cohiba gegründet, anfangs wurden 650.000 Zigarren im Jahr hergestellt, in der neuen Fabrik El Laguito. Ein Jahr später fand Che Guevara im Dschungel von Bolivien den Tod, er wurde nicht einmal 40 Jahre alt.

2006, so ist es in der Zigarren-Geschichte zu lesen, wurde zum 40. Jubiläum der Cohiba eine limitierte Auflage von 100 Kisten, angefüllt mit 40 Behrike-Zigarren, auf den Markt gebracht. Gerollt hatte die massiven Rauchprügel eine gewisse Norma, die als Star unter den Zigarrendreherinnen galt. Die Kiste mit der „teuersten und exklusivsten Habano-Zigarre der Geschichte", so der Pressetext, kostete 15.000 Euro – macht 375 Euro pro Zigarre. Es geht freilich noch teurer. Als besonders gutes Stück gilt derzeit die „Gurkha HMR His Majesty's Reserve". Ein 12 Jahre gereiftes dominikanisches Deckblatt umhüllt die „Majestät", den Wickelblättern wird eine (natürlich streng geheime) „Infusion" mit dem Edel-Cognac Louis XIII verpasst. 75 Kisten pro Jahr werden von diesem Rauch-Luxus hergestellt, eine Zigarre kostet 1.200 Euro.

D: „Ich gehe doch wohl recht in der Annahme, dass Zigarrenrauchen eher etwas für Besserverdiener ist. Ich vermute, in Ihrem Raucherclub gibt es mehr Notare als Gabelstaplerfahrer ..."

Herr Blumendeller: „Das stimmt. Jedenfalls sind es eher gebildete Menschen, die zu Zigarren neigen."

Herr Villiger: „Wir erleben gerade, dass Zigarren nicht nur von Wohlhabenden geraucht werden – ich sehe immer häufiger junge Leute mit guten Zigarren, einfachere Bürger. Das Image der Zigarre hat sich verbessert. Vor 20 Jahren hat man eher mal gehört: Iiih, Zigarren, das stinkt. Das hört man heute kaum noch."

G: „Es ist ja sicher auch hilfreich, dass sich der eine oder andere Hollywood-Star gern mal mit Zigarre zeigt."

Herr Villiger: „Ja, natürlich. Schwarzenegger zum Beispiel. Sylvester Stallone ... Der Widerstand gegen die Zigarre ist gebrochen, das Ansehen ist enorm gewachsen."

Die Liste der prominenten Zigarren-Raucher ist lang. Kettenraucher Ludwig Erhard machte die Zigarre zum Symbol für das deutsche Wirtschaftswunder. Der Psychoanalytiker Sigmund Freud empfahl Rauchen als unverzichtbare Ersatzhandlung: „Rauchen lässt sich nicht entbehren, wenn man nichts zum Küssen hat". Der Schriftsteller Somerset Maugham hatte eine geradezu romantische Beziehung zu seiner Glimmstange: „Wenn du den letzten Zug getan hast, die letzte Rauchwolke sich blau in der Luft verflüchtigen gesehen hast, ist es für eine sensible Natur unmöglich, nicht eine gewisse Melancholie zu empfinden." Oscar Wilde paffte, Victor Hugo war überzeugt, dass Tabak „Gedanken in Träume" verwandeln kann. Einen Tag vor dem US-Embargo gegen Kuba ließ sich John F. Kennedy angeblich 1.200 Zigarren der Sorte „Petit Upmann", deren Einfuhr er selbst verboten hatte, ins Weiße Haus liefern. Mark Twain verkündete kurz und bündig: „Ich verzichte auf den Himmel, wenn ich dort keine Zigarren rauchen kann." Marlene Dietrich hat irgendwann aufgehört zu rauchen, sie hat es bereut: „Nun möchte ich zum Thema Rauchen noch etwas sagen. Als ich noch rauchte, schlief ich wie ein Baby. Seit dem Tag, an dem ich aufhörte, schlief ich nie wieder." Noch ein paar Zigarren-Anhänger gefällig: Otto von Bismarck, Groucho Marx, George Sand, Charlie Chaplin, Napoleon, Alfred Hitchcock, Hermann Hesse, Jack Nicholson, Roger Moore ... Der britische Haudegen Winston Churchill hatte einen Vorschlag an die Ängstlichen: „Ein leidenschaftlicher Raucher, der immer von der Gefahr des Rauchens liest, hört in den meisten Fällen auf – zu lesen."

»Rauchen lässt sich nicht entbehren, wenn man nichts zum Küssen hat.«

Beinahe hätten wir Ernest Hemingway vergessen, diesen Vielraucher und Allestrinker, dessen legendäre Trunksucht heute noch vielen Kneipen rund um den Erdball zu Werbezwecken dienlich ist. Natürlich auch in Havanna, wo er paffte und schluckte, paffte und schluckte und zwischendurch „Der alte Mann und das Meer" schrieb. Die Touristen lassen sich in der Bar Floridita neben einer bronzenen Hemingway-Büste ablichten oder versuchen in der hoffnungslos überfüllten kleinen Kneipe „Bodeguita del Medio" jenen Rum-Cocktail zu ordern, den der Meister hier beinahe täglich in sich hineinkippte, den Mojito.

G: „Die Zigarre hat nichts Anrüchiges mehr. Wir verschweigen ja nicht, dass wir gelegentlich Zigarre rauchen. Ich habe noch nie erlebt, dass ich deshalb kritisiert werde – die Zigarre hat nichts Anrüchiges. Im Gegensatz zur Zigarette. Die ist gemeiner ..."

D: „... ordinärer."

Herr Villiger: „Die Industrie ist natürlich nicht ganz unschuldig daran, dass Zigarren nicht überall einen guten Ruf genossen. Wir hatten, wenn ich 30 Jahre zurückdenke, das Angebot, in Deutschland eine bekannte Zigarrenmarke zu übernehmen. Wie hieß noch der Slogan: ‚Man unbeschwert durchs Leben rollt mit einer guten Handelsgold'. Eine miserable Zigarre aus deutschen Tabaken war das damals, kaum rauchbar. Wie soll daraus ein gutes Image entstehen? Im Unterschied dazu haben die Kubaner das geradezu meisterhaft gemacht. Jedes Jahr die Preise erhöht, jedes Jahr den Umsatz gesteigert. Auch in diesem Jahr geht der Preis wieder drei bis vier Prozent hoch. Ein anderes Beispiel ist Zino Davidoff. Ich habe ihn ja auch gekannt – ein Schweizer Unternehmer wie ich. Davidoff hatte einen kleinen Laden in Basel. Davidoff hat sehr viel getan für den Ruf der Zigarre – obwohl er keine wirklichen Top-Zigarren gemacht hat."

Ein solches Urteil würde Davidoff, der 1994 in Genf starb, vermutlich heute noch zur Weißglut treiben. Davidoff hatte 1967 mit Cubatabaco einen Exklusivvertrag zur Produktion einer kubanischen Zigarre unter seinem Namen geschlossen. Da kubanische Zigarren wegen des Wirtschaftsembargos gegen die „Zuckerrohrinsel" nicht in den USA verkauft werden durften, produzierte Davidoff eine andere Marke namens Zino in Honduras. 1979 endete die Kooperation mit Kuba in einem Krawall; Davidoff ließ kubanische Zigarren im Wert von drei Millionen US-Dollar öffentlich verbrennen und verlagerte seine Produktion in die Dominikanische Republik. Das, sagen Zigarren-Experten, habe der Qualität der Zigarren nicht gutgetan – Tabake von der „DomRep" gelten vielen Zigarren-Feinschmeckern meistens als nicht geeignet, um erstklassige Qualitätszigarren zu produzieren.

Herr Villiger: „Die Dominikanische Republik hatte keine herausragende Bedeutung für die Tabakherstellung, bevor Davidoff kam. Die Qualität ihrer Zigarren ist im Vergleich zu Kuba schlechter geworden, die Tabake konnten nicht mit den kubanischen mithalten. Aber die Davidoff-Zigarren sind trotzdem weitergeraucht worden. Die wirklichen Kenner, muss man wissen, sind sehr dünn gesät. Wie beim Wein auch."

G: „Wer weiß schon einen 85-Euro-Wein so zu würdigen, wie er's vielleicht verdient hätte? Die meisten selbst ernannten Weinkenner sind ja nur Darsteller."

D: „Angeber. Schaumschläger."

Herr Villiger: „Es gibt eine Reihe von Fachmagazinen und die haben, wie in der Wein-Fachpresse auch, Bewertungssysteme. Allerdings muss man zur Kenntnis nehmen, dass die Inserate meistens von Zigarren-Herstellern bezahlt werden. Die Punkte, die hier bei der Bewertung von Zigarren vergeben werden, reichen immer von 79 bis 82. 60 Punkte erhält keiner. Das ist eine äußerst kleine Spreizung."

Herr Blumendeller: „In Deutschland richten sich die Raucher kaum nach diesen Bewertungen – in den USA allerdings ist das eine Art Bibel. Aficionado, die wichtigste Zigarren-Zeitschrift, veröffentlicht ständig Ratings. Einmal im Jahr stellen sie die Top 250 vor. Wir haben es im vergangenen Jahr geschafft, mit einer Marke Platz 10 zu bekommen – mit der Villiger ‚La Flor de Ynclan'. Das war der größte Erfolg für Villiger in Amerika seit dreißig Jahren. Bei einer Messe in den USA standen die Händler beinahe Schlange an unserem Stand, weil plötzlich alle diese Zigarre haben wollten. In Amerika orientieren sich die Kunden nach diesen Ratings – bei uns interessiert das keinen Menschen."

Bei der Vorstellung der hochdekorierten 11-Dollar-Zigarre La Flor de Ynclan überschlugen sich die Kenner des US-Magazins geradezu. Heinrich Villigers „Liebe für Premium-Zigarren" habe dieses Erzeugnis hervorgebracht, „ein phantastischer Rauch-Genuss, süß und charmant vom ersten bis zum letzten Zug, mit sanften Noten von Schokolade und Salz, zum Ende hin gefolgt von Anklängen an Walnuss und Orangen-Marmelade." Man sieht, wenn die Zigarren-Helden ins Schwärmen geraten, stehen sie den Wein-Enthusiasten in nichts nach. Auf Youtube demonstriert ein Raucher in einem Sieben-Minuten-Clip selbstbewusst, wie man die „Flor" richtig konsumiert, vom Anschnitt bis zum letzten Zug. Er trägt ein T-Shirt mit dem Aufdruck „CO – Cigar Obsession". „Der Zigarrenqualm gefällt vielleicht nicht allen Nachbarn", plaudert der stämmige US-Bürger gut gelaunt, „aber das Gute ist: das ist völlig legal. Das kann uns keiner verbieten. Da kann keiner vorbeikommen und uns deswegen erschießen." Sowas muss in Amerika vielleicht mal gesagt werden.

G: „Wenn ich eine Zigarre auswähle, ist ja auch die Optik ein wichtiges Kriterium. Die dunklen Zigarren gefallen mir besser – aber ich fürchte, dass sie mir einfach zu stark sind."

Herr Villiger: „90 Prozent der Kunden greifen zur helleren Zigarre, weil sie glauben, die sei milder. Das muss aber gar nicht zutreffen."

D: „Was ist für Sie persönlich eine gute Zigarre?"

Herr Villiger: „Wir probieren Zigarren ja bei sogenannten Blind-Tests. Wir wissen nicht, was wir rauchen – aber wir haben ja unsere Kriterien, nach denen wir urteilen. Die Zigarre sollte gut abbrennen, sie sollte nicht stehenbleiben. Es bekommt einer Zigarre einfach nicht gut, wenn man sie mehrfach erneut anzünden muss. Kubanische Zigarren entzünden sich nicht so leicht wie Tabake aus Brasilien, Honduras oder Nicaragua. Die Asche sollte kompakt bleiben, ebenso wie die Deckblätter. Wenn die Blätter auseinandergehen wie ein Blumenstrauß, ist das ja auch kein Qualitätsmerkmal. Außerdem sollte die Zigarre einen guten Zug haben. Das Problem in Kuba ist: die rollen die Zigarren anders als in den anderen Tabak-Ländern, ohne Wickeltuch. Das ist schwierig, weil die Festigkeit lediglich mit den Händen gefühlt werden kann. Beim Wickeltuch merkt man beim Anziehen, wenn der Widerstand zu groß wird – dann ist die Zigarre zu fest. Die Kubaner haben ihre Werbung darauf abgestellt: ‚Totalmente hecho a mano', vollständig per Hand gefertigt. Das Wickeltuch, sagen die Kubaner, passe nicht zu diesem Anspruch."

Herr Blumendeller: „Es gibt noch einen Unterschied zwischen Kuba und den übrigen Herstellerländern. In Kuba produziert eine Person die Zigarre von Anfang bis Ende. In den übrigen Ländern werden die Zigarren in Teams hergestellt – die einen rollen den Tabak ein mit Hilfe des Wickeltuchs, die anderen kümmern sich um das Deckblatt. Bei kubanischen Zigarren kommt es mitunter vor, dass sie zu fest gewickelt wurden. Wenn demzufolge der Zugwiderstand zu groß ist, können sie an der Zigarre ziehen wie ein Ochse – es kommt nichts."

G: „Insgesamt sind Ihre Darlegungen über die Zigarrenproduktion für manchen deutschen Mann eine Enttäuschung, weil bislang gern erzählt wird, dass Zigarren auf den Schenkeln einer Frau gerollt werden. Das ist aber dann wohl ein Gerücht, oder?"

Herr Villiger: „Es gibt eine Chronik, die dieses Gerücht stützt. Hin und wieder, ist da zu lesen, finde sich auch schon mal ein Schamhaar im Tabak."

Herr Blumendeller: „Diese Frage wird uns immer wieder gern gestellt. Die wahre Geschichte geht so: Wenn der Tabak in die Fabrik kommt, ist er ja noch nicht rollfertig. Er wird in Ballen angeliefert. Die Blätter müssen einzeln herausgezogen und entrippt werden, die Blatthälften werden dann sortiert und vorbereitet. Dieser Vorgang findet in einem Teil der Fabrik statt, in dem das Raumklima sehr heiß, feucht und schwül ist. Diese Tätigkeit wird fast ausschließlich von Frauen ausgeübt. Die Frauen sitzen – natürlich nicht in Winterkleidung – auf flachen Hockern und nutzen ihre Oberschenkel als Sortierfläche für die Tabakblätter."

D: „Bei der Antwort auf die Frage, was eine gute Zigarre ausmacht, haben Sie jetzt den Zugwiderstand, den Abbrand und die Asche genannt – spielt der Geschmack keine Rolle bei ihren Blind-Tests?"

Herr Villiger: „Doch, natürlich. Es gibt den optischen, den handwerklichen und den sensorischen Bereich. Die Zigarre soll auch gut aussehen – beim Geschmack sind die Empfindungen natürlich sehr unterschiedlich. Damit eine gute Zigarre entstehen kann, müssen ja etliche Voraussetzungen erfüllt sein. Das Klima muss stimmen. Das Know-how der Menschen ist wichtig, vom Bauern bis zum Zigarrenroller. Die Bodenbeschaffenheit muss optimal sein. Es gibt nach unserer Erfahrung zwei Länder, in denen diese Bedingungen am besten sind – auf Kuba und in Brasilien. Dann kommt Nicaragua und danach erst die Dominikanische Republik. Die dominikanische Zigarre ist für mich keine gute Zigarre, obwohl der weitaus größte Anteil unserer Produktion – 80 Prozent – aus der Dominikanischen Republik stammt. Vor der kubanischen Revolution gab es in Havanna fast in jeder Straße ein Zigarrengeschäft, es gab viele Fabriken. Aber als Castro kam, hat er den gesamten Mittelstand ausgemerzt. Ich war vor und nach der Revolution auf Kuba. Nach der Machtübernahme haben die Menschen dort gesagt: ‚Jetzt gehört alles uns. Jetzt sind die reichen Leute weg, die Amerikaner sind weg ...' Die Folge war, dass alles kaputtging. Die Zigarrenfabrikanten sind damals fast alle weggegangen. Sie durften nichts mitnehmen, sie sind alle nach Santo Domingo geflüchtet."

D: „Ihr eindeutiges Urteil über die Dominikanische Republik erstaunt mich. Von dort kommen ja viele Zigarren, die haben – wie zum Beispiel die Griffin's – doch einen sehr guten Ruf."

Herr Villiger: „Die Menschen rauchen natürlich auch die Marke."

Herr Blumendeller: „Meistens ist die dominikanische Zigarre die Einsteiger-Zigarre. Sie ist als mild bekannt. Ich kenne wenige Menschen, die von Beginn an eine kräftige oder eine kubanische Zigarre rauchen. Auch die Händler empfehlen gern dominikanische Zigarren, weil sie unkomplizierter sind. Das war auch in den USA so. Wenn Sie aber länger rauchen, verfeinert sich Ihr Empfinden und ihr Anspruch an eine gute Zigarre steigt. In den USA haben wir im vergangenen Jahr erlebt, dass erstmals mehr Zigarren aus Nicaragua eingeführt und verkauft wurden als aus der Dominikanischen Republik. Auch in Deutschland machen wir die Erfahrung, dass sich der Geschmack verändert. Wir haben eine äußerst positive Entwicklung bei mittelstarken Zigarren, die zumeist nicht aus der Dominikanischen Republik stammen. Den Kunden ist es auch egal, ob diese Zigarren etwas teurer sind. Die Tabake in der Dominikanischen Republik sind okay – aber auch nicht mehr. Eine hundertprozentige dominikanische Zigarre kann gar nicht hergestellt werden, da müssen Deckblätter und auch die Umblätter aus Ecuador, Mexiko, Indonesien oder Sumatra mitverwendet werden. Ebenso verhält es sich mit den Einlagetabaken, zum Teil aus der DomRep, zum Teil aber auch aus Nicaragua. Nicaragua ist da einen Schritt weiter, dort werden immer mehr ‚Puros' hergestellt – das bedeutet: Alles, vom Einlagetabak bis zum Deckblatt, kommt aus demselben Land, aus dem gleichen Boden. Wie in Kuba. Nicaragua hat phantastische Böden und riesige Anbaugebiete."

G: „Kommen wir nochmal zum Rauchen. Churchill hat seine Zigarren ja immer gern in einen Cognac getunkt. Was halten Sie davon?"

Herr Blumendeller: „Ich trinke gern mal einen guten Cognac oder einen Whisky oder auch ein Glas Rotwein – aber den trinke ich dazu. Auch da gilt: Die Geschmäcker sind verschieden. Allerdings sollte man aufpassen, dass ein sehr dominanter Cognac nicht den Geschmack der Zigarre ‚erschlägt'. Milde Single Malt-Whiskys passen, aber die beste Wahl für mich als Getränk zur Zigarre ist ein milder Rum. Ein Bier schmeckt dazu allerdings nicht."

D: „Fangen wir nochmal von vorne an beim Umgang mit der Zigarre. Abschneiden oder lochen?"

Herr Blumendeller: „Es gibt noch eine dritte Möglichkeit, die gerade im Trend ist – den Kerbschnitt. Den kenne ich sogar noch von meinem Großvater."

Herr Blumendeller schiebt einen Kerbschneider über den Tisch, G fummelt ungelenk daran herum und macht ein Geständnis: „Ich bin wieder zu blöd." Herr Villiger hat Trost parat: „Ich klemme mir mit den Dingern immer die Finger ein."

Herr Blumendeller: „Nochmal zum Lochen. Ich habe das eigentlich ganz gern gemacht. Wenn man das Köpfchen abschneidet, können schon mal die Ränder ausfransen, und man hat Tabakkrümmel im Mund, das Problem hat man beim Lochen nicht. Heute sehe ich: Ein paar Raucher bohren noch, aber die meisten nicht mehr. Wir empfehlen einen Easy Cutter – der schneidet nicht zu tief, so dass das Deckblatt nicht verletzt wird."

Schade, dass der Westernheld Clint Eastwood von Easy Cuttern und Lochern mutmaßlich gar keine Ahnung hatte: Ein Biss, ein Ruck, schon war die Zigarrenspitze ab. So konnte man's in vielen Wildwest-Filmen sehen, in „The Good, the Bad and the Ugly" philosophiert er paffend vor sich hin: „Nach dem Essen gibt es nichts Besseres als eine gute Zigarre." Dem „Lufthansa Magazin" erzählte der alte Haudegen, Jahrgang 1930, noch vor Kurzem: „Der Genuss ist mein Antrieb. Wenn ich abends zu Hause bequem in meinem Chesterfield-Sessel sitze und mir genüsslich eine Havanna toaste, kommen mir schnell einige Sequenzen meines aufregenden Lebens ins Gedächtnis. Wer so viel erlebt hat wie ich, der braucht keine Bücher. Nur Zigarre."

D bleibt knochentrocken bei den Fakten: „Dann geht's ans Anzünden. Gasfeuerzeug oder Streichholz?"

Herr Blumendeller: „Was außen vor ist, das ist aber heute weitgehend bekannt, ist das Zippo, das Benzinfeuerzeug – wegen des Geruchs. Desgleichen sollte man eine Zigarre auch niemals mit einer Kerze anzünden, das Paraffin würde den Geschmack verändern. Im Übrigen ist es auch hier Gewohnheitssache. Herr Villiger nimmt am liebsten ein langes Streichholz."

G: „Streichholz oder Fidibus?"

Herr Villiger: „Der Fidibus ist mir zu umständlich. Weshalb soll ich erst noch den Fidibus anstecken, das geht doch mit dem Streichholz wunderbar."

Herr Blumendeller: „Viele bevorzugen diese kleinen Gasfeuerzeuge, da gibt es einflammige und dreiflammige. Die funktionieren im Regelfall alle gut. Was man allerdings beachten muss, ist, dass der Abstand zwischen Zigarre und Flamme nicht zu klein ist. Sonst wird die Zigarre verkohlt."

Herr Blumendeller demonstriert die Leistungskraft eines Tischfeuerzeugs, eines aus vier Düsen spuckenden Flammenwerfers. „Der fällt ja unter das Kriegswaffenkontrollgesetz", murmelt D. Dazu fällt Herrn Blumendeller noch eine passende Empfehlung ein: „Wenn man die Zigarre anzündet: niemals, wenn man sie im Mund hat. Erstens wird es viel zu heiß, zweitens sehe ich ja gar nicht, wann die Zigarre genug Glut hat. Für das Anzünden soll man sich Zeit nehmen. Wenn sie zu heiß wird, schmeckt sie bitter."

D: „Gut, jetzt können wir losrauchen. Wie oft soll ich an der Zigarre ziehen, damit sie nicht ausgeht?"

Herr Blumendeller: „Natürlich soll ich nicht alle paar Sekunden an der Zigarre ziehen, es soll ja alles entspannt bleiben. Man zieht ungefähr jede Minute an der Zigarre. Wenn Sie mal ausgehen sollte, dann sollte man vorm Anzünden die Asche abstreifen. Am selben Tag sollte es allerdings schon sein... Wie weit raucht man eine Zigarre? Auch da gibt es keine wirklichen Regeln. Die meisten rauchen bis zum Ring. Bekannt ist, dass Zigarren im letzten Drittel etwas bitterer und schärfer werden."

D drängt es unvermutet, eine Jugendsünde zu beichten „Übrigens, meine erste Zigarre habe ich im Alter von ungefähr 16 Jahren geraucht, eine Schweizer Marke, die Brissago." Die nach ihrer Herkunft im Tessin benannte, leicht gekrümmte Zigarre mit Mundstück wurde dem Bengel von einem Schweizer Onkel mit den Worten angedient: „Jetzt bist du alt genug." Inzwischen, einige Jahrzehnte später, stimmt das definitiv. D und G nuckeln versonnen an einem dünnen krummen 95-Cent-Gewächs, das es gerade so zur Zigarre geschafft hat: Unter drei Gramm Tabakgewicht wäre es noch ein Zigarillo. Die beiden Männer haben freien Blick auf den riesigen Humidor. Da liegen die neuen Corridas, knubbelige Zigarren mit knackbunten Bauchbinden, die vor allem Jüngere anlocken sollen. Am dunkelsten ist ein schwarzbraunes Tabakrohr aus Nicaragua. Zwischendrin „die Lieblingszigarre des Inhabers", wie Herr Blumendeller verrät – eine „Sandoro Colorado". Und dann stellt Blumendeller auch noch das stärkste Stück aus dem Villiger-Angebot vor: La Capitana, „die schöne Kapitänin", aus Nicaragua, die bei ungeübten Gelegenheitsschmauchern Hustenanfälle verursachen könnte.

D und G greifen zum Abschied zu einer Zigarre. Aufschneiden, anzünden, losrauchen. Die Männer gucken in die Luft da draußen, die inzwischen vor Hitze flirrt. Der Patron saugt mit sichtbarem Genuss an seiner Robusto, Herr Blumendeller stößt eine Qualmwolke aus, die den halben Tisch umhüllt. Früher haben Indianer sich zur Friedenspfeife hingehockt, da hatten sie dann vor lauter Entspanntheit keine Lust, sich gegenseitig die Köpfe einzuschlagen. D gleitet nochmal ins Philosophische ab, er hat sich bis zum krönenden Ende einen Spruch von Mark Twain aufgehoben: „Menschen sind wie Zigarren: Beide werden am Anfang gewickelt, lassen sich später entflammen und enden als Asche." D und G sind von der Anreise, dem intensiven Gespräch, der Hitze und der einlullenden Wirkung der Zigarre erschöpft. Der Patron schaut die Autoren mitleidig an. Er habe heute Abend noch was vor, sagt er dann – Herr Villiger geht noch zur Jagd. D und G blicken sich ungläubig an. Wer Patron sein will, muss wirklich Einsatz zeigen.

GESPRÄCHSPARTNER

Michael Blumendeller arbeitet seit 50 Jahren in der Tabakbranche, davon etwas mehr als die Hälfte in der deutschen Zigarrenindustrie. Hauptsächlich kümmert er sich um handgefertigte Zigarren aus Kuba, der Dominikanischen Republik, Nicaragua, Honduras und Brasilien, teils im Vertrieb, noch mehr aber im Produktmanagement. Er hat unzählige Reisen in diese Länder unternommen, Tabak eingekauft und für neue Marken zusammengestellt. Seit fünf Jahren betreut er für Villiger das weltweit vermarktete Handmade-Sortiment aus Mittel- und Südamerika. Deswegen trägt er den schönen Titel „Head of Large Cigars".

Heinrich Villiger, Jahrgang 1930, ist Schweizer. Nach der Handelsmatur (entspricht dem deutschen Abitur) tritt er im Herbst 1950 in das Familienunternehmen ein. Lehrjahre führen ihn in die ganze Welt: Rohtabak-Ausbildung in den USA, in Puerto Rico, Kuba und der Dominikanischen Republik, schließlich an der Tabakbörse in Holland. Weiteren Stationen in Brasilien und in der Türkei folgt die Ausbildung in der Technik der Zigarren- und Zigarettenherstellung. 1954 wird er Teilhaber der Villiger-Unternehmen in der Schweiz und in Deutschland, Mitglied des Verwaltungsrates der Villiger Söhne AG (Schweiz) und der Geschäftsführung der Villiger Söhne GmbH (Deutschland). Nach dem Tod des Vaters Max Villiger im Jahr 1966 tritt Heinrich Villigers Bruder Kaspar in das Unternehmen ein und übernimmt die Leitung des schweizerischen Stammhauses. Als Kaspar Villiger 1989 in den schweizerischen Bundesrat gewählt wird, übernimmt Heinrich Villiger die Beteiligungen seines Bruders an allen operativen Unternehmen.

Heute billig, morgen teuer

Wer den deutschen Lifestyle auch in seinen Niederungen erfassen will, muss ins Flugzeug steigen. Bitteschön: Hier erfahren Sie alles über den Ballermann. Eine Warnung: Nicht alles ist so stubenrein, wie Sie's vielleicht gern hätten. Wer sich auskennt, kann dieses Kapitel übrigens phasenweise mitsingen.

> Buena Notte, Charlotte, Mallorca Si Si,
> Dat es uns Erholung, wat bruche mehr mieh
> Buenos Dias Matthias, mer sin widder do
> Am Strand vun Mallorca wie jedes Johr
> Met alle Mann
> Am Ballermann
>
> *Die Paveier, 1992*

Nachts um halb vier am Frankfurter Flughafen, Terminal 2, Gedränge vor dem Ausgabeschalter von McDonald's. Auffallend wach stehen drei komplette Fußball-Mannschaften in der Warteschlange, in roten, grünen und blauen Trikots. Ein C-Klassen-Club aus dem Nordhessischen (die Blauen) beschäftigt die Bratanstalt mit einer Großbestellung: 48 Hamburger, laut Werbetext „das Original für jede Gelegenheit". Vier Ami-Bouletten pro Kicker! Etwas erschrocken betrachten Nicht-Fußballer die nächtliche Hungerattacke, einer der Nordhessen erläutert (fast ein wenig entschuldigend): „Das braucht man doch als Grundlage für die Playa." Die „Playa" (Platja de Palma), bei einschlägig Informierten wortmächtig „Ballerstrand" genannt, liegt zwar zu dieser frühen Stunde noch im Dunkeln und über 1.250 Kilometer Luftlinie entfernt, aber der Kenner bereitet sich rechtzeitig vor auf das Unfassbare. Beim Boarding, inzwischen ist es vier

Uhr vorbei, summen die Kicker erwartungsfroh Melodien, die wir später noch kennenlernen werden. „Besonders textsicher seid Ihr aber nicht", schurigelt G die knackwachen Sportler. „Von wegen", wehrt sich ein blonder Junge, „ich kenne jede Zeile". – „Besser wär's", wirft ein Kollege ein, „er würde mal den Ball fangen, er ist unser Torwart. Wir nennen ihn Karius." Die ganze Mannschaft lacht, nur der Torhüter nicht. Loris Karius, grübelt der im Fußballerischen gänzlich unbewanderte G – war das nicht der Mann, der in einem Champions-League-Finale auf selten dämliche Weise den Ball einem gegnerischen Stürmer so gegen den Fuß warf, dass er von dort ins Tor kullerte und später einen Weitschuss wie ein Hampelmann passieren ließ? Zu Karius' Entlastung kam später heraus, dass er vor seinen beiden Aussetzern wahrscheinlich eine Gehirnerschütterung erlitten hatte, was seinem nordhessischen Kollegen beim Auswärtsspiel am Ballermann noch bevorsteht.

Doch wen interessiert's, unmittelbar nach Ablauf der nächtlichen Frankfurter Flugverbotsfrist hebt die TuiFly-Maschine ab, um zwei Stunden später an der Bucht von Palma zu landen. Noch bevor die Koffer über das Band rollen, verschwinden die Mitglieder der roten Mannschaft auf der Toilette, um sich umzukleiden: Die deutschen Urlauber tragen jetzt rote Frottee-Morgenmäntel über ihren Trikots. So muss man aussehen, wenn man den Boden von s'Arenal betritt.

Es ist früher Abend, die Sonne knallt noch. Vier Männer haben sich um einen runden Tisch ganz vorne im „Bamboleo" positioniert, dem riesigen „Jardin de Cerveza" gleich gegenüber dem „Bierkönig". Beim Blick auf die Füße sieht man gleich, dass diese Männer nicht wirklich dazugehören. Festes Schuhwerk! Der eine trägt stabile Handgenähte, einer immerhin Sportschuhe, die beiden anderen Herren stapfen auf italienischen Slippern umher. Dabei ist hier eine andere Fußbekleidung Pflicht: Badelatschen. Möglichst billig, möglichst aus Plastik; bei Frauen sind auch High Heels erlaubt. Über den Garderobenverstoß wird freilich großmütig hinweggesehen, hier herrscht größtmögliche Toleranz in allen Fragen der Bekleidung und Etikette. Die braucht man auch!

Durch die „Schinkenstraße" in s'Arenal flutet ein Panoptikum vom Durst geplagter Deutscher, zumeist Männer. Die daheim gepflegte Debatte über unsere Leitkultur könnte bei einem Arbeitsbesuch am Ballermann in eine ganz andere Richtung abgleiten. „Das glaube ich alles nicht", sagt D, obwohl er es doch selber sieht. Kopfschüttelnd sitzt er da, ein Kulturbürger auf Safari bei den „Lehm- und Tonschichten der Gesellschaft" (Nietzsche). Später wird auch er dem unbedingten Willen zur Heiterkeit erliegen. Aber dazu kommen wir noch.

D und G sind verabredet mit zwei pensionierten Journalisten. „Das kann doch nicht angehen", sagt Wolfgang „Schiere" Schierenbeck, „widerlich". Aber die Augen blitzen verräterisch durch die entspiegelten Brillengläser, der Mann spielt nur den Entrüsteten. Wilhelm „Willi" Reith hingegen ist frühzeitig voll

Was wird aus unseren überbehüteten Kindern?

bei der Sache. Von Zeit zu Zeit reißt er enthusiastisch die Arme hoch, gerade singt Costa Cordalis „Anita". Die tschechische Kellnerin trägt fleißig das vorbildlich gezapfte klirrkalte „KöPi" im 0,3-Liter-Glas herbei – im „Bierkönig" gegenüber gibt man sich mit derartigen Mini-Portionen nicht ab. Fassungslos starren die Männer in die Fußgängerzone. Sie sehen rotgesichtige Germanen, die dem Rat ihrer Hausärzte, stets und immer für Sonnenschutz zu sorgen, sichtlich nicht gefolgt sind. Die „Mallorca-Akne" ist ein Souvenir, das nichts kostet – wenn man nach dem Inselbesuch wieder ins Büro zurückkehrt, kann man stolz die Rötungen, Hautflecken, Knötchen und Blasen im Gesicht vorzeigen als unwiderlegbaren Beweis: Der Mann war im Paradies. Ein Kerl durchschreitet stolz im gelben Bikini die Schinkenstraße. Ein anderer Mann hat sich als Beduine verkleidet. In dieser Saison werden gern rosafarbene Stoff-Flamingos als Hüte getragen, Sonnenbrillen mit Ornamenten, und Bauch trägt man auch. Junge Kerle schleppen eine übergroße Badeinsel vorbei. Füllige Frauen in Wallawalla-Kleidern schieben sich frohgelaunt durch den Menschenpulk. Freche junge Mädchen halten Ausschau nach Getränke-Sponsoren. Immer wieder Gruppenformationen mit Motto-T-Shirts („Getränke-Annahmestation. 24 Stunden am Tag geöffnet").

Plötzlich steht ein dunkelhäutiger Mann mit gelbgrüner Perücke am Tisch, er lächelt in die Runde und klopft ganz kurz, dann zeigt er ein Sammelsurium von Scheußlichkeiten vor: blinkende Plastikohren, eine Brille mit Nasenvorbau in Form eines männlichen Geschlechtsorgans, Stoffaffen. „Wir kaufen nichts", sagt Herr Reith.

Der Verkäufer, in säbelscharfem Deutsch: „Aber Helmut, du musst erst schauen, dann entscheiden."

Herr Reith: „Nein, geh weiter, wir kaufen nichts. Das gilt für alle hier!"

Der Verkäufer, unentwegt lächelnd: „Denk an meine Worte: Heute billig, morgen teuer!“ Und er schiebt seine Ware in die Tischmitte.

Herr Reith: „Du sprichst doch Deutsch! Wir kaufen nix!“

Achselzuckend rafft der Verkäufer seine Ware zusammen. „Wir sehen uns“, sagt er im Weggehen. Herr Reith doziert: „Niemals was kaufen, die armen Teufel haben sowieso nichts davon. Die müssen alles bei irgendeinem Mafia-Boss abliefern. Aber wieso nennt der mich Helmut?“

Herr Schierenbeck: „Weil du so aussiehst“.

D: „Wahrscheinlich nennen die alle deutschen Männer Helmut. Wegen Helmut Kohl. Aber wieso spricht der so gut Deutsch?“

G: „Wahrscheinlich war der schon als Asylbewerber in Deutschland und ist abgelehnt worden. Jetzt kann er wenigstens den Sprachkurs noch nutzen.“

Ein weiterer Senegalese schiebt sein Angebot neben die Biergläser, gefälschte Uhren. „Heute billig, morgen teuer“, sagt er. „Wir kaufen nichts“, sagt Herr Reith. „Ach, Helmut“, seufzt der Verkäufer und die Männer wissen, was er sagen will: Du wirst es noch bereuen.

Zwischen dem dritten und dem vierten Bier plagt ein Hunger die Männer. Wie wäre es, wenn man jetzt in Gesellschaft einer Kohorte wissbegieriger Offenbacher Lehrer irgendwo im Landesinnern seinen Löffel in einer original mallorquinischen Gemüsesuppe versenken würde? Oder, besser noch, in Port Andratx auf der Terrasse besserverdienender Teutonen säße, in der Linken ein Gläschen Schampus, in der Rechten Knabberzeug vom Hummer? Dabei könnte man sich auch wunderbar ereifern über den Flüchtlingsskandal in der fernen Heimat. Oder über die Benzinpreisentwicklung. „Ach, bloß nicht“, sagt D und bestellt sich ein Schaschlik für sieben Euro fünfzig. „Nehme ich auch“, sagt G. „Ich auch“, sagt Herr Schierenbeck. Herr Reith nimmt nichts, er ernährt sich weitgehend vegetarisch. Bier darf er trinken.

Alle sind locker und grölen rum
Kaum ein Lied ist uns dazu zu dumm
Aber Scheiß drauf
Malle ist nur einmal im Jahr

Peter Wackel

An einem Nachbartisch schlürfen die Turnerinnen eines Provinzvereins Sangria mit Hilfe von Strohhalmen. War das nicht verboten, dieses Eimersaufen? „Siehst du einen Eimer?", fragt einer. Die listigen Gastronomen haben das anrüchige Plastikgefäß durch eimergroße Tongefäße ersetzt, das wirkt irgendwie kulturvoller. So trotzt man auf der Insel den Anordnungen der Ordnungsmacht. An einem anderen Nachbartisch wankt ein blonder Jüngling mit eisblauen Augen willenlos vor- und zurück. Gelegentlich schiebt sich seine Unterlippe vor, alles an ihm hat irgendwie seinen Halt verloren. „Wir haben den Pokal" steht auf seinem T-Shirt, darüber prangt der Eintracht-Adler. „Der hat wenigstens einen Grund, sich die Kante zu geben", erläutert der sachverständige D. Der Eintracht-Fan hat nicht nur den Pokal, auch sonst hat er genug.

Die vier Männer drängt es zum Aufbruch. Die tschechische Kellnerin, die weder die hiesige Arbeitssprache Deutsch beherrscht noch die Grundrechenarten, zückt eine mathematische Hilfstafel hervor. Ihr Finger gleitet in den Kolonnen abwärts: 22 Cerveza = 39,60 Euro. „Für einen Euro achtzig pro Glas würde ein deutscher Gastwirt noch nicht mal den Zapfhahn anfassen", doziert Herr Reith alias Helmut. Draußen packen die etwa zwei Dutzend senegalesischen Verkäufer blitzartig ihre Waren zusammen und verschwinden ohne übermäßige Hast. Ein Polizeiwagen rollt im Schleichgang durch die Fußgängerzone, die martialisch uniformierten Ordnungshüter haben einen wachen Blick auf die Halbnackten und Verbrannten und schauen eher desinteressiert auf die illegalen Händler. Aus den Lautsprechern dröhnt ein aktueller Hit des gebürtigen Franken Steffen Peter Haas. Den Mann kennt man am Ballermann als Peter Wackel, gerade singt er den Refrain: „Ich verkaufe meinen Körper, ganz ganz billig, ganz ganz billig!" Die vier Männer schauen sich an. Es ist wirklich Zeit, das Lokal zu wechseln.

Wo sind wir hier hingeraten? In den guten alten Zeiten war s'Arenal ein Fischerdorf, 1887 lebten hier 21 Eingeborene völlig entspannt und lärmfrei. 1910 war die Einwohnerzahl auf 37 angewachsen, Ende 1930 war es immer noch beschaulich: 379 Menschen hatten den kilometerlangen Strand für sich. Heute stehen auf dem Gemeindegebiet von s'Arenal rund 70 massentaugliche Hotels, am Rest der angrenzenden Platja de Palma kommen nochmal etwa 70 Groß-Herbergen hinzu. In den heißen Monaten melden die Hotels regelmäßig eine Auslastung von über 90 Prozent. Das ist gut für die rund 16.000 Einwohner, die Touristen lassen viel Geld an der Platja.

Die vier Männer schieben sich an einem Uniformierten vorbei in den „Bierkönig". In gewaltiger Phonstärke bietet der Herr Wackel schon wieder seinen Körper an, und einige Tausend singen inbrünstig mit. Leicht benommen von der Ton-Kakophonie, den tanzenden und bebenden Leibern, dem Alkoholdunst und der Monstrosität der zweistöckigen Bierhalle tasten sich die Männer durch die Massen. Irgendwo, drei Treppenstufen aufwärts, wartet tatsächlich noch ein freier Tisch. Überall stehen kräftige Security-Herren, einige tragen außer Schlagstöcken und sedierenden Sprays auch Handschellen am Gürtel. Auch hier wird ausschließlich Deutsch gesprochen, der Kellner ist schon da, als die Männer noch das Terrain sondieren. Die Menschen hier streben fast alle nach Höherem: Sie stehen, tanzen und hüpfen auf Tischen und Bänken und gern auch auf wackligen Barhockern. Kleidungsvorschriften scheint es nicht zu geben. Auf der Webseite des „Bierkönig" hat ein gewisser Stephan Finnberg die unschuldige Frage gestellt: „Darf man hier in Badehose, T-Shirts und Flipflops feiern?" Die pädagogisch wertvolle Antwort: „Na klar darf man das den ganzen Tag und die Nacht. Nur ist danach dann natürlich Füße waschen angesagt."

Nebenan stehen zwei breitbäuchige hemdenfreie Jungmänner einander auf Barhockern gegenüber und trinken angestrengt aus Ein-Liter-Humpen. Der Dickere obsiegt in dem blöden alten Wettkampf und schlürft das Bier in einem Zug. Danach steht er überfüllt und leicht benommen auf dem bedrohlich kippelnden Schemel und blickt stolz auf die beiden Frauen, für die er diese Tortur auf sich genommen hat. Die grausame Wahrheit: Sie schenken ihm keinerlei Beachtung und tippen stattdessen auf ihren Handys. Während der missachtete Held frustriert auf den Boden der Tatsachen zurückklettert, bebt die Halle ungerührt weiter. Die vier Männer recken nach Aufforderung durch den Hallensprecher die Hände in die Luft, was vorübergehend den Bierkonsum einschränkt. Selbst D erweist sich jetzt als hinreichend textsicher, um sich schon mal freudig in den Hallenchor einzureihen.

> Beate, die Harte,
> Beate, Granate,
> Beate, die Harte,
> Beate, Granate,
> Einmal nur, einmal nur
> Einmal nur Sex mit Dir.
>
> *Lorenz Büffel*

In einer kurzen Musikpause brüllt D dem verzückten G ins Ohr: „So viele Menschen hier, und alle singen deutsche Lieder. Das muss doch jeden Gesangsvereinsvorsitzenden in Ekstase versetzen." G brüllt zurück: „Vielleicht sind die Texte noch etwas gewöhnungsbedürftig. Aber wäre das nicht die Rettung für unsere vom Untergang bedrohten Gesangsvereine? Die harte Beate statt dem Jäger aus Kurpfalz!" D starrt G vorwurfsvoll an. Soweit will er denn doch nicht gehen, dass die Sudelgesänge vom Ballermann die neuen deutschen Volkslieder werden.

Die donnernde Musik mit den schnellen Beats und den bösen Texten versetzen das Feier-Volk noch stärker in Ekstase als das allezeit fließende Bier und die rote Sangria-Brühe. Der Rhythmus fährt einem buchstäblich in die Glieder, selbst bei den Nachdenklichsten zucken die Beine schon willenlos im Takt, wenn der Kopf noch gar nicht will. Früher, erinnern sich Strandveteranen, war das Liedgut liebenswerter. Als die Kölner Karnevalskapelle „Paveier" Anfang der 90er Jahre mit ihrem „Buenos Dias, Matthias" erst die rheinischen Jecken und dann die Schinkenstraße in Schunkellaune versetzten, klang das gemessen an den derzeitigen Mitbrüll-Hits wie ein mehrfach gesäubertes Kinderlied. Einer hat den dramatischen Stilwandel ohne sichtbare Verwesungen überstanden: Seit den siebziger Jahren ist Jürgen Drews („Ein Bett im Kornfeld") der selbstgekrönte „König von Mallorca". Drei Monate vorm Ende des Zweiten Weltkriegs wurde er im brandenburgischen Nauen geboren, jetzt ist er der Heldentenor aller Bierseligen. „Ich bin der König von Mallorca", singt der über 70-Jährige immer noch, „ich bin der Prinz von Arenal. Ich habe zwar einen an der Krone, doch das ist mir scheißegal." Neben den übrigen Matadoren der neuzeitlichen Saufsongs klingt Drews (Abendgage: angeblich 9.000 Euro) ziemlich altersmilde. Ganz anders Mickie Krause („Zehn nackte Friseusen"), der freilich auch schon 20 Jahre lang das Bühnenferkel abgibt, im Sommer rund um den Ballermann, im Winter beim Après-Ski in den Alpen. Gern stimmt seine Fan-Gemeinde zum Beispiel in eines seiner Spätwerke ein: „Geh mal Bier holen – Du wirst schon wieder hässlich – Ein zwei Bier und du bist wieder schön."

»Ich bin der König von Mallorca, ich bin der Prinz von Arenal.«

Die Errungenschaften der Frauenemanzipation, das begreift man schnell, sind an diesem Trink- und Feiertempel spurlos vorübergegangen, auch an der weiblichen Gästeschar. Sie kreischen begeistert mit, wenn Herr Krause eine seiner weiteren Sottisen zum Besten gibt: „Biste braun, kriegste Fraun!" Die vier blassen Männer fragen sich bekümmert, ob auch das Ge-

genteil gilt – währenddessen rücken die Turbulenzen direkt an den Nachbartisch vor. Zwei Mädchen, außer sich vor Kreisch- und Tanzlust, drängen mit zuckenden Bewegungen und sinnfreien Jubelschreien herbei. Die eine hält sich an der Tischkante fest und lässt die Beine wie beim Schuhplattler aufdotzen, die andere hat mit der Linken ihr Mobiltelefon umklammert, das unaufhörlich aufnehmen muss, was einen zu Hilfe gerufenen Psychologen womöglich zum notfallartigen Eingreifen nötigen könnte. Die junge Lady – wie ihre Freundin mit kurzer Hose, knappem Shirt und Sonnenbrille gewandet – springt und zappelt, juchzt und lacht, steigt auf den schon beschriebenen Barhocker, um da oben weiter zu zappeln – und alles, alles wird als gefilmtes Dauerselfie versendet; zwischendurch gibt sie ein paar Erläuterungen. „Jetzt gehe ich mal rüber zu einem niedlichen Alten im rosa Hemd. Rosa Hemd, hey, das musst du sehen." Und schon steht sie, zappelnd, neben Herrn Reith. Der wird gar nicht erst gefragt, das Recht am eigenen Bild kennt das Selfie-Mädchen vermutlich nicht. Sie gibt sich nicht lange mit dem bonbonfarbenen Oldie ab, in diesem Film kann es schließlich nur eine Hauptperson geben. Während Herr Reith in seinem tatsächlich geschmackvollen rosa Hemd in Sekundenschnelle irgendeine soziale Plattform verzückt, rotiert die Selbstfilmerin schon wieder weiter. Die Männer greifen, immer noch verdutzt, zum Bier. Die Musikanlage knistert, in einem Nebenraum hat der Schauspieler und Sänger Oli P auf einem Schemel Platz genommen, der Mann singt live. Den Polizistensohn hört man nur kurz, dann wird er von der Stimmgewalt der Masse davongeschwemmt.

Wie heißt die Mutter von Niki Lauda?
Mama Laudaa, Mama Laudaaa
Wie heißt die Mutter von Niki Lauda?
Mama Laudaaa, Mama Laudaaa
Döpdöpdödö
Dödödödö

Almklausi

Die Männer haben den Tatort wieder gewechselt, zurück ins „Bamboleo". Hier klingt die Musik nicht ganz so brachial, manche Mädchen tragen den Refrain von Mama Lauda auf dem T-Shirt herum. Vielleicht, damit sie ihn sich merken können? „Helmut", ruft mit vor Freude vibrierender Stimme der Verkäufer aus dem Senegal – der mit der gelbgrünen Plastikperücke. Seine Kostbarkeiten liegen schon auf dem Tisch, als das Bier noch auf sich warten lässt. „Nein!", beharrt Herr Reith alias Helmut. „Heute billig, morgen teuer", lockt das Verkaufstalent. Unversehens hat Herr Reith einen Geldbeutel gezückt. Die Brille mit der Penis-Nase hat's ihm plötzlich angetan, gegen einen geringen Aufpreis gibt's noch ein erbärmlich quäkendes Plastikmegaphon dazu. Der Perücken-Mann tritt ab, schon steht der Nächste da: Gürtel, die morgen bestimmt nicht mehr so billig zu haben sind. Die Männer winken ab. Der Nächste bietet wabbelige Gummiringe, die blinken können. „Zehn Stück", bestellt Herr Schierenbeck, der Stückpreis hat ihn überzeugt: ein Euro. Eine junge Frau tritt strammen Schritts an den Tisch, vor dem Bauch trägt sie ein fettes hässliches Kautschuk-Baby. „Wie schön", lügen die Herren, das verleitet die Frau zum Verweilen. Zum Abschied hält sie den Männern das bedrohlich glotzende Gummiding hin und fordert: „Gebt Fäustchen". Fast ein wenig gerührt patschen die Herren dem Fake-Baby gegen die Fake-Faust. Die nächsten Besucher sind drei Mädchen, die sich über die hohen Alkoholpreise im Ballerland beklagen. „Da ist man ja gezwungen vorzuglühen", beklagt die eine. Unten am Strand, wo „schwer die Lucy abgeht", haben sie sich alkoholisch in Stimmung gebracht. Die als „lieblich" beschriebene Ungarische Mädchentraube gibt es für 1,99 Euro in den Supermärkten rund um die Strandpromenade. Für den identischen Preis ist auch trockener Weißwein erhältlich, der muss allerdings für den jugendlichen Gaumen mit Eistee versüßt werden. Wodka, 7 Euro in der Plastikflasche, wird ebenfalls mit Pfirsich-Eistee gemischt und dann mit dem Strohhalm aus dem Plastikbecher getrunken.

Die vier Herren vernehmen es mit Schaudern und freuen sich, den jugendlichen Trinkzwängen entkommen zu sein. Am Balneario 6, der Keimzelle der Ballermann-Szene, waren Tage und Nächte früher zügelloser als heute. Damals hockten die entfesselten Deutschen schon zur Mittagszeit unter der brutzelnden Sonne, tranken Sangria aus Putzeimern und tanzten ungelenk auf den Tischen. Die gesamte Platja wummerte und kreischte, auch zu kinderfreundlichen Zeiten wurde mancher Gast sexuell übergriffig, andere legten sich um und wurden erst am Abend, krebsrot am ganzen Körper, wieder wach. Bei noch anderen drängte der ungewohnte Mageninhalt krampfhaft ins Freie, was zu unschönen Verunreinigungen führte.

Heute toben zwar immer noch enthemmte Fußball- und sonstige Vereine über den Sand, es kommt zu ungelenken Zärtlichkeitsversuchen; der alkoholische Nachschub wird gern in Papiertüten verborgen. Aber der gute alte Ballermann ist zahnlos wie ein Café an der Kurpromenade von Bad Pyrmont. Die Musik ist gedämpft, die Getränke werden in zivilisierten Gläsern gereicht, das Publikum ist gesittet und einen neuen Namen gibt es auch: „Beach Club Six". „Der Ballermann ist tot", schrieb irgendwann – halb jubilierend, halb resignierend – die „Welt".

Die Zähmung des Balneario ist der sichtbarste Beleg dafür, dass rund um den deutschen Saufbezirk eine Art Kulturkampf tobt. 2014 trugen jene, die aus der Trink-Enklave einen Hort von Anstand und Sittsamkeit formen wollen, einen Sieg davon. Die Stadtverwaltung erließ, dem endlosen Drängen von genervten Anwohnern folgend, „Benimmregeln". Eimersaufen wurde, wie schon erwähnt, verboten; Saufgelage am Strand desgleichen, ebenso lautes Singen oder dröhnende Musik aus Bluetooth-Lautsprechern und ähnlichen Verstärkern. Innerhalb einer „Interventionszone" konnten Ordnungskräfte bei den Frevlern in Badehose Höchststrafen von bis zu 3.000 Euro kassieren. Ein Drohplakat verlangte von den Touristen „ein Zusammenleben in Harmonie".

Ein Jahr später war alles wieder wie gehabt. Ein Gericht erklärte die Entmannung der Ballermänner für ungültig. Seither kämpft die Bürgerinitiative „Por una Playa de Palma civica" (Für eine zivilisierte Playa de Palma) unverdrossen für eine Austrocknung des Trinker-Paradieses. Viele Hoteliers und Gewerbetreibende halten dagegen: Wenn die Urlaubsinsel nur noch auf Prosecco-Kundschaft, Naturfreunde und Kulturbesessene setze, sei der wichtigste Wirtschaftszweig Mallorcas in ernster Gefahr. Schon lockt Bulgarien mit seiner Goldküste, zumindest den älteren Ostdeutschen noch als Urlaubsziel in Erinnerung. Andererseits: „Man muss doch Verständnis haben für die Menschen, die hier leben", sagt D, der immer einen Hang zur Gutmütigkeit hat. „Warum das denn?", fragen die anderen drei Herren. „War ja nur so ein Gedanke", beschwichtigt D.

Die ersten Mallorca-Touristen kannten weder Suff noch Sonne, die Urlaubspioniere erreichten bereits Anfang des 19. Jahrhunderts die Insel. Katalanische Kaufleute und Adelige nahmen den beschwerlichen See-Törn auf sich, um in Palmas feiner Villensiedlung El Terreno zu überwintern – die Vorgänger der deutschen Rentner, die ab den sechziger Jahren des vergangenen Jahrhunderts vor der germanischen November-Tristesse flüchteten und sich für Monate an Mallorcas Küste einnisteten. Sie lockte nicht nur das milde Klima, sondern die kränkelnde Währung: Wer die D-Mark hatte, war reich im Land der Peseten. Fast 100 Jahre früher, ab 1838, tuckerten regelmäßig Dampfschiffe zwischen Barcelona und Palma. George Sand, die skandalumwitterte Zigarren-paffende Schriftstellerin aus Frankreich, reiste mitsamt ihrem kränkelnden Geliebten Frederic Chopin im Winter 1838 an, um in Valdemossa das südländische Klima zu genießen. Es wurde, wie sie später in ihrem Reiseliteratur-Klassiker „Ein Winter auf Mallorca" notierte, ein Flop – vor allem wegen der frostigen Temperaturen und weil der Komponist sich als „unerträglich" erwies.

Dann kamen die fünfziger Jahre, und es kamen die Deutschen. 1953 steuerten die ersten Charterflugzeuge die Insel an, die „Neckermänner" drängten an die Strände. Ein Spötter dichtete. „Leise Reiter mit Gemecker nah'n – Reiseleiter sind's von Neckermann." Plötzlich war Urlaub kein Privileg der Reichen mehr, plötzlich konnten sich alle den Trip in die Sonne leisten. Schlenderten zuvor im Bewusstsein herrschaftlicher Exklusivität Herren in weißen Anzügen und frisch gewichsten Schuhen, manche auf feine Ebenholzstöcke gestützt, über die Avenidas, beanspruchte jetzt der deutsche Standardurlauber seinen Platz – in kurzen Hosen, das farbenfrohe Hemd hing lässig über dem Bund, die Füße steckten in Socken, die Socken in Sandalen. Aus der Insel der Blaublütigen, Feinsinnigen und Wohlhabenden wurde die „Putzfraueninsel". Mallorca hatte gegenüber anderen Urlaubszielen unschätzbare Vorteile. Dauersonne, viele Strände, schnelle Erreichbarkeit. Vor allem aber: Die Deutschen, die von Beginn an die wichtigste Stütze des Tourismus auf der Insel waren, mussten ihre Ernährungsgewohnheiten nicht umstellen; die Trinkgewohnheiten auch nicht. Es gab Bier wie daheim, dazu Braten, Schnitzel, Würste, Kartoffeln… Es entstand, wie Forscher der Pädagogischen Hochschule Bern notierten, eine „koloniale Urlaubsatmosphäre": Alles war wie daheim, und das Mittelmeer gab's auch noch dazu.

Mallorca, die deutscheste aller Urlaubsinseln, inspirierte Anfang der neunziger Jahre einen längst vergessenen CSU-Abgeordneten zu dem lichtvollen Vorschlag, das Eiland sollte den immer klammen Spaniern abgekauft, mindestens aber für 99 Jahre gepachtet werden. Die Insel könnte dann, so jubelte auch die sonnenverbrannte Bild-Zeitung, zum 17. deutschen Bundesland werden. Immerhin: Damals waren es schon längst nicht mehr nur die meerestollen deutschen Rentner, die hier ihren Lebensabend verbringen wollten, sondern auch weitaus jüngere germanische Zuwanderer. Die ersten „Alemanes", so hat es der Humangeograph Pere Salvà von der Balearen-Universität ermittelt, siedelten sich dauerhaft dort an, wo sie zuvor Urlaub erlebt hatten – an der Playa de Palma zum Beispiel, in Calvià und Cala Ratjada. Besserverdiener kauften teure Wohnungen in Neubausiedlungen, etwa in Llucmajor oder Port d'Antratx. Und dann sind da noch die Naturbewegten, die Fincas im Landesinneren aufkaufen. „Diese Deutschen gehen dem Trubel aus dem Weg, sie suchen unberührte Landschaften und Lebensqualität", weiß Señor Salvà. Das ist gewissermaßen die Toskana-Fraktion unter den deutschen Inselbewohnern.

Über 30.000 Dauer-Deutsche gibt es in Mallorca, viele von ihnen wollen augenscheinlich, was auch die Urlauber suchen: Heimatluft in der Fremde. Der Autor Wolfram Bickerich registrierte schon 2009 in seinem Buch „Gebrauchsanweisung für Mallorca", dass sich die Deutsch-Insulaner, zum Leidwesen der echten Einheimischen, in einer Art Parallelgesellschaft eingerichtet haben: „Jeder Deutsche kann Umgang und Bekanntschaft mit Einheimischen aufs Äußerste beschränken: Er kauft beim Inselmakler Matthias ein Grundstück, das der in einer der beiden deutschen Wochenzeitungen inseriert hat, lässt sich dabei von einem deutschen Anwalt in Palma beraten, beauftragt einen deutschen Baulöwen als Generalunternehmer, bezahlt dessen Rechnung in einer Inselfiliale der Deutschen Bank, bestellt beim deutschen Partyservice eine Einweihungsfete und reist zur Besichtigung mit einem Wagen an, den er bei der Firma des legendären, wenn auch verstorbenen Berliner Unternehmers Hasso gemietet hat. Bier und Schinken beim Empfang stammen aus den gleichnamigen Straßen in Arenal, die Fleischerwaren vom Wurstkönig Horst (Abel), das dunkle, frisch gebackene Brot aus der Drogeriekette von Erwin (Müller)."

Ich mag Sangria und Cola-Rum
Lecker Lumumba bringt mich nicht um
Auch vom Mojito trink ich ein Litro
Aber ich sing nur von ein Drink
1, 2, 3 und 4
Caipirinha trinken wir

Die Sonne schiebt heut Doppelschicht
Und um mich rum sind alle dicht

Haidie

Heute drängen allein im August schon mal über zwei Millionen Touristen auf die Insel – die Zahl der Einheimischen: rund 880.000. Über 800 Kreuzfahrtkolosse parken pro Jahr im Hafen von Palma und lassen die mächtige Kathedrale schon fast mickrig erscheinen. Die Passagiere, 2016 waren es über 1,6 Millionen, drängt es zügig in die nahe Altstadt. Noch ein paar Zahlen gefällig? 90.000 Mietautos. Über 9.000 Bars und Restaurants. In den Sommermonaten ernähren sich rund 130.000 Menschen vom Tourismus. 70 Prozent der rund viereinhalb Millionen deutschen Urlauber behaupten, sie kämen vor allem, um Natur und Landschaft zu genießen. 57 Prozent lockt die mallorquinische Küche. Nur 12 Prozent geben als Reisegrund an: feiern am Ballermann.

Gelächter an der Schinkenstraße. „Weshalb stellen sich die Spanier eigentlich so an, wenn die Trink-Touristen sowieso nur eine krasse Minderheit sind?", fragt G. Ja, wieso äußern sich die Daheimgebliebenen derart herablassend über das Spaß-Treiben am Strand? An Antworten versucht sich der Soziologe Sacha Szabo, der sich selbst als „Unterhaltungswissenschaftler" bezeichnet, in seinem Werk mit dem Titel „Ballermann. Das Buch – Eine wissenschaftliche Analyse eines außeralltäglichen Erlebnisses". Im „Philosophie Magazin" erläutert er standhaft: „Natürlich ist Mallorca eine schöne Insel und gerne wird ergänzt: trotz des ‚Ballermanns'. Ich würde dem entgegnen, nein, gerade deshalb. Denn im Grund gleichen sich viele Mittelmeerinseln. Strände, Steilküsten, Grotten, gerne grüne oder blaue, ein Berg oder zwei und dazu ein besonders alter Baum und natürlich Kirchen. Was Mallorca wirklich heraushebt – und viele werden das nicht gerne hören – ist der ‚Ballermann'." Szabo sieht in der Verteufelung der Trinkgemeinde vor allem finstere protestantische Mächte am Werk, die alles „Unnütze und Unproduktive" zu diffamieren pflegten. Die Kultur- und Sporturlauber hingegen würden sich auch im Urlaub der „Nützlichkeitslogik" unterwerfen.

„Der gefällt mir, der Herr Szabo", sagt G – die Männerrunde ist voll dabei, das eigene Trinkerlebnis intellektuell zu erhöhen. Aber Szabo liefert dem intelligenten Trinker noch weitere Argumentationshilfen: „Der Mensch als Wesen mit einem reflexiven Bewusstsein trägt die Last des Wissens um seine Verletzlichkeit und seine Endlichkeit, zeitweilig drängt es ihn, diese Last zu vergessen und aus seiner exzentrischen Positionalität herauszutreten. Dies sind die Momente der Ekstase und des Rausches. Es ist das Erleben eines außeralltäglichen Zustandes, so hat dies Max Weber beschrieben."

„Ja, wenn das so ist, dann Prost!" Gerade passend intoniert „Killermichel" seinen wortreichen Schlager, dessen Text man schon mal nachspüren muss: „Ja, wenn das so ist, dann Prost! Wenn das so ist, dann Prost! Wenn das so ist, wenn das so ist, wenn das so ist, dann Prost!" Entschlossen heben die vier Männer ihre Gläser. „Wir trinken halt gern", sagt einer programmatisch. Der Himmel hat sich verdunkelt, Herr Reith alias Helmut hat sich deshalb noch mit einem hübsch blinkenden Hut ausstatten lassen. Die Männer sind sich einig: Wenn jetzt nochmal jemand Kritik äußert an dieser Gnadenstätte, dann wird er auf die skandalösen Zustände an den mallorquinischen Stränden hingewiesen. Mag sein, dass auch die Mittelmeerwellen Tag für Tag Strandsand ins Wasser verschleppen, aber schlimmer noch ist der Strandbesucher. Der trägt pro Tag 30 Gramm Sand davon – in den Haaren, im Strandtuch und natürlich an den Füßen. Bei geschätzten 10.000 Strandbesuchern sind das 300 Kilo Sand am Tag. Macht 27 Tonnen Strandsand während der dreimonatigen Hauptsaison.

Wer mag sich angesichts dieser tatsächlichen Tourismuskatastrophe noch über die paar Ballermänner aufregen?

GESPRÄCHSPARTNER

Wilhelm Reith, Jahrgang 1951, ist Journalist im Ruhestand. Der gebürtige Fuldaer ist, nach seinem Volontariat bei der inzwischen untergegangenen Fuldaer Volkszeitung, rumgekommen in der Republik und in Europa. Um einige Stationen zu nennen: leitender Redakteur bei der Frankfurter Abendpost-Nachtausgabe (ebenfalls untergegangen), der Münchner Illustrierten Quick (die gibt es auch nicht mehr), stellvertretender Chefredakteur bei Bild sowie der Berliner BZ. Chefredakteur des Kölner Express und der Fernsehwoche, Medienberater in Tschechien, Ungarn, Rumänien, Polen, Serbien, Ukraine. Lebt mal in Hamburg, mal auf seinem Refugium am Elbdeich. Engagiert sich in der Kommunalpolitik und für die Integration von Flüchtlingen. Seinem Lieblingsbier hat er trotz aller Umzüge die Treue gehalten: Hochstift aus Fulda.

Wolfgang Schierenbeck, Jahrgang 1951, ist gleichfalls Journalist im Ruhestand – aber die Umtriebigkeit, für die er in der Branche berühmt ist, hat er keinesfalls abgelegt. Der gebürtige Hamburger, der sich auch schon mal als Croupier sein Einkommen verdiente, war unter anderem Chef vom Dienst bei Bild und der Berliner BZ sowie stellvertretender Chefredakteur bei den Lübecker Nachrichten. Zahlreiche Veranstaltungen sind durch seinen Einsatz groß oder noch größer geworden – der Lübecker Presseball zum Beispiel oder die Travemünder Woche. Schierenbeck lebt in Lübeck und Wien und wirkt weiterhin als Berater und Mitveranstalter für Veranstaltungsformate jedweder Art. Auch dem Mann aus Hamburg schmeckt, was ihm früher schon gemundet hat: Holsten-Bier.

Früher war alles besser

O tempora! O mores! Schon Cicero schleuderte Catilina seine Empörung darüber entgegen, dass alles verkomme, die Zeiten ebenso wie die Sitten. Über ganz ähnliche ewige kulturhistorische Wahrheiten ging es in einem Kolloquium mit Greser & Lenz.

> Deine Weisheit sei die Weisheit der grauen Haare, aber dein Herz – dein Herz sei das Herz der unschuldigen Kindheit.
>
> *Friedrich Schiller*

> Früher, da war vieles gut. Heute ist alles besser. Manchmal wäre ich froh, es wäre wieder gut.
>
> *Andreas Marti*

Uns geht es gut, vielleicht sogar zu gut. Die jungen Leute wissen vieles gar nicht mehr zu schätzen. Wir haben alles im Überfluss. Wirklich? Fehlt uns nicht doch manches? Dinge, die es früher gab und nicht mehr gibt?

Herr Lenz: „Die Kleinanzeigen in den Zeitungen."

Herr Greser: „Für Gebrauchtwagen?"

Herr Lenz: „Nein, die für diese Röntgenbrillen, mit denen man angeblich den Frauen durch die Kleidung schauen konnte."

Herr Greser: „Und für Mittel gegen Schnarchen und abstehende Ohren!"

Die beiden Witzezeichner Achim Greser und Heribert Lenz, die auch dieses Buch wieder einfühlsam illustriert haben, haben sich mit D und G im Gasthaus Schönbusch in Aschaffenburg verabredet. Dort sitzt man im Sommer angenehm im Freien und es gibt „Schlappeseppel"-Bier. Trotzdem senkt sich Melancholie über die Runde.

D: „Reden wir jetzt schon wie alte Männer?"

Herr Greser: „Ja."

Herr Lenz: „Wir sind es."

Herr Greser: „Der Vorwurf, dass früher alles besser war und die Jugend nichts tauge, ist ja uralt, den gab es in der Antike schon. Nur: Zum ersten Mal in der Menschheitsgeschichte trifft er wirklich zu."

D: „Geht tatsächlich alles den Bach runter? War früher alles besser?"

Herr Lenz: „Die Zeiten waren immer beknackt. Und was heißt schon ‚früher'? 1933?"

Jugend, hör auf die Weisheit der Alten!

G, der gern in überschaubaren Zeithorizonten denkt, beschreibt das Untersuchungsdesign: „Der Zeitraum, der für unsere Beobachtungen erreichbar ist: Was war zu Hause los, wie haben wir die Haare getragen, was haben wir gegessen, wie war das mit dem Schwarzweiß-Fernsehen? Aber bierernst soll es bitte nicht werden."
An dieser Stelle ist auf dem Tonband ein „Prost!" aus Herrn Gresers Mund zu vernehmen, gefolgt von einer kurzen Pause und einem „Aaaahh" aus vier Kehlen.

D: „Und natürlich: Was haben wir uns früher nicht alles rausgenommen! Wir waren doch sowieso die Größten und die Aufmüpfigsten."

Herr Greser: „Bei mir wuchs das Selbstbewusstsein erst mit den Jahren."

D: „Durch Ihre beispiellose Karriere!"

Herr Greser: „Als Jugendlicher war ich eher zurückgenommen, zurückgeblieben."

D: „Aber ein loses Mundwerk haben Sie doch sicher schon damals gehabt."

Herr Greser: „Ich habe mich eher gefreut, wenn die anderen ein freches Maul hatten."

Zu G's prägenden Kindheitserinnerungen gehört ein Kamm, mit dem die Fransen des Wohnzimmerteppichs akkurat ausgerichtet wurden. „Und ein kastenförmiger Fernseher, der aber nur abends freigegeben war."

D: „Tagsüber gab es ja auch noch gar kein Programm."

Herr Lenz: „Stimmt. Irgendwann abends war Schluss, dann wurde das Testbild gesendet."

G: „Manche sind zum Testbild erst wieder wach geworden."

Tatsächlich gab es in der Jugend der vier Männer etwas, das jungen Leuten von heute unfassbar vorkommt: Sendeschluss. Entsprechend übersichtlich war das ARD-Programm zum Beispiel vom 24. Februar 1960 (Herr Lenz wurde zwei Tage später zwei

Jahre alt, D war fünfeinhalb und G knapp zehn Jahre, Herr Greser war noch gar nicht geboren):
17.00 Uhr: Wir dürfen uns verkleiden. Ein Faschingsspiel mit Grete Naues Tanzkindern (Kinderstunde)
17.20 Uhr: Die Verwendung von Tiefgefrorenem. Gezeigt von Irene Krause (Für die Frau)
Danach wurde umgeschaltet zu den Regionalprogrammen, die damals noch keine Vollprogramme waren. Der Hessische Rundfunk, der Süddeutsche Rundfunk und der Südwestfunk brachten beispielsweise um 19.00 Uhr die „Abendschau". Im hr lief „Zwischen halb und Acht: Abenteuer unter Wasser". Dann ging es im ARD-Programm weiter:
20.00 Uhr: Tagesschau
20.25 Uhr: VIII. Olympische Winterspiele in Squaw Valley
20.30 Uhr: Mainz – wie es singt und lacht. Die große Fernseh-Gemeinschaftssitzung des Carnevals-Vereins und des Mainzer Carnval-Clubs. Übertragen aus dem kurfürstlichen Schloss zu Mainz
Anschließend: VIII. Olympische Winterspiele. Bericht aus Squaw Valley
Spätestens um Mitternacht war Schluss. Erst seit dem 1. September 1995 sendet die ARD rund um die Uhr, das ZDF folgte am 5. Oktober 1996. Richtig ausgeweitet worden war das Fernsehangebot allerdings schon im Jahr 1964, als die Dritten Programme quasi zu Vollprogrammen wurden. Am 1. Januar 1984 kam es in Deutschland dann zum „medienpolitischen Urknall"; an diesem Tag wurde Privatfernsehen zugelassen, und D war als F.A.Z.-Redakteur an der ersten Nachrichtensendung im deutschen Fernsehen beteiligt, die nicht von ARD oder ZDF kam.

D: „Hat es uns geschadet, dass wir als Kinder noch nicht rund um die Uhr 300 Fernsehprogramme sehen konnten?"

Herr Lenz: „Nee."

Herr Greser: „Die gemeinschaftsstiftende Gesprächsmöglichkeit über die eine Fernsehsendung, die alle gesehen hatten, die ist dahin."

Herr Lenz: „Erinnert ihr euch noch, wie der Kabarettist Wolfgang Neuss beinahe gelyncht worden wäre, nachdem er vorab verraten hatte, wer in einem Durbridge-Krimi der Mörder war?"

„Das Halstuch" war ein sechsteiliges Fernsehspiel des britischen Autors Francis Durbridge, das die ARD im Januar 1962 sendete. Die Serie war, was man damals einen „Straßenfeger" nannte, mindestens halb Deutschland saß vor dem Fernseher. „Die Städte hatten einen anderen Rhythmus", schrieb die F.A.Z. seinerzeit: Fabriken strichen Abend- und Nachtschichten, und in der Hamburger Bürgerschaft bat ein Abgeordneter die anderen, ihre Redezeiten so zu beschränken, dass man die Gelegenheit habe, den letzten Teil der Krimiserie zu sehen.

Einen Tag vor der letzten Folge schaltete der Kabarettist Wolfgang Neuss für 787,15 Mark in der Berliner Boulevardzeitung „Der Abend" eine Werbe-Annonce für seinen gerade angelaufenen Kinofilm „Genosse Münchhausen": „Ratschlag für morgen (Mittwoch abend): Nicht zu Hause bleiben, denn was soll's: Der Halstuchmörder ist Dieter Borsche. Also: Mittwoch abend ins Kino! Ein Kinofan (Genosse Münchhausen)".

Die Wirkung war ebenfalls ein Feger. Neuss erhielt Morddrohungen, und „Bild" titulierte ihn als Vaterlandsverräter. Zwar bestand Neuss zeitlebens darauf, er habe den Mörder lediglich richtig geraten, aber es gab auch Gerüchte, dass Borsches Ehefrau und Neuss' Mutter dieselbe Pediküre in Berlin besuchten und dabei geplaudert haben könnten.

D berichtet, dass die Weltmeisterschaft 1966 in England das erste große Fußballturnier war, das er bei seiner Tante im Fernsehen sah.

Herr Lenz: „Um die Zeit herum wurde das Farbfernsehen eingeführt. Ich meine, es war Willy Brandt."

Herr Greser: „Willy Brandt hat das Farbfernsehen erfunden?"

G: „Das ist das, was von ihm bleibt."

D: „‚Farbe durch Annäherung‘. Oder war das Egon Bahr?“

Ganz falsch ist das alles nicht, aber auch nicht völlig zutreffend. Tatsächlich startete Vizekanzler Willy Brandt am 25. August 1967 um 10.57 Uhr offiziell die Ära des Farbfernsehens in Deutschland, indem er auf der 25. Großen Funkausstellung in West-Berlin einen roten Knopf drückte, der eine Attrappe war. Das preiswerteste Farbfernsehgerät kostete damals 1.840 D-Mark. Der von der Firma Körting hergestellte Apparat konnte unter dem schönen Namen „Neckermann Weltblick“ beim nämlichen Versand bestellt werden. Zum Vergleich: Der VW-Käfer 1200 kostete in einfachster Ausführung seinerzeit 4.525 Mark. Die ARD-Tagesschau wurde erst von 1970 an in Farbe ausgestrahlt.

G: „Ich bin ja der Tischälteste hier und erinnere mich daran, dass die Alten damals eine extreme Feierlust hatten. Da gab es immerzu Heringssalat und Kartoffelsalat und Schinkenröllchen mit Dosenspargel und fuderweise Mayonnaise.“
D kommen die Hausschlachtungen bei Bekannten in den späten fünfziger Jahren in den Sinn: „Mein Vater und mein Onkel lieferten sich richtige Wett-Fressen, so nach dem Motto: ‚Es geht uns wieder gut.‘ Bis zur Besinnungslosigkeit stopften sie Schnitzel in sich hinein und hintendrauf noch Schwarzwälder Kirschtorte.“

G: „Die Feiern waren damals ehrlicher. Die Leute hatten – pardon – viel Scheiße hinter sich und wollten es jetzt wieder richtig krachen lassen.“

Herr Lenz: „Neulich fielen mir alte Fotos von Faschingsveranstaltungen in die Hand. Die Frauen trugen Zigeunerkostüme, die Männer hatten Hütchen auf. Das kam mir doch alles ziemlich verklemmt vor.“

G: „Ach, ich weiß nicht. Meine Mutter arbeitete bei den Engländern, die nannten sie auch deshalb Rosie, weil sie eine so lebenslustige Frau war – wie viele andere, deren Männer aus dem Krieg nicht wiedergekommen waren, die aber noch ein Leben vor sich hatten und sich nicht einfach wegducken wollten. Sie hatte eine Freundin, Frau Haberstroh, die brüllte immer schon von Weitem, wenn sie mich auf der Straße sah: ‚M-ä-n-n-lein!'"

Herr Greser setzt zum ersten Mal zu einer seiner weltberühmten Lachsalven an, der an diesem Abend viele weitere folgen. So wie er lacht keiner, es ist ein fast ansatzloses urgewaltiges Lachen, das sich nicht ankündigt, sondern plötzlich da ist, dann aber mit der Kraft der zwei Lungen. An den Nebentischen zucken die Köpfe in Herrn Gresers Richtung.

D kann sich noch heute an bestimmte Verwandtenbesuche erinnern: „Tante Hannelore rief immer, wenn wir vorfuhren, in gespielter Verzückung: ‚Ach, wer kommt denn daaa?' Und ich dachte: ‚Jetzt tu doch nicht so, du weißt doch genau, wer kommt.' Auf der Heimfahrt äfften wir sie immer nach."

(Lachsalve von Herrn Greser.)

G: „Ich bin in Bad Lippspringe aufgewachsen, zu uns kamen die Kumpel mit Staublunge aus dem Ruhrgebiet zur Kur. Einer unserer Geschäftszweige als Jugendliche war, am Bahnhof mit dem Fahrrad auf die ‚Knurrgäste' zu warten, wie wir sie nannten. Wenn die dann kamen und fragten: ‚Wisst ihr, wo dat Sanatorium Dingsbums is' ..."

D: „... habt ihr sie in die falsche Richtung geschickt."

G: „Nee, dann haben wir die dahingefahren. Und jeder Zweite sagte: ‚Dat ist aba nett hier!' Puseratze gab es allerdings von den wenigsten."

D: „Könnt ihr euch entsinnen, wie Ende der fünfziger Jahre die ersten italienischen Gastarbeiter kamen? Gut gelitten waren die bei uns nicht. ‚Spaghettifresser' wurden sie gerufen, ‚Bananenbieger' oder ‚Gotthard-Chinesen' waren noch die weniger schlimmen Schimpfnamen."

G: „‚Triko Trako' hießen die bei uns auch."

Herr Greser: „Das war lautmalerisch. Man unterstellte den Italienern ein hasenhaftes Sexualverhalten, so etwas Rammelndes."

G: „Was bei deutschen Frauen auf ein gewisses Interesse stieß. Papagallo war ein Quasi-Berufsstand – aus Sicht des deutschen Mannes eine Bedrohung und zugleich eine verachtenswerte Existenz. Aus Sicht der Frauen sah es ein wenig anders aus. Wenn die ihre schlechtgeduschten Typen in ihren längsgestreiften Schlafanzügen sagen hörten: ‚Wat meinste, Frau, wollenwer mal wieder wat Schönes erleben?', dann war das schon der Gipfel des …"

D: „… Vorspiels."

Herr Greser schickt eine weitere Lachsalve in den Aschaffenburger Abendhimmel und sinniert: „Dieses Vorurteil hat sich gegenüber allen neuen Stammesangehörigen gehalten, die seitdem ins Land gekommen sind."

G weitet den Blick: „In meiner Jugend hatte ich mal eine Freundin in Finnland. Da konntest du erleben, dass bei den Finninnen der deutsche Mann in ähnlichem Ansehen stand wie der Italiener bei den deutschen Frauen. Der finnische Mann ist ein Holzfäller und benimmt sich auch so." Er berichtet von einem Erlebnis in einer Diskothek in Tampere: „Da saßen die Frauen in zwei Stuhlreihen hintereinander an der Tanzfläche. Der finnische Eingeborene ging in zwei Metern Abstand entlang und deutete wortlos eine Frau mit dem Zeigefinger heraus. Die Mädels gerieten in Verzückung und rückten sofort von hinten nach. Als Deutscher kamst du ganz groß raus, wenn du schon mal sagtest: ‚Du bist aber eine Hübsche', das bekamen die von ihren Holzfällern nicht zu hören."

Herr Greser: „Wenn man diese Süd-Nord-Verschiebung weiterdenkt, gilt selbst der südfinnische Grobian am Polarkreis als Gigolo."

Herr Lenz: „Das Problem ist, dass man sich mit den finnischen Frauen nicht unterhalten kann, denn die Sprache ist unlernbar."

G: „So schlimm ist es gar nicht. Sauna heißt Sauna, Nokia heißt Nokia, Koch heißt Kokki und Bier heißt Olut."

D: „Und Prost heißt Kippis."

G: „Klugschnacker. Was heißt, eins, zwei, drei?

D und G wie aus einem Mund (finnisch „suu"): „Yksi, kaksi, kolme."

G zu dem eine weitere Lachsalve abfeuernden Herrn Greser: „Hier sitzen eben die Weltläufigen."

G: „Wir schweifen ab. Lasst uns doch noch einmal darüber reden, was früher anders war, ganz ohne Verdammung oder Glorifizierung. Ich will mal eine Beobachtung beisteuern: Heute ist jeder Depp, der jünger ist als vierzig, tätowiert, manche flächendeckend."

Herr Greser: „Damals waren es nur die Seeleute und die Zuchthäusler."

Lange galt die 5.300 Jahre alte Gletschermumie Ötzi – nicht zu verwechseln mit einem deutschen Fußballspieler mit türkischen Wurzeln – als ältester Fund eines tätowierten Menschen. Nicht weniger als 61 überwiegend geometrische Figuren, Linien und Punkte waren in seinen Körper geritzt und dann mit einer Art Kohlepulver gefärbt worden. Weil sie sich an den Handgelenken, nahe der Achillesferse, am Knie und am Brustkorb befinden, halten Wissenschaftler es für möglich, dass die Tätowierungen auch eine medizinische Funktion hatten, vielleicht eine Schmerztherapie in Form einer Art Akupunktur.

Eine Veröffentlichung im „Journal of Archeological Science" aus dem Jahr 2018 lässt indes vermuten, dass es noch ältere Tätowierungen gibt. Entdeckt wurden sie auf zwei maximal 5.351 Jahre alten Mumien aus Ober-Ägypten, die sich im British Museum in London befinden. Die weibliche Mumie trägt an der rechten Schulter und auf dem Rücken dunkle Tätowierungen, eine abgeknickte Linie und vier s-förmige Zeichen in einer Reihe. Die männliche Mumie weist auf dem rechen Oberarm einen großen Stier und ein mächtiges Mähnenschaf auf. In beiden Fällen vermuten die Forscher einen kulturellen Hintergrund. Dass die Tätowierungen der weiblichen Mumie auf der Schulter saßen, könnte darauf hindeuten, dass sie – typisch Frau – auffallen, dass sie gesehen werden sollten.

In diese Richtung geht auch G's These: „Was haben junge Leute heute, wenn sie auffallen wollen? Lange Haare und grelle Klamotten tragen auch die Alten, selbst mit Musik kann man nicht mehr provozieren. An Tattoos hingegen trauen sich die Alten nicht."

D meint, zwei Grundbedürfnisse identifiziert zu haben: „Der Mensch ist hin- und hergerissen zwischen dem Wunsch dazuzugehören und dem Bestreben aufzufallen, sich zu unterscheiden. In Protesthaltungen fällt das dann in eins. Als wir lange Haare hatten, wollten wir damals unsere Eltern provozieren und gleichzeitig so sein wie die Gleichaltrigen, die ebenfalls lange Haare trugen."

In Deutschland trägt plausiblen Schätzungen zufolge fast jeder fünfte Erwachsene eine Tätowierung (Stand April 2018). Besonders auffällig ist die Zunahme bei Frauen. 2017 war rund die Hälfte aller Frauen zwischen 25 und 34 Jahren tätowiert.

Herr Lenz: „Ich habe gehört, dass der Vorgang des Tätowiertwerdens ziemlich wehtut. Vielleicht spielt bei manchen der Wunsch eine Rolle, sich oder den eigenen Körper irgendwie zu spüren."

G: „Weil sie sonst keinen Schmerz mehr haben."

Herr Greser: „Genau. Die meisten erleben eine widerspruchsfreie Aufzucht. Die um 1980 herum geborene Generation gilt als eitel und enorm anfällig für die Konsumgüterindustrie." Er berichtet von einer Frau aus der nämlichen Altersgruppe, die sich für eine Wohnung interessierte, die das Zeichnerduo vermietet. „Die trat so auf, als sei die Welt seit ihrer Geburt dafür da, ihre Bedürfnisse zu befriedigen. Nachdem sie uns tagelang hingehalten hatte, kam sie mit der Idee, sie müsse die Wohnung erst noch ihrem vierjährigen Sohn zeigen. Die war wirklich durchdrungen von der Vorstellung, alle anderen hätten dafür zu sorgen, dass es ihr so gut geht wie möglich."

G: „Waren wir früher demütiger?"
Herr Lenz: „Ja."
Herr Greser: „Allein schon durch die religiöse Erziehung."
G: „Aber unsere Alten haben uns doch auch oft genug als unverschämt und rotzfrech empfunden, oder?"
Herr Greser: „Na ja, deren Ordnungsprinzipien waren zum Teil ja auch abartig."
D: „Immerhin haben wir nicht halb Europa in Schutt und Asche gelegt."

D will wissen: „Hatten wir Vorbilder? Haben wir aufgeschaut zu Wernher von Braun oder zu anderen?"
Herr Lenz: „Zu Musikern."
G: „Zu welchen?"
Herr Lenz: „Black Sabbath, Jethro Tull. Das war noch was anderes, heute entwickelt sich ja nichts mehr. Die Musikindustrie sammelt Boy-Groups zusammen, die werden kommerziell ausgewrungen, so lange es geht, dann fliegen diese Bands auseinander."
Herr Greser: „War das bei den Beatles anders? Das war ja auch nicht die reine Authentizität, da steckten ja auch Vermarktungsinteressen dahinter."
G: „Aber es war doch nicht diese auf glatte Perfektion getrimmte Maschinerie wie heute."

Herr Greser berichtet von einem Jahre zurückliegenden Erlebnis, das ihn bis heute auf eine Weise beschäftigt, dass er es in das bekannte Götz-von-Berlichingen-Zitat einbettet. Es geht um einen Aufritt von Manfred Man's Earth Band als Altherren-Combo in Aschaffenburg „zu einer Zeit, da das Rauchverbot noch nicht wirksam war. Trotzdem wurde auf die Bitte der Band aufmerksam gemacht, im Saal nicht zu rauchen. Da ist mir wirklich der Kamm geschwollen. Das waren doch genau diejenigen, die uns vorgemacht haben, dass es cool ist, zu rauchen, zu saufen und sich jeden Abend völlig gehenzulassen. Und jetzt sind die auf dem Gesundheitstrip und kehren den Spieß um. Das darf doch wohl nicht wahr sein! Das trage ich seitdem als Mahnung in mir. Dieser Gesundheitswahn verwirrt doch die Menschen mehr als er segensreich wirkt."

G: „Die sind halt auch nur Menschen."

Herr Lenz: „Ich erinnere mich, dass mir ein Mitschüler die Platte ‚Who's next' mitbrachte. Das war für mich wie ein Flash, etwas derart Fremdes, Außerirdisches, dass ich es ganz großartig fand."

„Who's Next" war das fünfte Studioalbum der britischen Rockband The Who. Es kam 1971 heraus, Pete Townshend experimentierte mit den damals neuen Synthesizern. Der Titel spielt mit einer sprachlichen Doppeldeutigkeit: Er kann als „Das Nächste von (The) Who" gelesen werden, er kann aber auch „Der Nächste bitte" bedeuten, was mit dem Coverfoto korrespondiert: Die vier Bandmitglieder haben gerade an einen Betonblock uriniert.

Herr Greser: „In diese Zeit gerieten wir als junge, unschuldige Burschen. Im Rückblick betrachtet, hätte es jedes andere Lebensmodell auch sein können. Das ist wie die ewig unbeantwortete und unbeantwortbare Frage: Wo stand deine Wiege und warum stand sie gerade da?"

G: „Spielte die Musik für uns vier früher eine größere Rolle?"

Herr Lenz: „Sie ist heute, wie gesagt, so austauschbar, alles klingt ähnlich. Vielleicht verkläre ich das, aber für mich war die Musik etwas sehr Wichtiges."

D: „Vermutlich hatten wir mehr Kämpfe mit unseren Eltern zu bestehen. ‚Kind, das ist doch keine Musik!', diesen Satz haben wir doch alle zu hören bekommen."

Herr Lenz: „Und diese langen Haare!"

G erinnert sich, wie erstmals weltweit „All you need is love" von den Beatles im Fernsehen übertragen wurde. Er saß vor dem Empfänger, desgleichen „meine Mutter und ihr späterer Gatte. Der stammte aus Ostpreußen und hatte sowieso immer die Hasskappe auf." (Lachsalve von Herrn Greser.) „Meine Mutter versuchte ihn ständig mit dem Satz ‚Nu lass ihn doch!' zu beschwichtigen, und vorne spielten sie ‚All you need is love'. Das ist mir unvergesslich."

Herr Greser: „Das waren doch noch energiegeladene Situationen, besser als wenn allen alles wurscht ist." Damit kommt er zu einem seiner Lieblingsthemen, dem Verschwinden des Stammtisches oder, wie er es ausdrückt, „der Selbstverständlichkeit, sein soziales Bedürfnis in der Öffentlichkeit einer Kneipe zu suchen, die geht dahin".

G hingegen kommt noch einmal auf die Musik zurück. Noch vor den Beatles und den Rolling Stones wurde in bestimmten Kreisen Franz Josef Degenhardt gehört, „der hat geniale Texte gemacht, ‚Spiel nicht mit den Schmuddelkindern' zum Beispiel". – „‚Ich möchte Weintrinker sein'", ergänzt D.

Franz Josef Degenhardt (1931-2011) war promovierter Jurist. Als Rechtsanwalt war er jedoch weniger populär denn als Sänger und Liedermacher – und wegen seiner politischen Haltung. Die SPD schloss ihn aus, nachdem er 1971 in Schleswig-Holstein zur Wahl der DKP aufgerufen hatte, in die er dann 1978 eintrat. Er engagierte sich für die Ostermarschbewegung, nahm an den Demonstrationen gegen den Vietnamkrieg, gegen die Notstandsgesetze und gegen den Radikalenerlass teil. Von 1983 bis zum Ende des sogenannten Arbeiter- und Bauernstaates auf deutschem Boden war Degenhardt – ein Vetter des konservativen katholischen Paderborner Erzbischofs Johannes Joachim Degenhardt – korrespondierendes Mitglied der Akademie der Künste der DDR. Die „Frankfurter Allgemeine Sonntagszeitung" nannte ihn den „Übervater der deutschen Liedermacher der sechziger Jahre". Wer damals jung war, kennt bis heute das Lied auswendig, das ihn berühmt machte:

Spiel nicht mit den Schmuddelkindern,
sing nicht ihre Lieder,
Geh doch in die Oberstadt,
mach's wie deine Brüder.

So sprach die Mutter, sprach der Vater,
lehrte der Pastor.
Er schlich aber immer wieder
durch das Gartentor
und in die Kaninchenställe,
wo sie Sechsundsechzig spielten
um Tabak und Rattenfelle,
Mädchen unter Röcke schielten,
wo auf alten Bretterkisten
Katzen in der Sonne dösten,
wo man, wenn der Regen rauschte,
Engelbert, dem Blöden, lauschte,
der auf einen Haarkamm biss,
Rattenfängerlieder blies.

Abends, am Familientisch,
nach dem Gebet zum Mahl,
hieß es dann: Du riechst schon wieder
nach Kaninchenstall.

Herr Greser gibt körpersprachlich zu erkennen, dass er doch lieber über das Verdämmern des Stammtisches reden würde: „Diese Musik habe ich mir natürlich auch angehört, aber ohne Leidenschaft. Ich habe auch keine vergleichenden Betrachtungen angestellt. Überhaupt blieb ich lange in behüteten Verhältnissen. Bei uns in der Kleinstadt gab es eine Freak-Szene der eher hedonistischen Linken – langhaarige Parka-Träger und Kiffer. Dort lernte ich eine Musik kennen, die mir bis heute eigentlich die liebste ist: Funk und Soul. Diese Negermusik in Verbindung mit Kiffen, die fand ich toll."

D: „Das ging in der Kleinstadt?"

Herr Greser: „Ja, das war ganz erstaunlich. Sogar als ich in Würzburg studierte, fuhr ich an den Wochenenden heim und suchte diese Kreise auf, das war ein so sozial warmes Milieu. Bier trinken, kiffen, abhängen, Billard und Tischfußball spielen, lachen, Spaß haben. Alles ziemlich schlicht, aber es war meins."

G: „Die Jungen kiffen heute auch wieder." Er erinnert sich an eine Bemerkung des Zigarren-Barons Heinrich Villiger, dass die selbstrollenden Zigarettenraucher in der Schweiz dem Tabak eine Prise Cannabis beimischen (siehe „Der letzte Zigarren-Baron").

Die Bundeszentrale für gesundheitliche Aufklärung (BZgA) teilte im Juni 2018 mit, 16,8 Prozent der Deutschen im Alter zwischen 18 und 25 Jahren hätten angegeben, „in den vergangenen zwölf Monaten mindestens einmal Cannabis konsumiert zu haben. Im Jahr 2008 waren es noch 11,6 Prozent. Besonders deutlich ist der Anstieg bei jungen Männern in dieser Altersgruppe. Aktuell gibt etwa jeder Vierte (22,9 Prozent) an, in den vergangenen zwölf Monaten mindestens einmal Cannabis zu sich genommen zu haben (2008: 14,8 Prozent)".

G erinnert sich an seine Studentenzeit in einer Marburger Wohngemeinschaft. „Da kam immer einer aus Frankfurt und brachte ein ganzes Sortiment an Schwarzem Afghanen und Grünem Libanesen und wie das alles hieß."

Herr Greser: „So wie die Bürsten, von Blinden geflochten."

G: „Und dann saßen da die Experten und schnupperten an dem Zeug wie Weinsachverständige. ‚23 Gramm', sagte der eine. ‚Höchstens 15 Gramm', erwiderte ein anderer." (Lachsalve von Herrn Greser.) „Das war nach meinem heutigen Verständnis noch die Unschuld des Shit-Verkaufs. Und auch während meines Volontariats bei einer konservativen Zeitung in Fulda, deren Namen ich jetzt nicht nennen will, hing gelegentlich ein charakteristischer Duft in der Redaktionsluft."

D, der nicht mit Schwarzem Afghanen, sondern mit Grauem Burgunder aufwuchs, staunt und schweigt.

Herr Greser: „Wir haben sogar mal in der Sportredaktion der F.A.Z. gekifft."

D reißt die Augen weit auf: „War das, als der…"

G brüllt vor Lachen: „Jetzt keine Namen!"

Wahrscheinlich weil er an das „Opium des Volks" denkt, wie Karl Marx die Religion nannte, lenkt D das Gespräch in andere Bahnen und fragt Greser und Lenz: „Sie beide reden durchaus respektvoll von der religiösen Prägung in Ihrer Jugend, Greser mehr als Lenz. Finden Sie es schade, wenn diese Bindung verlorengeht? Oder ist es eine Befreiung?"

Herr Greser: „Ich bin noch Mitglied der katholischen Kirche, zahle meine Kirchensteuer, ärgere mich darüber, aber ich nehme an keinem Ritual teil und gehe so gut wie nie in die Kirche, außer als Tourist, da stelle ich dann eine Kerze auf. In meiner Kindheit gab die Kirche aber durchaus den Lebensrahmen ab, mit allen Bigotterien und Verboten. Andererseits waren die Sonntage mit Kirchgang und Kneipe einfach schön. Bis heute ist ein Sonntagsbraten mit Klößen für mich ein Glücksfaktor. Das billige ich gerne der Kirche zu, dass es das alles so gab und die Welt so wundersam eingerichtet war. Vieles davon ist verlorengegangen, aber ich erinnere es als einen Grundschatz. Insofern betrachte ich meine Kirchensteuer als eine Art Kulturabgabe."

Herr Lenz: „Ich habe meine Mutter noch nie jammern hören. Ihr gibt der Glaube und die Gewissheit, dass sie nach ihrem Tod in eine bessere Welt kommt, eine ungeheure Kraft. Davor habe ich einen großen Respekt, ich bewundere sie und beneide sie darum."

G stimmt ihm zu und sagt, „unschuldig gläubig sein zu können, ist eine große Gnade und ein großes Glück. Ich bin in einer mäßig religiösen Familie aufgewachsen und habe früh die Sünde als Geschäftszweig entdeckt. Einer meiner Brüder hatte Pornohefte unter seinem Bett versteckt, aus denen schnitt ich einzelne Seiten heraus, versteckte sie im Gebetbuch und verkaufte sie einzeln."

Die in diesem Moment an den Tisch tretende Serviertochter, wie man früher sagte, verzieht keine Miene und nimmt die Bestellung entgegen, was gar nicht so einfach ist, weil Herr Greser in einer Dauer-Lachsalve die Order „Für mich noch ein Export, bitte" kaum zu artikulieren vermag.

D: „Hast du das wenigstens gebeichtet?"

G: „Diese Beichten glichen ja einer derart strukturierten Abfrage, dass man sich fragte: ‚Was soll das?' Hinterher wurde stolz verkündet: ‚Und, was haste gefangen? Ich drei Vaterunser und zwei Ave Maria'. Die einzig sinnvolle Beichte erlebte ich bei den Pfadfindern. Da kam ein junger Pfarrer und bot an, die Beichte abzunehmen. Mit dem habe ich mich ganz normal unterhalten, auch über Selbstbefleckung und so. Dabei habe ich gelernt, was einen zur Kirche führen kann: glaubwürdige Vertreter."

Herr Lenz: „Es wird für uns immer schwerer, Witze über die katholische Kirche zu machen, die ist ja nicht mehr satisfaktionsfähig."

Herr Greser: „Martin Mosebach lobt uns immer, wir seien die Einzigen, die noch Witze über die katholische Kirche machen, das sei doch eine Anerkennung."

Der 1951 in Frankfurt geborene Schriftsteller Martin Mosebach ist so katholisch, dass er sich gar nicht vorzustellen vermag, wie man anders sein kann. Von ihm stammt der schöne Satz, theologische Modernisten deuteten den Glauben so, dass „dann ein Jesus herauskommt, der Ehrenmitglied der SPD hätte sein können".

G: „Dabei muss man sagen, die Kirche ist noch lange nicht am Ende. Die katholische Kirche in Deutschland hat 23 Millionen Mitglieder, die SPD eine halbe. In den Städten allerdings ist die Bindung an die Kirchen völlig verflogen."

Herr Greser: „Leider auch die Kleiderordnung, die hat einer völligen Verwahrlosung Platz gemacht. Ich hatte einen Onkel, der trug noch einen Sonntagsstaat: Hemd, Hose, Sakko, sogar

Unterhose und Socken waren dem Sonntag vorbehalten. Am Sonntagabend zog er das aus, faltete es zusammen und hängte es wieder in den Schrank."

Herr Lenz: „Vielleicht ist das der Grund, warum ich den Kirchgang immer noch mit dem Geruch von Mottenkugeln verbinde."

G: „Als ich Kommunion feierte, bekamen alle Anzüge und ich war der einzige Idiot, der kurze Hosen hatte. Ich habe mich so geschämt!"

Nun beginnt der Teil des Abends, da die Argumente kategorischer werden und viele Sätze mit dem Wort „überhaupt" beginnen:

G: „Überhaupt war die Zeit damals insgesamt was anderes. Heute ziehen sich die Kids die Musik über Streaming-Dienste rein. Früher hast du dir eine Langspielplatte gekauft."

Herr Greser: „Oder Musik mit einem Mikrofon vom Radio auf Kassette aufgenommen."

G: „Genau, aber so eine Langspielplatte hatte ja eine innere Logik. Um eine Band zu verstehen, musstest du die LP kennen und nicht irgendein Stück, das dir zufällig zufliegt."

D: „Oder man wartete die ganze Woche auf den ‚Beat-Club' mit Uschi Nerke. Das war doch ganz was anderes als diese ständige Verfügbarkeit."

Herr Lenz: „Das war wirklich was Besonderes."

Herr Greser: „Ist es nicht dröge und langweilig, wenn immer alles da ist? Eine Art Dekadenz?"

D: „Entwicklungspsychologisch ist es sicher ein Rückschritt. Früher gab es bestimmte Dinge nur am Sonntag oder nur zum Frühstück. Das gab dem Leben doch auch irgendwie eine Struktur."

Herr Greser: „Ich kann noch die erste Strophe vom Panzerlied."

G: „Und los!"

Herr Greser, brummend wie ein T 34:

Ob's stürmt oder schneit,
Ob die Sonne uns lacht,
Der Tag glühend heiß
Oder eiskalt die Nacht.
Besta-haubt sind die Gesi-hichter,
Doch froh ist unser Sinn,
ja unser Sinn;
Es braust unser Panzer
Im Sturmwind dahin.

G: „Das Material muss unbedingt online gestellt werden! Woher stammt das Lied?"

Herr Greser: „Das haben uns in unserer Dorfkneipe die Kriegsveteranen immer gesungen."

G: „Ich kenne was, das ist politisch korrekter, nämlich von Brecht:"

Soldaten wohnen
Auf den Kanonen
Vom Cap bis Couch Behar.
Wenn es mal regnete
Und es begegnete
Ihnen 'ne neue Rasse
'ne braune oder blasse
Da machen sie vielleicht daraus ihr Beefsteak Tartar.

In das ergriffene Schweigen hinein fragt G: „Gab es auch Musik, die wir nicht gerne hörten?"

Herr Lenz: „Bayerische Volksmusik. Bei uns zu Hause lief immer BR1, da kamen den ganzen Tag deutsche Schlager, schrecklich. Aber inzwischen sind das Oldies, von denen ich sagen muss, dass sie mir ganz gut gefallen."

„Rentnerversorgungsprogramm", kollert Herr Greser. „Auf dem Oktoberfest spielen sie neuerdings eine Mischung aus Blasmusik, Polka, aktuellen Hits und diesen Stimmungskrachern, die die Leute in Ekstase versetzen."

G: „Überhaupt(!) wurden wir früher daheim auf die Folter gespannt. Meine Mutti hörte Mario Lanza und Heintje und ich dachte: ‚Nichts wie weg'."

D: „Wann brachten denn die Biermösl Blosn etwas frischen Wind in die Volksmusik?"

Herr Lenz: „In den Achtzigern?"

Herr Greser: „Da gab's die schon?"

Die Biermösl Blosn war eine 1976 gegründete bayerische Musik- und Kabarettgruppe. Weil sie zur „Stubenmusi" politische und teils satirische Texte in Mundart vortrug, kann die Gruppe der sogenannten Neuen Volksmusik zugerechnet werden. Im Januar 2012 gab sie ihr letztes Konzert.

Herr Greser: „Die sind ja nur durch ihre Auftritte mit Gerhard Polt bekannt geworden. Polt hat so viel Gutes gemacht, aber wenn die ihren Einsatz hatten, war es reine Zeitverschwendung."

G: „Hattet Ihr lange Haare?"
Herr Lenz: „Ja."
G: „Wie lang??
Herr Lenz: „So" (hält die Hand in Schulterhöhe).
G: „Ich phasenweise bis zum Steiß."
Herr Greser (erschrocken): „Was?"
Herr Lenz: „Offen?"
G: „Wie, offen ...?"
Herr Greser: „Haarverlängerung?" (Lachsalve)
G: „Neeneenee, hingen einfach nur runter."
Herr Greser: „Ach komm!"
D: „Kennt ihr auch noch den Satz: ‚Lang können die Haare ja sein, aber Hauptsache gewaschen'?"

»Ich hatte noch einen Onkel, der trug Sonntagsstaat: Hemd, Hose, Sakko, sogar Unterhose und Socken waren dem Sonntag vorbehalten.«

G: „Überhaupt(!) das Waschen. Heute duscht ja jeder jeden Tag."
Herr Greser: „Ist nicht gut für die Haut."
G: „Früher wurde einmal die Woche gebadet."
Herr Lenz: „Erst die Eltern und dann die Kinder!"
Herr Greser: „Aber wir hatten damals weniger Allergien."
G: „Da gab es doch das Lied von Wolf Biermann: ‚Jeden Samstag geht der nette, fette Vatta / einen Eimer Kohlen holen / aus dem Keller für das Bad / dass er sau, dass er sau, dass er saubre Kinder hat.'
(Lachsalve von Herrn Greser.)
G: „Eine Zeitlang lief ich in so einem Vietcong-Anzug rum. Da war sowieso klar, dass aus Solidarität Duschverbot herrschte. Wenn ich heute darüber nachdenke, muss ich sagen: Ich habe meiner Mutter schon viel zugemutet."

Herr Lenz: „Geht mir auch so. Für manches schäme ich mich bis heute."

D: „Zum Beispiel?"

Herr Lenz: „Ich bin wegen Biologie und Geschichte sitzengeblieben, habe das aber verheimlicht und den Blauen Brief abgefangen. Erst am Tag der Zeugnisausgabe sagte ich meinem Vater, er müsse mal mit den Lehrern sprechen."

G: „Überhaupt(!), die Schule. Wurde während der Schulzeit schon getrunken?"

Herr Greser: „Ja."

D: „Ja."

Herr Lenz: „Nach der Schule."

G: „Wir haben zeitweise das Stiefeltrinken exerziert."

D: „Das gab's bei uns nur auf Klassenfahrten, aber nicht im normalen Schulbetrieb. Da gingen wir in der Oberstufe in Freistunden manchmal in den gegenüberliegenden ‚Ochsen', tranken ein kleines Bier, warfen Geld in die Musikbox hörten ‚Angie' von den Stones."

> Angie, Angie,
> When will those clouds all disappear?
> Angie, A-a-a-n-gie
> Where will it lead us from here?

G: „Damals gab es ständig Zusammenkünfte, in denen darüber geredet wurde, dass wir an Freud glaubten. Jeder wurde auf seine Unzulänglichkeiten analysiert, und jeder hatte auch eine Neurose parat, die er sich oder anderen zudichten konnte."

Herr Lenz: „Nee."

Herr Greser: „Bei uns auch nicht."

D: „Dafür waren wir zu schlicht. Es gab einige, die in der Großen Pause oder nach der Schule zu agitieren versuchten, aber wir hielten die für unerträgliche Laberköppe und sagten es ihnen auch."

G: „Okay, vielen Dank."

G: „Wie habt ihr euch denn früher angezogen?"

Herr Lenz: „Ganz früher musste ich die Hosen meiner Brüder auftragen. Mit elf bekam ich meine erste Cordhose, die habe ich gehütet wie Gresers Onkel seinen Sonntagsanzug. Und eine Jeansjacke, die war für mich das Heiligste."

G: „Meine Mutter wollte mir immer einen Anzug andienen, was ich nicht wollte. Als letzten Versuch ließ sie mir in einem Geschäft in Bielefeld einen Cordanzug zurücklegen: ‚Das ist kein richtiger Anzug, den kannst du ruhig anziehen, aber es ist ein guter Übergang.'"

Herr Greser: „In Sachen Kleidung erlebte ich eines der schlimmsten Traumata meiner Kindheit. Als Jeans so lässig wurden und alle um mich rum drauf und dran waren, sich auszustatten, hatte ich eine selbstgestrickte kurze Hose, tannengrün. Das war die größtmögliche Demütigung."

Das Lachen der anderen nähert sich den Greserschen Salven, ohne sie zu erreichen.

D: „Hatten wir in unserer Jugend das, was man heute Diversitätserfahrung nennt? Einen Schwulen in der Verwandtschaft oder eine Cousine, die sich mit einem Mohammedaner einließ?"
Herr Lenz: „Zumindest weiß ich es nicht."

Herr Greser: „Die evangelischen Mitschüler, die waren die Outcasts, irgendwie eine merkwürdige andere Sorte Mensch, man wusste nix Genaues."

G: „Was anderes: Ich glaube, es war in der Unterprima, da flogen wir alle auf eine Mitschülerin, die schon etwas älter war, vielleicht um die zwanzig, und Lebenserfahrung hatte: Annegret. Bei uns Jungs galt sie als der schärfste Schuss der Oberstufe. Eines Tages lud Annegret zu sich nach Hause ein, zu einer Party mit Flaschendrehen. Heißt: Man sitzt im Kreis, lässt eine Flasche kreiseln und auf wen der Flaschenhals zeigt, der legt ein Kleidungsstück ab. Mit dem Resultat, dass am Ende die Mädels voll bekleidet dasaßen, weil sie vier oder fünf Lagen übereinander angezogen hatten – und wir Idioten saßen in der Unterhose da."

Herr Greser: „Gaunerei!"

G: „Am nächsten Tag war in der Aula Schulversammlung. Irgendjemand hatte vom Vorabend erzählt, die Sache aber anders dargestellt, in diesem Narrativ kam Annegret ziemlich entblößt vor."

(Lachsalve von Herrn Greser) … aber es kommt noch besser:

G: „Annegret kam, als die Versammlung schon begonnen hatte, als Letzte durch die Tür, und die ganze Schule …"

Der Rest geht in einem homerischen Gelächter unter.

Herr Greser: „Flaschendrehen haben wir auch mal gemacht, im Anschluss an eine Ausstellungseröffnung in Nürnberg in einem öffentlichen Lokal."

Herr Lenz: „Ist vielleicht 15 Jahre her."

Herr Greser: „Der Kuratorin schwebte ein Brückenschlag zwischen irgendwelchen Narren vor, die Installationen machten, und uns. Die Künstler waren linksradikal bis dorthinaus, mit denen gingen wir in so ein autonomes Großwirtshaus. Am Anfang waren wir praktisch alleine im Saal, und jemand schlug Flaschendrehen vor. Irgendwann waren wir so in das Spiel vertieft, dass wir gar nicht mitbekamen, wie sich das Lokal füllte. Beim Bierholen fiel mir das dann auf."

G: „In der Unterhose?"

Herr Greser: „Jedenfalls wurde die Sache später von der Polizei aufgelöst."

Herr Greser ist es auch, der das Fazit einleitet: „Das sind doch die regressiven Gedanken, die jenseits von ‚Früher war alles besser' überdauern."

D: „Die heimelige Erinnerung an den Sonntagsbraten. Einerseits fand man in einem bestimmten Alter alles eng und wollte bloß weg, andererseits hatte das Leben zu Hause ja schon auch etwas Behagliches. Der Vater hörte Radio, die Mutter war in der Küche, der Bratenduft zog durch die Wohnung, das war einfach schön."

Herr Lenz: „Ich find's erst im Nachhinein schön. Damals ödeten mich die Sprüche ‚Solange du deine Füße unter unseren Tisch hältst…' einfach an."

G: „Fiel das bei euch zu Hause?"

Herr Lenz: „Ja, schon, aber im Nachhinein finde ich es schön, wie die ganze Familie am Tisch saß."

G: „Meine Mutter fragte nach dem Mittagessen immer: ‚Hat's denn geschmeckt?' Und der schon erwähnte Ostpreuße sagte j-e-d-e-s-m-a-l: ‚Als Vorspeise nicht schlecht, aber in welches Gasthaus gehen wir jetzt?' Da schob ich so einen Hals, weil ich schon vorher wusste: Gleich sagt er's wieder."

(Anhaltende Lachsalve von Herrn Greser.)

G: „Aber egal, ich bin sicher, dass bei allen Menschen die Rückschau verklärt. Was dich damals bedrückte oder aggressiv machte, tritt beiseite. Und überhaupt(!) ist es so, wie wir am Anfang schon sagten: Da sitzen vier alte Säcke und reden über das, woran sie sich überhaupt(!) noch erinnern können. Dabei hat die Erinnerung doch einen Wert an sich, und (überhaupt!) hat sich ja nicht alles verändert und keineswegs ist alles schlechter geworden."

Herr Lenz: „Und in vierzig Jahren sitzen wieder Leute hier an diesem Tisch und reden wie wir."

Am Abendhimmel über Aschaffenburg zieht ein Sommergewitter herauf, und heitere Stunden klingen allmählich aus. G bestellt noch eine Apfelschorle, dann streben die Herren nach Hause, Herr Greser auf dem Fahrrad, Herr Lenz zu Fuß. Morgen wartet wieder viel Arbeit auf sie. Wie sagte doch Wolfgang Neuss so richtig? „Der Tag ist 24 Stunden lang, aber unterschiedlich breit."

GESPRÄCHSPARTNER

Seit sich **Achim Greser,** geboren 1961 in Lohr am Main, und **Heribert Lenz,** geboren 1958 in Schweinfurt, beim Grafikstudium an der Fachhochschule Würzburg kennenlernten, verlief ihr beruflicher Werdegang parallel. Die gemeinsame Begeisterung für die Werke der Neuen Frankfurter Schule, einer Gruppe von Autoren und Zeichnern, die die bundesrepublikanische Nachkriegssatire- und Humorlandschaft maßgeblich unter anderem mit den Zeitschriftengründungen von „pardon" und „Titanic" bestimmt und beeinflusst hatte, führte zu ersten gemeinsamen humorzeichnerischen Experimenten und schließlich 1986/1988 zur festen Mitarbeit in der Redaktion des Frankfurter Satiremagazins „Titanic". Dort entstanden unter ihrer Mitarbeit unter anderem die politischen Comicserien „Genschman" und „Die roten Strolche". Seit 1996 zeichnen sie gemeinsam regelmäßig für die F.A.Z. Ihr Motto ist: Jeder Krieg hat seine Opfer, das Gleiche gilt für den guten Witz.

Kennen Sie John Barleycorn?

Verzeihung, das ist eine Frage, die weit unterhalb Ihrer intellektuellen Möglichkeiten angesiedelt ist. Wer bei der Lektüre dieses Buches bis zum Schlusssakkord durchgehalten hat, der ist Mr. Barleycorn selbstverständlich schon begegnet. Vielleicht dürfen wir zu unserer Entlastung die gute alte Encyclopedia Britannica (Online-Ausgabe) zitieren: „John Barleycorn ist eine fiktive, spöttische Personifizierung des Alkohols, die zum ersten Mal um 1620 Verwendung fand. John Barleycorn war eine Figur der britischen und amerikanischen Folklore. Britische Quellen verweisen häufig auf einen Sir John Barleycorn, zum Beispiel in einem Flugblatt des 17. Jahrhunderts mit dem Titel ‚Vernehmung und Anklage gegen den Ritter John Barleycorn' sowie in einer Ballade unter dem Titel ‚Der Englische Tanzmeister' (1651)."

Man will ja wissen, mit wem man es zu tun hat. Voilà: Zu Ruhm und Ehre von John Barleycorn Sprüche, Balladen, Roman-Fragmente, Essay-Auszüge. Wie alles, was von D und G dargeboten wird, ohne den Anspruch auf Vollständigkeit.

„Ein Glas Whisky ist fabelhaft. Zwei sind zu viel, drei sind zu wenig."

Schottisches Sprichwort

„Die chemische Analyse der sogenannten dichterischen Inspiration ergibt 99 Prozent Whisky und ein Prozent Schweiß."

William Faulkner

Die Besten werden vernichtet

„Der Himmel bewahre euch vor den großen Haufen der Durchschnittsmenschen, vor denen, die nicht gute Kameraden sind, die kalten Herzens und kalten Verstandes sind, die weder rauchen noch trinken noch fluchen, die keiner kühnen Tat der Leidenschaft, der Liebe und des Hasses fähig sind, weil ihre schwachen Nerven nie den Stachel, das Feuer des Lebens spürten, dieses Feuer, das sie über alle Grenzen hinaustreibt und teuflisch und kühn macht. Diese Leute trifft man nicht in den Kneipen, sie ziehen nicht freudig in den Kampf um verlorene Güter, lodern nicht auf den Pfaden des Abenteuers und lieben nicht wie die trunkenen, tollen Lieblinge Gottes. Sie kennen nur eine Sorge für ihre

trockenen Füße, sie achten ängstlich auf ihren Herzschlag und schaffen sich ohne einen Funken von Liebe in ihrem kleinlichen Herzen durch ihre geistige Mittelmäßigkeit kleine Triumphe. Aber darum ist meine Anklage gegen König Alkohol so schwer und wuchtig. Denn gerade die guten Kameraden, die wertvollen, die Burschen mit der Schwäche allzu großer Kraft, die geistreichen, feurigen und von prachtvoller Torheit entflammten, gerade die verführt und verdirbt er am liebsten. Selbstverständlich vernichtet er Schwächlinge; aber mit den beschäftigen wir uns hier nicht. Ich behaupte, daß es gerade die Besten von uns sind, die König Alkohol vernichtet."
Jack London *in seinem 1913 veröffentlichen autobiographischen Roman „John Barleycorn", der in Deutschland unter dem einfältigen Titel „König Alkohol" herauskam*

Die Dignität des Trinkers

„Glücklicherweise hat Jack London ... den ‚geringeren Wahrheiten', die ja sämtlich Lebenslügen sind, keineswegs Priorität gegenüber den bitteren Einsichten eingeräumt, deren Anziehungskraft von ihrer Unerträglichkeit eher noch gesteigert wird. Sonst gäbe es weder die kunstvoll unterkühlten Alaska-Erzählungen noch die Mitfahrgelegenheit beim Seewolf Larsen. Seine ‚Ghost' war auch ein Flaschenschiff, der Alkohol Londons Wahrheitsdroge, Schutzfilm und – Liquidierer. Welcher Blaukreuzler aber hätte die Stirn, dieses nur vierzigjährige Leben deshalb als verpfuscht zu bezeichnen.
Schriftsteller haben natürlich immer schon Trinkergestalten eingesetzt und ihre komischen oder tragikomischen Potentiale nach Kräften genutzt. Was in der einschlägigen amerikanischen Literatur des 20. Jahrhunderts darüber hinausgeht, ließe sich als die Entdeckung und Verteidigung der Dignität und Gegenweltlichkeit des Alkoholikers beschreiben. Jack London redet dabei noch pro domo über den als Kunstproduzenten ohnehin schon auratisierten Abhängigen. Aber bei Eugene O'Neill, William Faulkner, Scott Fitzgerald, Ernest Hemingway und Tennessee Williams finden sich immer wieder Porträts von ‚champion drinkers', die an-

sonsten nicht über den Durchschnitt herausragen und doch vor den moralischen Verdikten und Stigmatisierungen ‚trockener' Selbstgerechtigkeit in Schutz genommen werden."
Aus dem Essay „Drinks all round" des Literaturwissenschaftlers und Schriftstellers ***Ulrich Horstmann,*** *zu finden in der Essay-Sammlung „Abdrift"*

Rothaarige angelsächsische Hure

„Nein, ich trinke keinen Whiskey. Durchaus möglich, dass er ein sehr edles Getränk ist, aber er hat mich schon einmal verraten. Unser Wodka nie. Der Wodka hat mir nie Unrecht getan. Er war treu. Aber diese rothaarige angelsächsische Hure hat mir zwei Jahres meines Lebens gestohlen."
Andrzej Szczypiorski *in seiner Erzählung „Amerikanischer Whiskey"*

Malz, Bier und Gerstenfresser

Barley (Hordeum vulgare) ist im Angelsächsischen die gute alte Gerste. Die Gerste ist eine der frühesten kultivierten Getreidearten, schon vor rund 10.000 Jahren in Westasien und am Nil angebaut. An den südlichen Ufern des See Genezareth haben Archäologen die älteste Gerste der Welt aus dem Erdreich gekratzt, datiert auf 8500 vor Christi Geburt. Wächst in mildem Klima, dient vor allem als Tierfutter, aber auch als Beigabe und Grundlage für alkoholische Getränke.

Barley-Bier war möglicherweise einer der älteste alkoholhaltigen Drinks der Menschheitsgeschichte, zusammengerührt und vergoren im Neolithikum. Auch heute ist Gerste beim Vorgang der Mälzung unerlässlich. Braugerste ist eine Schlüsselzutat beim Bierbrauen und bei der Herstellung von Malz unverzichtbar. Malz wird auch bei der Produktion von Whiskey und von Korn verwendet.

Gerste wird aber auch in Suppen verkocht, als Cerealie verspeist und zu Brot verbacken. Und: Sie gilt als gesund. Laut Kanadischem Gesundheitsamt kann man seine zu hohen Blutfettwerte – ein Risikofaktor für Herzinfarkt – senken, wenn man drei Gramm Gerste am Tag zu sich nimmt. Das wusste man auch schon im alten Rom. Plinius der Ältere (23 bis 79 nach Christus) hat aufgeschrieben, dass Gladiatoren Gerste als Kraftfutter zu sich nahmen – man nannte sie „Gerstenfresser".

Die Bulldogge Christi

„Zwei Tage später saß ich an einem Tisch im Copper Dollar Saloon in der Warsaw Street und wartete auf ein Steak und ein paar Spiegeleier. Ich war der Chefredakteur der ‚Topeka Sun', ein Freidenker, eine der intellektuellen Leuchten der Stadt. John McGurk, mein Setzer, war dabei. Wir waren die ganze Nacht aufgewesen, ... wir ließen die Köpfe hängen wie verdurstende Veilchen. Kaum hatte McGurk Whisky und Sodawasser bestellt, stand sie vor uns, die Irre, Schultern wie ein Holzfäller, schwarze Soutane vom Kinn bis zum Boden. Ein Schwarm Frauen mit schwarzen Hauben und Röcken raschelte hinter ihr herein ...
Dann schwang sie das Beil hoch über ihrem Kopf wie ein Schwarzfuß-Krieger, die anderen Frauen folgten ihrem Beispiel und holten die Waffen aus den Falten ihrer Kleider. Sie machten Kleinholz aus dem Schankraum, Splitter für Splitter, und grölten dabei die ganze Zeit über Hosianna ...
Wir brachten die Geschichte am nächsten Tag. Um acht Uhr morgens standen bereits zweihundert Frauen vor dem Büro, sangen ‚We shall overcome' und ketteten sich ans Geländer. Banner wehten über der Schar, TEUFEL ALKOHOL und JOHN BARLEYCORN MUSS STERBEN ...
Ich verriegelte die Tür und schlich ins Hinterzimmer, um eine Flasche Kentucky Bourbon zu Rate zu ziehen, während Bruchstücke von Liedern, Volksreden, Jubelrufen und Geschrei von der Straße hereindrangen ... Ich fragte mich, wo der Sheriff blieb."
Auszüge aus der Kurzgeschichte „John Barleycorn lebt" von ***T. C. Boyle.***

Die Gegenspielerin des Ich-Erzählers in „John Barleycorn lebt" gab es wirklich – Carrie Amelia Nation, 1854 bis 1911. Die Erfahrungen mit ihrem ersten Ehemann, einem Alkoholiker, inspirierten die Frau, die sich selbst als „Bulldogge zu den Füßen Jesu" bezeichnete, gegen John Barleycorn in den Krieg zu ziehen. Die kampfwütige Abstinenzlerin (Markenzeichen: eine Axt über der Schulter) zog mal mit, mal ohne Betschwestern kreuz und quer durch die USA und legte eine Kneipe nach der anderen in Trümmer. Zwischen 1900 und 1910 sind über 30 Verhaftungen der „Bulldogge" dokumentiert. Kneipen in Amerika hängten damals Schilder an die Tür: „Alle Nationen willkommen außer Carrie!" Den US-Präsidenten William McKinley verdächtigte sie, ein heimlicher Säufer zu sein und forderte seine Amtsenthebung.
Das war Anfang 1911, und ihr Ende war schon nahe. Ihre Leiche wurde auf dem Belton City Friedhof in Missouri anonym unter der Grasnarbe verscharrt. Die Abstinenzler-Bewegung christlicher Frauen ließ ihrer Heldin später einen Gedenkstein errichten mit der ernüchternden Inschrift: „Sie hat getan, was sie konnte." Knapp neun Jahre nach dem Ableben der Carrie Nation bekam Amerika, was niemand verdient hat: Am 16. Januar 1920 wurde in den USA die Prohibition eingeführt.

Barfliege trifft Champion

„Aha, du besäufst dich also mit Burroughs in Paris, und ich tue hier dasselbe mit Norman Mailer, in seiner Suite im Chateau Marmont, wo man von der Veranda einen Blick auf die ganze vermaledeite Stadt hat. ‚Die Barfliege trifft den Champion', sag ich zu ihm. Das hat ihm gefallen."

„Lehnst du noch neben dem Eingang der Forty-Niner-Tavern an der Wand? Ich bin mit Kneipen seit zwanzig Jahren fertig und trinke jetzt allein. Was, wie Hemingway sagte, das Kennzeichen des wahren Alkie ist. Es macht mir nichts aus, ein Alkie zu sein, nur werde ich manchmal traurig, wenn ich an meine strapazierte Leber denke. Aber mit 62 sage ich mir: Jeder Tag, den ich noch erlebe, ist ein Sieg gegen die statistische Lebenserwartung."

„Ich erinnere mich, wie ich – vor langer Zeit, als ich es noch nötig hatte – mich vertraglich verpflichtet habe, am Morgen nach einer Lesung um 11 Uhr vor einem Englisch-Kurs zu erscheinen. Ich stand vor ihnen und sah ihnen in ihre ebenmäßigen weißen Gesichter – ein stiller Teich, auf dem sich kaum was kräuselte – und sagte (mit wehleidiger Stimme, muss ich leider zugeben): ‚Mensch, hat hier noch keiner n Kater gehabt?' Sie schwiegen. Der Prof. schwieg. Meine Handflächen waren nass von Schweiß, und Spinnen webten Netze in meiner Kehle."

„Mir macht inzwischen keiner mehr Angst. Der Bulle von der Verkehrspolizei winkt mich rechts ran, steigt von seinem Motorrad, hat den Arsch eines Schönlings und ein Gesicht wie ein nicht zu Ende gelutschtes Bonbon. Egal ob er die Knarre zieht und mir das Hirn aus dem Schädel pustet, er könnte es nicht einmal mit Stil und Aplomb tun, er ist bloß ein Mechanismus, ein Retortenbaby und agiert in der Gegend rum und denkt, er schützt damit seine Frau, die sich mit billigem Zeug vollkokst in einer Neubausiedlung in Dijo Valley.
Manchmal gibt es einen winzigen Lichtblick; du sieht es für Sekunden im Gesicht einer Kellnerin in einem verlotterten Café; sie ist alt und erledigt, hier ist Endstation für sie. Ihr Gesicht hat etwas Wahrhaftiges, und das ist mehr als du von deinem Vermieter sagen kannst und von deinem Präsidenten. Natürlich kann sie nicht mit dir reden, und du nicht mit ihr: Worte würden alles nur verderben; Worte haben immer schon dem falschen Zweck gedient. Du kannst nur deine Bestellung aufgeben und warten."

Auszüge aus Briefen von ***Charles Bukowski,*** *entnommen dem Band „Schreie vom Balkon". Wenn es je eine glaubwürdige Reinkarnation des John Barleycorn gegeben hat, dann war es zweifellos Bukowski, der saufende US-Poet, Sohn eines Besatzungssoldaten und der Rheinländerin Katharina Fett. Bukowski starb*

73-jährig 1994 in Los Angeles an Leukämie. Über das Sterben hatte der immer unsentimentale, immer coole Bukowski sowieso alles gesagt: „Der Tod ist der Punkt am Ende eines Satzes."

Gereimtheiten

John Barleycorn

Ballade des schottischen Dichters Robert Burns, 1782

Drei Könige einst war'n fernost,
gar reich an Siegeskerben.
Sie schworen einen heilig' Eid:
John Barleycorn muss sterben.

Sie mähten ihn nieder mit einem Pflug,
warfen Erd' auf's Haupt ihm, hart, blutrot,
und schworen einen heilig' Eid:
John Barleycorn sei endlich tot.

Doch freundlich kam der Frühlingswind
und sachte fiel der Regen.
John Barleycorn stand wieder auf
und überraschte sie verwegen.

Und als die Sommersonne kam,
ward stark, der alles überragte,
sein Kopf bewehrt mit spitzem Speer,
dass keiner zu schaden ihm wagte.

Als nüchterner Herbst betrat die Flur,
ward bleich er und kam ins Schwanken.
Sein hängend' Kopf zeigte weithin an,
dass er begann zu wanken.

Die Farbe wich mehr und mehr aus ihm,
dem Alter die Jugend musst' fliehen.
Und seine Feinde rüsteten sogleich,
Um rasende Schlacht zu vollziehen.

Sie zogen die Waffe, lang und scharf,
und vom Knie auf ward er gefällt.
Auf einen Wagen banden sie ihn,
Wie einen Schurken zur Schau man stellt.

Auf seinen Rücken warfen sie ihn,
und prügelten ihn mehr und mehr.
Sie hängten ihn auf in Wind und Sturm,
und warfen ihn hin und drehten ihn her.

Sie füllten ein hässliches altes Fass
mit Wasser bis zur Kimme.
Dort warfen sie rein John Barleycorn,
sauf ab nun oder schwimme!

Sie zogen ihn `raus auf kalten Boden,
und schlugen ihn windelweich,
Doch wenn `nen Lebenshauch sie sah'n,
so stießen sie zu sogleich.

Über sengenden Flammen rösteten sie
seine Knochen bis tief ins Mark.
Doch ein Müller tat ihm das Schrecklichste an,
zermalmte mit Steinen ihn arg.

Dann nahmen sie ihm seines Herzens Blut
und tranken es wieder und wieder,
Und je mehr und mehr sie tranken,
desto freudiger wurden die Lieder.

John Barleycorn, ein starker Held,
von edlem Sein und Wesen,
und trinkst du jetzt von seinem Blut,
Werden Kraft und Seel‘ dir genesen.

Vergessen lässt er Mannes Leid,
erhöhen seine Freude,
der Witwe Herz er singen lässt,
tränt ihr das Aug' auch heute.

N'en Toast d'rum auf John Barleycorn,
so nehmt das Glas zur Hand:
Mag seine edle Wesensart
nie sterben im Schottenland!

John Barleycorn must die

Ein Folksong

There were three men came out oft the West
Their fortunes for to try
And these three men made a solemn vow:
John Barleycorn must die
...
The huntsman, he can't hunt the fox
Nor so loudly to blow his horn
And the tinker he can't mend kettle nor pot
Without a little Barleycorn

Erste und letzte Strophe des Songs „John Barleycorn must die" der Rockband ***Traffic*** *aus Birmingham. Das gleichnamige Album von 1970 war die erfolgreichste Schallplatte der aus vier Musikern bestehenden Band. Frontmann war Steve Winwood. Chris Wood (Saxophon und Querflöte) starb am 12. Juli 1983 in seiner Heimatstadt an den Folgen seines Alkohol- und Drogenkonsums. Jim Capaldi (Schlagzeug) starb am 28. Januar 2005 an Magenkrebs.*

Hey John Barleycorn

Noch ein Folksong

Hey John Barleycorn, ho John Barleycorn
Old and young his praise is sung
John Barleycorn
John Barleycorn is a hero bold
As any in the land
His fame has stood for ages good
And shall forever stand
The whole wide world respects him
No matter friend or foe
And where they be that makes too free
He's sure to lay them low
To see him in his pride of growth
His robes are rich and green
His head is speared with goodly beard
Fit nigh to serve a Queen
And when the harvest time comes round
And John is stricken down
He'll use his blood for England's good
And Englishmens' renown
The lord in courtly castle
The squire in stately hall
The great of name, of birth and fame
On John for succour call
He bids the troubled heart rejoice
Gives warmth to Nature's call
Makes weak men strong and old men young
And all men brave and bold

Das ist ein traditioneller englischer Folksong, dessen Ursprung sich im Nebel der Legendenbildung auflöst. Die „Copper Family", eine ruhmreiche Musikerfamilie aus Sussex, die sich um die Ursprünge britischer Volkslieder verdient gemacht hat, reklamiert für sich, dass Bob Copper den Song 1954 bei einem gewissen George Attrill, ebenfalls Sussex, entdeckt habe. Attrill, der mal als Straßenbauer, mal als begabter Cricket-Spieler beschrieben wird, starb 1964 im Alter von 78 Jahren. Wer ihn hatte singen hören, beschrieb seine Stimme als einzigartig. Der Song, von vielen nachgesungen, gilt als „Loblied auf das englische Bier", es „preist und erklärt den Wert des Trinkens viel besser, als das jeder Frühstücks-Drink könnte".

Barleycorn, vergoldet

Ein Stockholmer Auktionshaus hatte eine Halskette „mit Verbindungsstücken in Form eines Barleycorns" im Angebot, 14 Karat Gold, 41,5 Zentimeter lang, 17,2 Gramm wert. Das Auktionshaus trägt den Namen Bukowskis.

Dank

„Das Gefühl schuldiger Dankbarkeit ist eine Last, die nur starke Seelen zu ertragen vermögen", sagt Marie von Ebner-Eschenbach. Weil unsere Seelen schwach sind, drängt es uns, den herzensguten Menschen Dank zu sagen, die die harten Recherchen für dieses Buch zu einer wahren Freude machten.

Achim Greser und Heribert Lenz haben nun schon das dritte unserer drei Bücher wunderbar illustriert. Sie waren zudem einfühlsame Kameraden im Gespräch über frühere Zeiten. Michaela Frieser, Obst- und Gemüsefrau, hat uns gelehrt, dass wahre Liebe niemals welkt. Der Fischhändler Frank Liedemann gäbe für uns seine letzte Auster, auch wenn sie vierfünfzig das Stück kostet, das wissen wir sehr zu schätzen. Charly Körbel bringen wir La Ola dar, so sehr hat er uns mit seiner unverstellten Freude am Fußball angesteckt. Klaus Veit danken wir für seine gescheiten Einwürfe. Bei Franziskaner-Bruder Martin Domogalla und in seiner verschmitzten Lebensklugheit fühlten wir uns wunderbar aufgehoben. Dr. Rowald Hepp hat uns reinen Wein eingeschenkt und der Tradition alles Schwere genommen. Mit Burkhard Wagner und Rainer Wicke als Gesprächspartner sind wir wiederum glänzend gefahren. Franz Erhard Walther hat uns einen unvergesslichen Abend geschenkt: Goldener Löwe und Schwarzes Ross in einem Pas de deux. Dario Fontanella macht aus Eis Kunst und hat mit seiner Cassata einen Kindheitstraum geweckt – grazie! Heinrich Villiger und Michael Blumendeller haben uns in unserer Gewissheit bestätigt, dass eine gute Zigarre niemals Schall und Rauch sein kann, ganz egal, was die Weltgesundheitsorganisation sagt. Die namenlosen Wirte und die zahllosen Trinker an der „Schinkenstraße" haben uns staunen gemacht und an die fränkische Weisheit „Wo saufen eine Ehr ist, ist speien keine Schand" erinnert. Willi Reith und Wolfgang Schierenbeck: danke, dass Ihr nicht nur dabei wart, sondern mittendrin. Und schließlich danken wir Dr. René Heinen, unserem

Verleger, aufrichtig dafür, dass er auch das Wagnis dieses Buches für uns eingegangen ist, der Mann hat immerhin einen Ruf zu verlieren. Sollten wir etwas versiebt haben, geht es allerdings einzig und allein auf unseren Deckel.